不一樣的中國史 2

楊照 著

從文字到思想，文明躍進的時代

周

|序|

中國史是臺灣史的重要部分

歷史知識建立在兩項基本信念上，第一是相信人類的事物都是有來歷的，沒有什麼是天上掉下來或奇蹟所創造的；第二則是相信弄清楚事物的來歷很重要，大有助於我們分析理解現實，看清楚現實的種種糾結，進而對於未來變化能夠有所掌握，做出智慧、準確的決定。

歷史教育要有意義、有效果，必須回歸到這兩種信念來予以檢驗，看看是否能讓孩子體會、掌握歷史知識的作用。

不管當下現實的政治態度是什麼，站在歷史知識的立場上，沒有人能否認臺灣是有來歷的，不可能是開天闢地就存在，也不可能是什麼神力所創造的。因而歷史教育最根本該教的，就是「臺灣怎麼來的」。

要回答「臺灣怎麼來的」，必定預設了臺灣有其特殊性，和其他地方、其他國家不一樣，所以才需要從時間上溯源去找出之所以不一樣的理由。臺灣為什麼會有不一樣的文化？為什麼會有不一樣的社會？為什麼會有這樣的政治制度與政治狀態？為什麼會和其他國家產生不同的關係？……

所謂以臺灣為本位的歷史教育，就是認真地、好好地回答這幾個彼此交錯纏結的大問題。那麼歷史教育的內容好不好，也就可以明確地用是否能引導孩子思考、解答這些問題來評斷了。

過去將臺灣歷史放在中國歷史裡，作為中國歷史一部分的結構，從這個標準上看，有著明白而嚴重的缺失，那就是忽略了臺灣複雜的形成過程，特殊的地理位置使得臺灣從十七世紀就在東亞海域衝突爭奪中有了角色，中國之外的各種力量長期影響了臺灣。只從中國的角度，不看來自荷蘭、日本、美國等政治與文化作用，絕對不可能弄清楚臺灣的來歷。

但是，過去的錯誤不能用相反的方式來矯正。臺灣歷史不應該是中國歷史的一部分，然而中國歷史卻仍然是臺灣歷史非常重要的一部分。關鍵重點在調整如此的全體與部分關係，確認不該將臺灣史視為中國史的一部分，而該翻轉過來將中國史視為構成及解釋臺灣史的一部分。這樣調整之後，再來衡量中國史在如此新架構中該有的地位與分量。

不只是臺灣的社會與文化，從語言文字到親族組織原則到基本價值信念，和中國歷史有著太深、太緊密的連結；就連現實的政治與國際關係，去除了中國歷史變化因素，就無法理解了。硬是要降低中國歷史所占的比例分量，降低到一定程度，歷史就失去了解釋來歷和分析現實的基本作用了。

從歷史上必須被正視的事實是：中國文化的核心是歷史，保存歷史、重視歷史、訴諸歷史是中國最明顯、最特殊的文化性格。因而中國文化對臺灣產生過的影響作用，非得回到中國歷史上才能看得明白。

不理解中國史，拿掉了這部分，就不是完整的臺灣史。東亞史的多元結構無法提供關於臺灣來歷的根本說明，諸如：臺灣人所使用的語言文字、所信奉的宗教與遵行的儀式、內在的價值判斷優先順序、對於自我身分角色選擇認定的方式、意識深層模仿學習的角色模式……

歷史教育需要的是更符合臺灣特殊性的多元知識，但這多元仍需依照歷史事實分配比例，一味相信降低中國史比例就是對的，違背了歷史事實，也違背了歷史知識的根本標準。

目次 contents

第三講

中國文字和中國語言

第四講

古代城市的轉型變化

第五講

從封建到諸國

第六講

王官學與諸子學

第七講

重新認識孔子(一)

第八講　重新認識孔子（二）

第九講　重讀《老子》

第十講
重讀《莊子》

「重新認識」中國歷史

1

錢穆（賓四）先生自學出身，沒有學歷，沒有師承，很長一段時間在小學教書，然而他認真閱讀並整理了古書中幾乎所有春秋、戰國的相關史料，寫成了《先秦諸子繫年》一書。之所以寫這樣一本考據大書，很重要的刺激來自於名譟一時的《古史辨》，錢穆認為以顧頡剛為首的這群學者，「疑古太過」，帶著先入為主的有色眼光看中國古代史料，處處尋覓偽造作假的痕跡，沒有平心靜氣、盡量客觀地做好查考比對文獻的基本工夫。工夫中的工夫，基本中的基本，是弄清楚這些被他們拿來「疑古辨偽」的材料究竟形成於什麼時代。他們不願做、不能做，以至於許多推論必定流於意氣、草率，於是錢穆便以一己之力從根做起，竟然將大部分史料精確排比到可以

「編年」的程度。

很明顯地，《先秦諸子繫年》的成就直接打擊《古史辨》的可信度。當時任職燕京大學，在中國學術界意氣風發、引領風騷的顧頡剛讀了《先秦諸子繫年》，立刻理解體會了錢穆的用意。他的反應是什麼？他立刻推薦錢穆到廣州中山大學教書，也邀請錢穆為《燕京學報》寫稿。中山大學錢穆沒有去，倒是替《燕京學報》寫了〈劉向歆父子年譜〉，錢穆自己說：「此文不啻特與頡剛諍議，頡剛不介意，既刊余文，又特推薦余在燕京任教。」

這是個「民國傳奇」。裡面牽涉到那個時代學者對於知識學問的熱情執著，也牽涉到那個時代學者的真誠風範，還牽涉到那個時代學院重視學識高於重視學歷的開放氣氛。沒有學歷的錢穆在那樣的環境中，單純靠學問折服了潛在的論敵，因而得以進入當時的最高學府任教。

這傳奇還有後續。錢穆後來從燕京大學轉往北京大學，「中國通史」是當時政府規定的大學歷史系必修課，北大歷史系慣常的做法，是讓系裡每個老師輪流排課，將自己所擅長的時代或領域，濃縮在幾堂課中教授，用這種方式來構成「中國通史」課程。換句話說，大家理所當然認為「中國通史」就是由古至今不同斷代的中國歷史接續起來，頂多再加上一些跨時代的專史。

可是被派去「中國通史」課堂負責秦漢一段歷史的錢穆，不同意這項做法。他公開地對學生表達了質疑：不知道前面的老師說了什麼，也不知道後面的老師要說什麼，每個老師來給學生片片斷斷的知識，怎麼可能讓學生獲得貫通的中國史理解？學生被錢穆的質疑說服了，也是那個時代的精神，學生認為既然不合理就該要求改，系裡也同意既然批評反對得有道理就該改。

怎麼改？那就將「中國通史」整合起來，上學期由錢穆教，下學期則由系裡的中古史大學者陳寅恪教。這樣很好吧？問了錢穆，錢穆卻說不好，而且明白表示，他希望自己一個人教，而且有把握可以自己一個人教！

這是何等狂傲的態度？本來只是個小學教員，靠顧頡剛提拔才破格進到北大歷史系任職的錢穆，竟然敢排擠數不清精通多少種語言、已是中古史權威的大學者陳寅恪，自己一人獨攬教「中國通史」的工作。他憑什麼？他有資格嗎？

至少那個年代的北大歷史系覺得錢穆有資格，就依從他的意思，讓他自己一個人教「中國通史」。錢穆累積了在北大教「中國通史」的經驗，後來抗戰中隨「西南聯大」避居昆明時，埋首寫出了經典史著《國史大綱》。

2

由《國史大綱》的內容及寫法回推，我們可以明白錢穆堅持一個人教「中國通史」，以及北大歷史系接受讓他教的理由。那不是他的狂傲，毋寧是他對於什麼是「通史」，提出了當時系裡其他人沒想到的深刻認識。

用原來的方式教的，是「簡化版中國史」，不是「中國通史」。「中國通史」的關鍵，當然是在「通」字，而這個「通」字顯然來自太史公司馬遷的「通古今之變」。司馬遷的《史記》包納了上下兩千年的時代，如此漫長的時間中發生過那麼多的事，對於一個史家最大的挑戰，不在如何蒐集兩千年留下來的種種資料，而在如何從龐大的資料中進行有意義的選擇，從中間選擇什麼，又放棄什麼。

關鍵在於「有意義」。只是將所有材料排比出來，呈現的勢必是偶然的混亂。許多發生過的事，不巧沒有留下記錄資料；留下記錄資料可供後世考索了解的，往往瑣碎零散。更重要的，這些偶然記錄下來的人與事，彼此間有什麼關聯呢？如果記錄是偶然的，人與人、事與事之間也沒有什麼關聯，那麼知道過去發生了什麼事要做什麼？

史家的根本職責就在有意識地進行選擇，並且排比、串聯所選擇的史料。最簡單、最基本的串聯是因果解釋，從過去發生的事情中去挖掘、去探索「因為／所以」：前面有了這樣的現象，以至於後來有了那樣的發展；前面做了這樣的決定，導致後來有了那樣的結果。排出「因為／所以」來，歷史就不再是一堆混亂的現象與事件，人們閱讀歷史也就能夠藉此理解時間變化的法則，學習自然或人事因果的規律。

「通古今之變」，也就是要從規模上將歷史的因果解釋放到最大。之所以需要像《史記》那樣從文明初始寫到當今現實，正因為這是人類經驗的最大值，也就提供了從過往經驗中尋索出意義與智慧的最大可能性。我們能從古往今來的漫長時間中，找出什麼樣的貫通原則或普遍主題呢？還是從消化漫長時間中的種種記錄，我們得以回答什麼只有放進歷史裡才能回答的關鍵大問題呢？

這是司馬遷最早提出的「通古今之變」理想，這應該也是錢穆先生堅持一個人從頭到尾教「中國通史」的根本精神價值來源。「通史」之「通」，在於建立起一個有意義的觀點，幫助學生、讀者從中國歷史中看出一些特殊的貫通變化。這是眾多可能觀點的其中一個，藉由歷史的敘述與分析能夠盡量表達清楚，因而也必然是「一家之言」。不一樣的人研究歷史會看到、凸顯不同的重點，提出不同的解釋。如果是因不同時代、不同主題就換不同人從不同觀點來講，那麼追求一貫「通古今之變」的理想與精神就無處著落了。

3

這也是我明顯自不量力一個人講述、寫作一部中國歷史的勇氣來源。我要說的，是我所見到的中國歷史，從接近無窮多的歷史材料中，有意識、有原則地選擇出其中的一部分，講述如何認識中國歷史的一個故事。我說的，只是眾多中國歷史可能說法中的一個，有我如此訴說、如此建立「通古今之變」因果模式的道理。

這道理一言以蔽之，是「重新認識」。意思是我自覺針對已經有過中國歷史一定認識的讀者，透過學校教育、普遍閱讀甚至大眾傳媒，有了對中國歷史的一些基本常識、一些刻板印象。

我試圖要做的，是邀請這樣的讀者來「重新認識」中國歷史，來檢驗一下你以為的中國歷史，和事實史料及史學研究所呈現的，中間有多大的差距。

也就是在選擇中國史敘述重點時，我會優先考慮那些史料或史學研究上相當扎實可信，卻和一般常識、刻板印象不相合甚至相違背的部分。這個立場所根據的，是過去百年來，「新史學」、西方史學諸方法被引進運用在研究中國歷史所累積的豐富成果。但很奇怪的，也很不幸的，這些精采、有趣、突破性的歷史知識與看法，卻遲遲沒有進入教育體系，沒有進入一般人的歷史常識中，以至於活在二十一世紀的大部分人對中國歷史的認識，竟然都還依循著一百多年前流通的傳統說法。「重新認識」的一個目的，就是用這些新發現、新研究成果，來修正、挑戰、取代傳統舊說法。

「重新認識」的另一個目的，是回到「為什麼學歷史」的態度問題上，提供不同的思考。學歷史到底在學什麼？是學一大堆人名、地名、年代，背誦下來在考試時答題用？這樣的歷史知識，一來根本隨時在網路上都能查得到，二來和我們的現實生活有什麼關聯？不然，是學用現代想法改編的古裝歷史故事、歷史戲劇嗎？這樣的歷史，固然有現實連結，方便我們投射感情入戲，然而對於我們了解過去、體會不同時代的特殊性，有什麼幫助呢？

在這套書中，我的一貫信念是，學歷史最重要的不是學 What ——歷史上發生了什麼，而是更要探究 How and Why ——去了解這些事是如何發生的、為什麼會發生。沒有 What 當然無從解釋 How and Why，歷史不可能離開事實敘述只存在理論；然而歷史也不可以、不應該只停留在事實敘述上。只敘述事實，不解釋如何與為什麼，無論將事實說得再怎麼生動，畢竟無助於我們從歷史而認識人的行為多樣性，以及個體或集體的行為邏輯。

藉由訴說漫長的中國歷史，藉由同時探究歷史中的如何與為什麼，我希望一方面能幫助讀者梳理、思考今日當下這個文明、這個社會是如何形成的；另一方面能讓讀者確切感受到中國文明內在的多元樣貌。在時間之流裡，中國絕對不是單一不變的一塊，中國人、中國社會、中國文明曾經有過太多不一樣的變化。這些歷史上曾經存在的種種變貌，總和加起來才是中國。在沒有如實認識中國歷史的豐富變化之前，讓我們先別將任何關於中國的看法或說法視為理所當然。

4

這是一套一邊說中國歷史，一邊解釋歷史知識如何可能的書。我的用心是希望讀者不要只是被動地接受這些訊息，當作是斬釘截鐵的事實，而是能夠在閱讀中主動地參與，去好奇、去思考：我們怎麼能知道過去發生了什麼，又如何去評斷該相信什麼、懷疑什麼？歷史知識的來歷常常和歷史本身同樣曲折複雜，甚至更加曲折複雜。

這套書一共分成十三冊，能夠成書最主要是有「敏隆講堂」和「趨勢講堂」，讓我能夠兩度完整地講授中國通史課程，每一次的課程都前後橫跨五個年頭。換句話說，從二〇〇七年第一講開講算起，花了超過十年時間。十年備課、授課的過程中，大部分時間用於消化各式各樣的論文、專書，也就是關於中國歷史的研究，並努力吸收這些研究的發現與論點，盡量有機地編組進我的歷史敘述與討論中。明白地說，我將自己的角色設定為一個勤勞、忠實、不輕信、不妥協的二手研究整合者，而不是進入原始一手材料提出獨特成果的人。也只有放棄自己的原創研究衝動，虛心地站在前輩及同輩學者的龐大學術基礎上，才有可能處理中國通史題材，也才能找出一點點「通」的心得。

將近兩百萬字的篇幅，涵蓋從新石器時代到辛亥革命的時間範圍，這樣一套書，一定不可避免地含夾了許多錯誤。我只能期望能夠將單純知識事實上的「硬傷」降到最低，至於論理與解釋帶有疑義的部分就當作是「拋磚引玉」，請專家讀者不吝提出指正意見，得以將中國歷史的認識推到更廣且更深的境界。

第一講

中國古地理的基礎

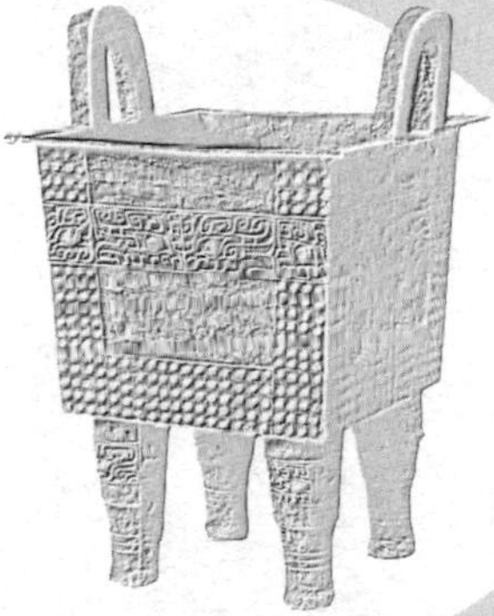

01 中國歷史研究的百年長河

我讀歷史系，學歷史出身，當然帶著這種背景給我的偏見。我的偏見之一，是一向認為在過去一百年間，若問中國的學術知識研究工作中，哪一個領域有最多突破，有豐富的收穫，又有最多獨立成家的人才？用這三個標準衡量，排名第一的只能是中國歷史的領域。

勉強能和中國歷史的豐富研究成果相比的，真的不多。也許抗戰期間的基礎科學有過很好的發展。在西南聯大，有像吳大猷這樣的老師，帶領出楊振寧和更年輕的李政道這兩位諾貝爾物理獎得主。數學方面，培養了後來在數理哲學上大放光彩的王浩，純數理範疇中的陳省身也大有成就。但如果將時間拉長，不只看那一、二十年，而是從百年的尺度看，物理、數學的發展就沒有那麼全面而持續了。

相較地，在中國歷史的研究上，過去一百年，幾乎每個十年都有重要的學者做出突破性的研究成果。最早有羅振玉、王國維那一代，以他們的考據學根柢，配合對於古金石學的重新探究，改變了看待中國古史的方式。接下來有胡適、傅斯年這一輩接棒，運用從西方學得的「科學方法」，讓原來的考據更加嚴密，不只有新的研究成果，更重要的是建立了穩固的史學方法基礎。

然後是抗戰前進行的安陽殷墟考掘，迅速培養出一批傑出的考古人才，有知識、有經驗，也有技術。這批人加上他們帶出來的學生，在之後的幾十年間，挖出了一個過去無法想像的中國古代文明圖像來。

抗日戰爭期間，又有錢穆、陳寅恪、雷海宗等人。西南聯大也許不是像鹿橋《未央歌》裡描述的那種純真天堂，但從教育與學術的環境上看，還真的接近奇蹟。在西南聯大歷史系，三年中有三位不同的老師教中國通史，教的內容不一樣到前面一年上過中國通史的，看到後一年中國通史課的考題，會根本不知該如何回答。

這是因為三位老師的觀點不一樣，選擇不一樣。那是個創造觀點的新時代。這一輩的研究者雖仍保留對中國古籍驚人的掌握，卻不再受限於傳統的觀點，大膽地從流傳了上千年的文獻中，讀出新重點、新意義來。而且他們的野心比上一代更大，開始探討「大問題」，不只要解釋歷史上的某個人物、某個事件，他們更勇於碰觸「中國文化是什麼？」、「中國歷史的特色是什麼？」、「中國和西方有根本差別嗎？」一類的大問題，並提出初步的答案，或至少是尋求答案的方向。

然後一九四九年的劇變襲來。新中國成立後，在大陸，史學穿上意識形態的制服，必須依照馬克思唯物史觀進行研究、解釋。如此，當然阻擋了新觀點的繼續探索、產生。不過對於中國歷史研究來說，馬克思唯物史觀本身就是一種新觀點。拿著這支新火把，一、二十年間，一批勤勤懇懇的史學研究者，在中國舊史料裡照見許多過去忽略的角落，看到許多過去隱蔽的歷史面貌。在原有的文人大傳統圖像中，補上農民、底層的小傳統部分，也重新整理了中國經濟史和社會史的資料。

另有大陸以外地區的發展與成就。「中華民族花果飄零」（唐君毅語）的悲劇命運，卻將中國知識、歷史中國的關懷帶到不同的地區。

在北美，蕭公權、楊聯陞、余英時等人一脈相承。在臺灣，有更龐大、更集中的中央研究院歷史語言研究所，有臺灣大學歷史系，然後有沈剛伯主導到處「點火」成立的各大學歷史系。在這裡，一個過去中國文化的邊陲地帶，一個被日本人殖民了五十年、處處遺留日本文化影響的地方，竟然因歷史的偶然成了中國歷史研究的重鎮。

02 非典型路數的二手研究者

我在臺灣大學念歷史系，之後留學美國在哈佛大學繼續做歷史研究，從在臺大的後期，就開始大量閱讀中國大陸的史學研究資料。很長一段時間，我認定人生目標就是留在學院裡，繼承臺灣的老師、美國的老師走出來的研究道路，在中國歷史的理解上努力做出突破，然後將我的知識與技能再教給下一代的歷史系學生。

我在這條路上走得夠久，卻又沒有太久。夠久，讓我對於這是個什麼樣的領域，領域裡的who's who、what's what自信有一定的把握；沒有太久，因為我並未真正成為一名專業的史學研究者。

我沒有留在學院裡，沒有在大學裡教書，也沒有在史語所裡做研究。進去又出來，讓我得以有不太一樣的空間與自由。如果留在史語所或大學的歷史系裡，我就不得不按照機構的規矩，選擇一個領域，做非常專精的一手研究，就沒有機會自在地瀏覽、碰觸廣大的中國史不同領域，知道這麼多優秀的研究者和他們的研究成果。

更重要的，如果留在學院裡，我勢必無法像現在一樣，自覺地選擇做一個「二手研究者」。雖然我也讀一些原始材料，但那通常是以閱讀經典的心情來讀的，我早早就放棄進行嚴謹一手研究的企圖。我的知識、我的理解，來自於大量閱讀並整理別人已有的研究成果。在學院裡，不做一手研究很難存活下去；但容我說一聲：做一手研究，真的不是研究的全部，甚至不必然是研究中最重要的一部分。

我的非典型路數——始終保持研究興趣，卻不是為了寫行內論文或專著而做研究——使我得以接觸、欣賞並真心感激許多在中國史領域中做出傑出貢獻的人。我在閱讀、整理他們的著作中得到真切的快樂，也因此才有可能站在他們提供的知識基礎上，試著以一己之力將中國歷史從古至今好好完整說一遍。

這一點我和我的一位朋友朋友焦元溥非常類似。焦元溥喜愛古典音樂，尤其喜愛鋼琴音樂，但他沒有成為鋼琴家。從某種角度看真是遺憾，他對於鋼琴音樂的理解和掌握，遠甚過大部分的職業鋼琴家。但換個角度，這或許也就是西方人說的 blessing in disguise，變裝了的福氣吧？沒有成為鋼琴家，焦元溥反而才能有那樣的視野、那樣的時間，走遍全世界去訪問頂尖的鋼琴家，探訪出他們對音樂、對鋼琴最深刻的體會，傳鈔記錄出來，讓我們都能看到。

正因為我沒有在那個圈裡，沒有以史學研究作為職業，才能更自在地優游這個廣大的天地，不帶功利、不帶意氣地欣賞這裡的美景。在這塊天地間，這一百年，多麼美好！

中國的歷史意識存在了至少三千年，累積了超過三千年的歷史知識，是個史學高度發達的地方。然而從一九〇〇年算起，到二〇〇〇年，放眼望去，中國歷史三、四千年的過程間發生的事，我們又多知道了許多，改變了更多原有的看法。對於中國歷史，我們既知道得更細更密，又知道得更廣更寬。

在《不一樣的中國史》第一冊中，我仔細說明了從新石器時代晚期到夏、商，乃至到商周之際的發展，這些發生在距今三、四千年前的事，一百年前沒有任何人知道。神奇地，一百年後，我們對這麼古遠的事知道那麼多，而且不是想像出來的，是有實憑實據、依照證據推論出來的。我們可以不同意推論的結果，我們可以繼續爭議該如何推論，但這些證據無法被取消，這些證據需要被解釋的事實，不可能被推翻。

關於這段古遠歷史，這一百年來我們增加的認識，超過了過去兩千年的總和。這不神奇嗎？遺憾的是，明明二十世紀的中國歷史研究有了這麼重大的突破與積累，但在教育體系中、在一般人的常識裡卻少有感覺。今天絕大部分人心目中的中國、中國歷史，仍停留在一百年前的狀態，好像這一百年不曾存在般。

許多人對中國歷史的開端，仍理所當然地從黃帝講起。三皇五帝、堯、舜、禹、湯……，一百年前中國人這樣講歷史，怎麼一百年後我們還這樣講歷史呢？從這個角度看，顯然一百年來累積的新知識、新見解（一百年，照理說實在不「新」啦），一直沒有轉化為一般人可以方便吸收汲取的公共資源。

我站在特殊的邊界上，轉頭一邊看中國歷史的學術研究，再轉另一邊看社會常識上的高度落差，因而產生了特殊的勇氣，一股來自使命感的勇氣。

我寫的，是一本轉手轉介百年來中國歷史知識突破改變的通史。必然會寫得漫長、囉唆。我無法長話短說，無法言簡意賅，因為我不只要介紹對於一段一段的中國歷史，我們現在知道了什麼，還需要不斷地來回對照，這新知識、新見解和大家存留的舊認識、舊見解有什麼差異，並說明新知識、新見解是怎麼來的，為什麼我們應該讓新知識、新見解取代停留在一百年前的舊認識、舊見解。

無法長話短說、無法言簡意賅，還有一個原因是：百年來中國史研究中的新鮮事實在太多了。我像是個來到遠方富麗城市的旅人，就說到了聖彼得堡吧，我親歷了聖彼得堡的美好，發現聖彼得堡有那麼多值得大家欣賞、享受的美好，當然要用一百張、兩百張的幻燈片，將聖彼得堡介紹給還沒有去過的人。

03 中國文明的開端並非單一起點

讓我盡可能用最簡要的方式，整理一下百年來對中國古史的關鍵新知識。

中國歷史從哪裡開始？這個問題牽涉到中國文明的起源。但當我們問「中國歷史」、「中國文明」時，問法本身很容易就預設了一個「中國」的存在，將我們導向去尋找某個單一的地方、單一的因素，作為中國歷史和中國文明的開端。

百年前，人們就是用這種態度回答歷史起點的。百年之中的研究與發現卻告訴我們：必須先捨棄單一的中國的假定，才有辦法真正追索、明瞭中國是怎麼來的。

中國不是從一個點上發展出來的。這片後來被稱為「中國」的土地上，從新石器時代到距今三千年前，各個不同的區域存在著不同的文化。這些區域文化各自形成，經過漫長的過程，才逐漸接觸、互動、彼此影響。換句話說，中國文明的起源是多元的。我們要探討、要尋找的，不再是中國文明從哪裡開始，而是多元不同的眾多地區文化，如何摶合成一個帶有高度同質性的中國文明。

在新的理解中，夏、商、周有兩種意義。他們是中國文明摶合過程中最早出現的三個前後相續的共主，夏最早，商取代夏作為共主，周又打敗商接任共主。但除了時間先後的意義外，夏、商、周也是分布在不同地區的三種不同的文化。夏文化在中間，商文化偏東，周文化偏西。他們作為共主的時間先後相續，但作為地區文化，他們存在發展的時間有很大部分是重疊的。

夏人為共主時，東方早已有商人與商文化。夏人失去共主地位後，取而代之的商人並沒有消滅夏人與夏文化。商人為共主時，周人也在西方崛起。他們彼此之間的共時關係，和作為共主的貫時關係，同樣真實、同等重要。

商文化和周文化大相逕庭，也就和後世以周文化為基底建立起的中國文明大不相同。商文化是一種人與神鬼密切共居的文化，社會組織中擁有最大權力的人是「巫」——有能力中介、溝通人與神鬼領域的人。商人的統治階級相信可以讓自己的靈魂出竅，感應神鬼訊息，商王就是最大的「巫」。

商人不只相信死後世界，相信神鬼，甚至不覺得活人和死人的世界有絕對、明確的劃分，他們活在認定神、鬼可以隨時參與日常生活的環境裡。

隨著一兩千年的時間過去，這樣的商人、商文化圖像在中國消失了。也就是說，一兩千年來的中國人，不知道、不認識商文化的樣貌，將「商」簡單地視為一個一般的朝代，在周代之前的商代、商朝。

因為那一兩千年間，中國文明定型了，有了自己明確的性格。對照之下，商文化是如此異質、古怪，古怪到人們無從理解。

由此引發了一個重大問題：為什麼商人所創建的文化，沒有成為中國文明的主流？中國文明的主流又是怎麼來的？為什麼會有這樣一個強大主流取代、甚至壓抑了商文化，以至於商代的歷史面貌必須等到二十世紀才得以重新被認識？

04 翦商：文明典範的戲劇性轉移

中國文明的主流，來自周人與周文化。我們今天所認定的中國文明，主要元素幾乎都來自周人。由商到周，因而絕對不能用單純改朝換代的眼光來看待。當時並沒有後來意義的「朝代」，只有共主結構，此其一。更重要的，周人帶來很不一樣的文化，以此為基礎建立了很不一樣的政治制度。由商到周，是個全面的巨變，是兩種文化的此消彼長，也是文明典範的戲劇性轉移。

周人「翦商」，發生在西元前第十一世紀。假設那個時候有一位具備宏觀意識的史學家，親身觀察了這樁歷史事件，他會如何評價、如何解釋？最有可能的，他會將此事視為兩大部族間的重要衝突，衝突之後，周人的勢力勝過了商人。周人有自己一套不同於商人的文化，但這應該不會讓那位史學家感到意外。在那個時代，他周圍存在著許多不一樣的部族，各有不一樣的文化，商人作為共主，不可能在文化上統合其他部族，不可能消弭周人的自有文化。

同理可證，他應該會如此假設：周人之後，也會有新的部族興起，有一天將壓過周人，他們的文化又會在共主地位上，壓過、取代周人的文化。這是當時歷史變化的基本型態。

但這次他錯了。不同部族不同文化遞變的情況，到周人之後就停止了。在周人的努力與影響下，周文化的核心、關鍵部分從此就留存下來。這些部分的中國文明，就像被凍結了似的，後來一兩千年，歷經自然、民族、政治、經濟上的種種變化，神奇地一直保留著，而且一直發揮著實質的作用。

一直到十九世紀中葉，歐洲人藉由船堅炮利帶來一套新文明，才真正動搖了這套核心主流。從西元前十一世紀到西元十九世紀，長達三千年的時間，涵蓋中國如此廣袤的空間，好些文化的基本價值、基本元素，維持不變。這是周人建立的驚人成就。在他們崛起之前，中國是個多元錯落的文化領域；在他們崛起之後，這塊土地被轉化為近乎單一的文明系統。

當然，這並不意味著中國在周人建立了核心主流文明後，就沒有變化了。果真如此，就無從說中國歷史了。中國有許多變動，在這塊土地上繼續發生各式各樣的新鮮事，不過有個基調由周人訂定下來，流傳千古。環繞著這個基調有不同的表現形式，基調內部元素有不同的排列組合，不同時代仍然變化著，於是創造出中國歷史、中國文明的豐富成就來。不論是政治、思想、文學、藝術……，中國文明的成就中，都只能以這個基調為背景來生發、演變，這是三千年歷史中無可否認的特色。

05 周人的遺產：「天人觀」

周人所建立的基調，第一條主旋律，是「天」的觀念與「天」的信仰。

商人深深相信的終極權威，是自己的祖先，死後成為神鬼的祖先。他們相信神鬼有自己的世界，高於人間，而且具備干預、改變人間事務的超越能力。人的世界與鬼神的世界之間有曖昧的通道，只有少數擁有特異功能的人可以來回穿越。能夠這樣「通天地」的人，就擁有能夠操控鬼神的超越能力，因而得以在人間威服眾人。「通天地」的人，能夠從鬼神那裡得到別人得不到的能力與智慧，還能不時要求鬼神聽從他們的請求，在人間降福降禍。

為了「通天地」，要有工具，青銅器、問卜、文字……，都是商人用來「通天地」取得神鬼訊息的關鍵工具。

商人崇奉「帝」，「帝」是鬼神世界的最高權威、祖先中最厲害的。周人卻崇奉「天」，「天」和「帝」大不相同。商人無法理解周人的「天」，和周人關係緊張時，商人自然地將「天」想像成另一個鬼神主宰，以人形居住在天上。但周人的「天」最特別的地方就在於不是擬人的，而是抽象的。

商人的鬼神是擬人的，也就有著和人一樣的傾向——鬼神總是護著自己人。我的祖先幫助我，你的祖先也一定幫助你，因而打架誰輸誰贏，除了看誰力氣大，還要看誰的祖先比較強。如果我能夠證明我的祖先比較厲害，在另外那一邊可以壓倒你的祖先，就算你相信自己力氣比我大，你也不敢跟我打架，必須服從我。

周人不信這個。他們信的是普遍性的「天」。「天」是公平的超越評判力量，君臨所有人，不屬於周人，也不會獨厚周人。「天」有其規律，以及從中而生的規矩原則，行事符合「天」的規矩原則，「天」就會保佑、幫助你；反過來，違背了「天」的規矩原則，就會被「天」懲罰降禍。

「天」的信仰產生了「天」和「人」的關係，也就是周人的「天人觀」。人要服從「天」，也就是服從「天」的規矩原則。在和商人長時間的緊張衝突中，在對商人的敵對觀察中，進一步在調整和商人的對應模式中，周人有了「天命」的概念，也就是「天人關係」中最重要的一環。

周人相信，「天」給予人最大的獎勵，是統治管理他人的權力。如果你行事依照「天」，「天」就會將「天命」給你，讓你依憑「天命」成為統治者。但是既然統治的根本權力來自「天」，「天」能給你的，必要時「天」也會拿走。

如果你行事違離了「天」的規矩原則，「天命」就會從你身上拿走，交給更符合「天」的標準的人。

周人的這種觀念不只和商人大不相同，從世界文明的宏觀比較上來看，都令人驚訝其中有著如此少見的強烈人文中心精神。

哲學家雅斯培[1]曾以「軸心時代」(Achsenzeit)來稱呼世界文明史上一段燦爛的人文醒覺歷史，在古希臘、古印度和中國，大約同樣時間都出現了重新定義「人」的深刻哲學思想。而中國「軸心時代」的人文醒覺，其實源自周人的「天」和「天人」思想，早在西元前十一世紀建立王朝之時，周人就已經初步完成這個醒覺轉變了。

表面上看起來信仰的是「天」，然而「天」並沒有主觀意志。「天行健」，意味著「天」最重要的特性就在其自然運作，不管在任何情況下都維持規律，不會改變。「天」不任性，不會亂發脾氣。信仰這樣的「天」，實際上是信仰抽象的行為原則。依照「天」彰示、反映的原則來規範自己，人的行為就有了可以預期的後果。

中國人相信「好心有好報」，相信你有怎樣的居心，做了怎樣的事，相應就會得到怎樣的結果。為什麼「好心」可以有「好報」？因為有天的中介，「人在做，天在看」，有一位公平的、只認原則的「老天爺」隨時在評斷。

「天」不是一種有意志、有脾氣的超越力量。「天」不是商人的「帝」，也不是猶太人的「上帝」。耶和華有意志，還有不可測的脾氣。祂看你是個在世間的義人，做的都是好的事、對的事，卻不必然因此獎賞你。祂一有想法，就要試探你可以正直到什麼程度，更可怕的是，也許還要試探你信仰上帝到什麼樣的程度。

如果你覺得「好心有好報」或「好人有好報」，那就不是對上帝真正的信仰。你覺得可以猜到上帝會如何對待你，上帝卻不是人可以猜測，更不是人可以試驗的。上帝的意志、上帝的道理超越人的理解，和人不在同一個等級上。所以不能以上帝之名發誓，你誰啊，可以叫上帝幫你做保人？你違背了誓言，上帝就照著懲罰你，那豈不變成你在控制上帝，叫上帝為你服務嗎？

猶太人的上帝是徹底超越的，人在上帝面前，只能誠惶誠恐地信奉、崇拜，祂的超越性就存在於祂不給予任何的人間規律。人害怕上帝，人非害怕上帝不可。

然而，從周代開始，人從來不怕「天」，不覺得「天」是什麼可怕的東西，會任性地、不預期地作弄人。人必須敬畏「天」，那是因為「天」是一套規律，不為任何人而改變。你不能跟「天」套交情，不會因為你是王，「天」就扭曲祂的規律來配合你、縱容你。

「大邑商」多了不起，多有成就，然而一旦行為偏離了「天」的規範，那麼大、那麼了不起的「大邑商」就是會遭到「天」的懲罰，將「天命」從他們身上拿走，交給小小的周。有了「天命」，小小的周也能打敗「大邑商」。

「天命」怎麼會交給小小的周？不是「天」偏心獨厚周人，而是因為周人一直遵守「天」的規律行事，從來不敢有所違背。周是「好人」，在「天」的公平性中，「好人」就得到「好報」。

周人最早的觀念，是簡單的「好人有好報」，或者說得更直接——好的行為會帶來好的結

1 雅斯培（Karl Theodor Jaspers, 1883-1969），德國哲學家，現代存在主義哲學的重要奠基者。尋求超越是雅斯培存在哲學的思想核心，強調「理性」與「存在」並重。

果。「天」就是好行為會帶來好結果的保障。但後來「好人有好報」微妙地變成「好心有好報」，中間關鍵的變數就是孔子。

孔子為何如此重要？一部分理由就在於他真誠地面對了周人立國信仰崩壞的危機。他所處的春秋時代，那麼多人公然地違背大家認定的「天」的道理行事，有弒君的，有悖德的，有貪婪的，有陰險的……，做了壞事的人，卻繼續過著好日子；相對地，明顯做了許多好事、對的事的「好人」，卻得不到「好報」。

這種時代，還有「天理」嗎？人還要相信「天」嗎？孔子面對「天」的信仰在亂世的動搖，認真地重新思考、重新建立起一套道德原則，其中關鍵的一項，就在於分別道德的行為與道德的動機。在現實條件限制下，一個人或許沒有能力做「好事」，但沒有任何一個人在任何最糟的情況下不能有「好心」。能不能有「好事」的結果或許操之在人，但「好心」絕對操之在我，也就成了人無從逃躲、無從推卸的責任。有「好心」，比外表上看能做「好事」更基本、更重要。

你沒有能力救助每一隻流浪狗，但在路上看到一隻爛了毛、在冷風中顫抖的狗，你不可能沒有能力對牠感到同情。那樣的不忍，完全在你自己的掌握中，沒有任何人能逼你取消，除非你自己要。後來孟子更進一步，將這樣的「惻隱之心」視為「天」，是人的本性中最關鍵、最核心的部分。

這是儒家道德思想發展的大綱大目，從周人原有的「天」的信仰上一脈相承，後面還有機會仔細說明。

06 周人的遺產：「封建」和「宗法親族」

周人留在中國文明中的第二個長久印記，是「宗法」，亦即對親族的重視。「宗法」和「封建」緊密相連。「封建」是周人設計出的一套全新政治系統，取代了夏、商原有的共主形式。當周武王出兵翦商時，並沒有野心、更不可能有信心打敗勢力龐大的商人。之所以出兵，是因為被商人欺壓得忍無可忍，必須有所反抗表示。很有可能連「西伯昌」——最受周人愛戴的大家長——都死在商人之手。武王基於為父報仇的憤恨，第一次出兵，但到了孟津，還是沒有把握地退兵。

第二次出兵，在牧野一天之內擊潰商軍，接著冒險進擊朝歌竟然又得到勝利，周人驚訝、意外地發現自己徹底打敗「大邑商」了。毫無準備的他們，只做了簡單的安排，就又退回西方宗周。但沒多久，發生管叔、蔡叔發動的內亂，周公、召公不得不進行「二次東征」，二次東征成功後，真正最艱難的挑戰才開始。

不能再退回去了。在周公領導下，周人硬著頭皮經營東方，態度依舊戒慎恐懼，「如臨深淵，如履薄冰」，自覺要到一片陌生的、未知的、甚至是充滿敵意的地方去。

戒慎恐懼而非自信滿滿，使得他們採取「封建」的方法。第一，他們不假設周遭的人會自然對他們友善；第二，他們不假設當地的人力量比自己小。所以要做好充分的準備和安排。

封建是周人不得已設計出來的。他們本來只要壓服商人，派少數勢力看管商人，然而情勢所逼，「管蔡之亂」證明此法不可行，要保有翦商的成果，一定得要東進。那他們能依靠什麼？他們找到的最堅實的依靠，是親族紐帶帶來的信任感。因為你是我兄弟，我可以信任你；因為你是我弟弟的兒子，我可以信任你；因為你是我弟弟的兒子的親家，我可以信任你。

周人藉封建擴展，在擴展的過程中，將原本仍然呈現多元文化狀況的中國地區逐步同化。封建的實質，是派出一支又一支的武裝殖民部隊，部隊的主力由周人的親族組成，圍著主力，有周人帶去的其他合作部族。用這種方式，周人的文化散布到了廣遠的地區。

封建是一種擴張與統治的手段，它留下來最強大的影響，則是親族系統，是以親族系統為原則所組構的社會型態。

周代之後的兩三千年，中國的基本社會人際組織，就是以親族關係為主的同心圓模式。一個人處在社會中，必然被置放在一層層的親族關係裡。這井然有序的一層層關係，《禮記》中清楚律定為「五服」，兩千多年之後，仍然寫在我們的現代《民法》中，規定為一等親、二等親、三等親[2]……

這個同心圓的圓心是我自己，「五服」或幾等親，決定了其他人和我的距離，親等愈近的愈值得信任，也必然在生活上有比較緊密的互動。在這種模式中，不同親等的人之間有不一樣的行為模式、不一樣的交情、不一樣的權利義務期待。

封建靠親族系統方能成立，隨著封建的開展，周人也就發明、設計了後來成為中國文明關鍵內容的種種禮儀制度。

「五服」的「服」指的是「喪服」。喪禮是確立親族關係的重要場合，不同關係的人穿不一樣的喪服。換個角度看，在喪禮的場合中，親族系統中人與人的關係距離也就一日瞭然，提醒每個人自己的位置。不同親等的人穿不同的喪服，就有因應的不同行為要求，這種稱為「服喪」的特殊行為，又隨著你和死者的關係親疏遠近，而有不同的時間規定。

一切環繞著親族，只有親族算數。在今天的現實裡，喪禮有「治喪委員會」，掛名當主任委員的，可能是高官，可能是死者的老朋友。高官、老朋友？這在傳統的喪禮裡是沒有意義、放不進來的，因為不在親族關係之中。

在那樣的社會裡，沒有前女友，沒有生意夥伴，在以親族為原則的架構中，沒有這類關係存在的空間。這個女人，如果還留在你的生活中有所聯繫，那必然要是你的堂妹或表姊。這個人，可以跟你一起做生意做很久，彼此信賴，那麼從一開始你選擇和他合作，必定因為他是你堂哥，至少是你堂哥的親家。沒有這樣的親屬連結，你幹嘛找他一起做生意？

2　中華民國《民法》第九六八條：血親親等之計算，直系血親，從己身上下數，以一世為一親等；旁系血親，從己身數至同源之直系血親，再由同源之直系血親，數至與之計算親等之血親，以其總世數為親等之數。

如此的關係與思想模式，從周代之後就深植中國社會，決定了傳統中國人如何看待、如何安排人與人之間的互動。

07 周人的遺產：非表音文字

周人帶給中國文明的第三個不滅影響，是文字與語言之間的關係。

中文是全世界獨一無二非表音的文字系統。所有其他能夠流傳下來，實際在大型社會中運用的文字，都是表音的。只有中國人，加上少數受中國影響處於「漢字文化圈」裡的人，才用非表音文字。

看看韓國的變化最清楚。他們原來也屬於漢字文化圈，以漢字為書寫文字，然而在現代化的過程中，韓國明確地放棄漢字，另外建立新的文字系統。新的韓文，表面留下方塊的形狀，乍看之下有點像漢字，但實際上完全不一樣了。現代韓文是表音的，由一個個聲符拼起來，看那些組成的符號，就能唸出那個字。

廢漢字改現代韓文，除了民族主義的立場之外，更重要的是普及的考量。改用現代韓文，可以快速提升韓國人的識字率。這就觸及了關鍵——非表音文字很不方便，無法直接和語言對應上，也就沒辦法讓會使用語言的人快速懂得如何使用文字。

從運用的便利上看，表音文字是正確的設計，所以其他語言系統最後都發展出表音文字。為什麼中國會成為例外？

這就牽涉到商文化與周文化的關係，以及商周之際所發生的變化了。這套文字為何不是表音的？很容易解釋，因為這原本是商人用來記錄與神鬼交接的祕密符碼。在發明這套符碼時，沒有記錄語言的需要；或更廣泛地說，沒有明確的表音動機。

我們不確定甲骨文上的每個符號是否都有固定的聲音，但我們知道這些符號在功能上不是為了對應、記錄語言的。在商文化中，文字是神祕的工具，是 secret codes，是暗碼，只有少數幾個牽涉到與鬼神溝通的人才能接觸、才看得懂。懂得運用這套暗碼是他們的特殊能力，就相應為他們帶來了特殊地位與特殊權力。這樣的符號不需要考慮方便使用，甚至相反地，不能太方便使用，太方便就減損了符號的神祕性和隔絕性。

周人從商人那裡學來這套系統，卻用在不一樣的地方。在此過程中，周人聰明地發明了一種文字和語言的對應法則，那就是後來「六書」（象形、指事、會意、形聲、轉注、假借）中的形聲法則。形聲是將原有的字當作聲符，配上一個代表意義的偏旁而構成。例如「誠」字，取「成」的聲音，加上「言」字偏旁，所以我們知道這個字對應的，是語言中形容說話真實，說真話的意思。

從甲骨文到金文，最大的差異發展就在形聲字上。靠著大量形聲字的出現，本來和語言關係鬆散的文字，取得了更貼近記錄語言的功能。接下來，有像《詩經》這樣的文獻出現，那應該是一個自覺的、龐大的計畫，將本來只存留在口語上的歌詩內容記錄下來。這項計畫的關鍵，就在於讓文字徹底轉化為能夠和語言對應的系統；從相反方向看，同時也就可以藉由這些容易誦記的詩歌語言，讓人理解文字在記錄聲音上的基本規則。

從此，原本著眼於視覺理解的文字，有了和聽覺聯繫上的方法。這套文字由商人發明，卻在周人手中變成如此神奇的文明成就。這套文字和語言之間，有著若即若離、不即不離的關係，一方面可以反映、跟隨部分語言變化，另一方面卻又不完全受到語言快速變化的現象所控制，可以獨立於語言之外而存在。沒有這樣神奇的語言，像中國這麼大的區域，要維持這麼久的政治、社會、文化統合，絕對是無法想像的。

表音文字受到語言高度的牽制。我們學英語時就會發現，英語裡有些單字拼法怪怪的，和字的發音對不上。英語世界裡幾十年沒有中斷過的熱門討論，就是要不要改掉這些「不合理」的拼字。幾十年沒中斷，是因為沒能真正形成普遍的改變。怎麼會這樣？因為一個論點始終有其力量，即使是「改正派」也無法忽視：真要都按照發音來拼字，也就是讓英語徹底表音，那麼不同地區不一樣的發音，必然會導致同字卻有不同拼法，很可能使得英文分崩離析，不再是跨越地區的統合文字。

英文現在所處的地位有點像歷史上的中文。英語散布得很廣，散布得愈廣，就意味著愈多地區性的差異。美國人、英國人、澳洲人、印度人，乃至香港人、新加坡人講的英文不會都一樣。如果大家都按照自己的發音方式拼寫英文字，每個地方的英文也就有了差別，久而久之，這套文字就失去共通性，不再有能夠充當世界語言的功能了。維持英文的統一穩定，不受地區性發音影響，也就是不純粹的表音，成了英文要能有世界語言優勢的前提條件。

08 周人的遺產：地理條件形塑的憂患人生觀

周人給予中國文明的第四項長遠遺產，是決定了中國的基本地理環境。

人如何決定地理環境？不是應該倒過來，由地理環境決定人嗎？稍微準確些說，是周人從他們賴以興起的那個區域的地理條件中培養、樹立起的習慣，後來長期決定了中國的生產方式，以及中國的經濟價值觀。

回想一下我們所熟悉的中國地圖，中國文明核心區域的北邊和西北邊，多是草原和沙漠。核心區域在黃河流域，有黃土高原，而周人就在黃土高原的晉南發源，然後向西遷移，移居到渭水流域。

黃土高原由原生黃土構成。因為北方、西北方都是極乾燥的地區，從更新世[3]後期開始，幾萬年來，大量風沙不斷從北方、西北方吹過來，風力減弱之後就沉積在這裡。黃土高原的原生黃土是風成的，愈往東邊砂粒愈細，顯示由風帶過來，粗一點的落在較西北邊的地方，細一點、輕一點的則可以吹到更東邊些才落地。

另外，黃土高原上所有的山，西坡都比東坡來得高且長，這又是風成地形的特色。黃土高原以東仍然是黃土，卻不是原生黃土，而是次生黃土構成的。次生黃土的意思是由河川的力量，帶著本來的黃土再往東沖刷，堆出沖積土來。今天河北東部到山東這一帶，主要就是由黃河的沖積土堆成的。

這樣的地形，從歷史上看有什麼特殊重要性？最重要的，這顯然不是一個最適合農耕發展的地理環境。在解釋中國文明發展上，地理決定論不怎麼適用。新石器時代農業開始在中國這塊區域上多元冒發時，黃土高原上農耕文化的發展密度低於其他地方。東北的紅山文化、東南的河姆渡文化，看起來農耕的自然條件都優於黃土高原。

然而早期中國文明的中心不在紅山文化區，也不在河姆渡文化區，而是在農耕條件相對較差的黃土高原。黃土高原相對沒那麼理想的環境，逼著在這裡生活的人必須多加一些努力，多克服一些挑戰，也因此多了一些人文的本事。

黃土高原的森林覆被有限，長期雨量不足，能夠生產的，都是醣類轉換率相對較低的乾旱型作物。這種環境中的農業基本上無法自然守成，不是能夠等在那裡靠大自然來養活的。

在熱帶、亞熱帶的環境中，光是蔬果的自然收穫，就能提供人生存需要的基底，養活自己不需要太多的努力。這是可以自然守成的環境。但黃土高原絕對不是。為了取得足夠的醣類和蛋白質，人得要辛苦努力。努力的一個重點，是不斷試驗馴化乾旱型穀類作物。

大約從西元前五千年開始，這個區域的人們就不斷和稷、粟、麥等幾種作物周旋，對於如何選種、何時播種、如何種植，進行了長期的試驗與改良。而且黃土高原不可能有簡單、容易的灌溉資源，在無法保障充分水量的情況下，試驗與改良的空間很有限，必須格外注意，也就格外辛苦。

在這個環境中歷練出來的周人，帶著一份黃土高原的刻苦性格。這種性格中包括幾個關鍵元素，其中之一是高度不信任自然。聽起來很弔詭，在他們的觀念中，自然沒有那麼自然，沒有那麼理所當然。之所以如此強調地發展出「天」和「人」，也就是自然和人之間的關係，就是因為長期的經驗使他們無法忽視自然，不可能不注意自然，不思索、不探討自然與人的基本生存之間的關聯。

黃土高原上沒有太多比人更龐大、更凶猛的大型動物。少植被的環境中，比較不擔心豺狼虎豹傷人。在這裡，人有相對優勢，靠著農業上的試驗與勤勞耕種，人獲得了對自我能力的信心。

3 更新世在地球的地質年代劃分中，屬新生代第四紀的早期，約在二百六十萬年前到一萬年前。此時期絕大多數動、植物屬種與現代相似，冰期與間冰期交替。

然而，大自然既是人的依靠，也是人最主要的對手，不會總是對人友善。於是有了周人對「天」的想像，對「天」與「人」關係的思考。

人必須了解「天」的律則，更必須遵守「天」的律則。不了解、不遵守「天」的律則，會帶來最可怕的災難，會讓自己陷入活不下去的窮途末路。今天有東西吃，不表示明天還有同樣的日子可以過。農業需要時間，黃土高原的農業有太多不利變數，這樣的地理條件，透過周人，塑造了中國文明中的憂患人生觀。

09 人口與人文的分布變遷

史地學家陳正祥先生曾經仔細蒐集中國古籍中和人口有關的資料，做出詳細的人口分布圖。[4]從中國人口的分布變遷，可以清楚看出周人與周文化在中國地理上的深遠影響。

歷史性的人口分布圖，從西漢開始，《漢書．地理志》提供了最早的資料。從西漢的人口分布清楚看出，中國古代的人口重心其實不是黃河流域，而是渭水流域，即周人的起源地。

相對地，靠東靠南的淮河流域，自然條件方面有更肥沃的沖積土，較充分的雨量，但人口密

4

此節引用的所有圖片資料，皆出自陳正祥，《中國文化地理》（香港：三聯書店，一九八一年）。

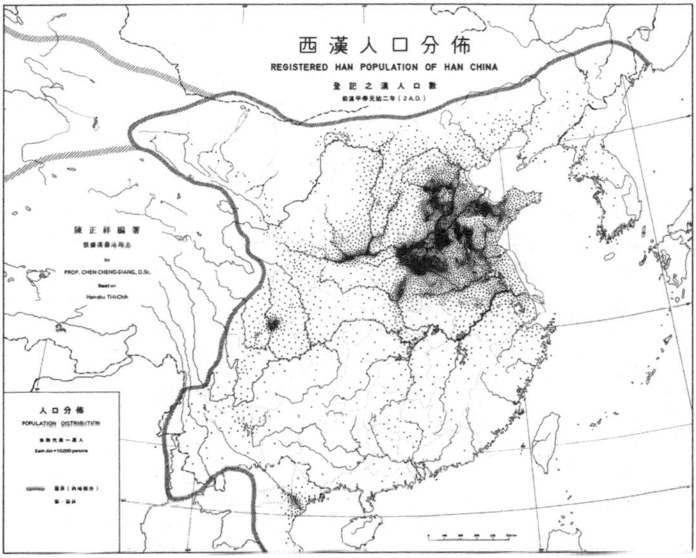

（上）西漢人口分布圖

（下）西漢三公九卿籍貫分布圖

度卻遲遲無法和農業條件較差的西北部相比。其中有個特殊變數：黃河下游氾濫。高泥沙的黃河在出海口附近形成一大塊洪區，淮河河道也在黃河洪區範圍內，黃河不規律的洪氾提高了這一帶居住的風險，也就抑制了這一帶的人口成長。這也是中國文明在黃河中上游發展得比下游更快、更順利的重要原因之一。

西漢時長江流域，包括江北的區域，都還沒什麼開發，人口更少。

再看陳正祥整理的這張圖（上頁下圖），更加凸顯。這是他整理了史書上查得到的西漢三公九卿，即地位最高、權力最大的人的出身來歷。相較於整體人口分布密度，清楚顯示渭水流域、長安一帶，出三公九卿的機率，明顯高過平均人口密度。這塊地方，周人的起源地，後來一路作為中國政治中心，自然的生產條件並不是最好，農業生產上其實落後於東部區域，卻一直保持著人才中心的特殊地位。

我們可以再往下看，拿唐代人口分布圖做比較。漢、唐相比，第一個突出的變化是巴蜀的興盛。巴蜀（今四川、重慶）這一帶，西漢時人口少得可憐，然而到了唐代，已經變身為重要的人口集中區。另一個新興的人口集中區是長江流域，尤其是長江北岸。到了唐代，巴蜀和長江北岸的人口密度，都已超過渭水流域。

然而這樣的普遍人口分布，和唐代詩人的分布卻大有差別。從詩人出身地的分布上看，渭水流域仍然占有極高的地位，此地出詩人的比例遠遠超過其一般人口比例。

除了詩人，進士也是唐代文化發展的重要指標，可以同時看看進士的出身背景。在唐代進士

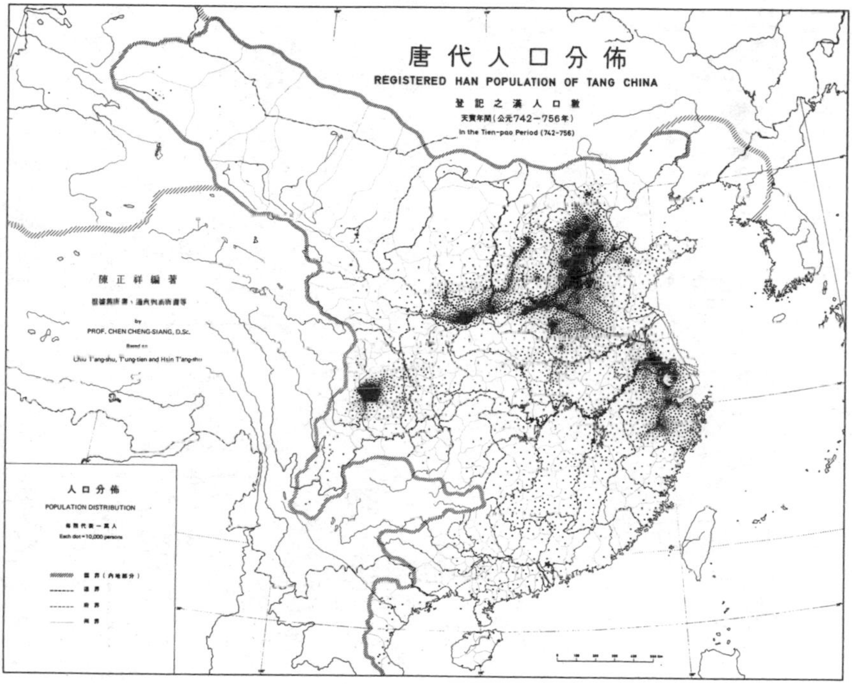
唐代人口分佈
REGISTERED HAN POPULATION OF TANG CHINA
登記之漢人口數
天寶年間(公元742－756年)
In the Tien-pao Period (742-756)
陳正祥編著
by
PROF. CHEN CHENG-SIANG, D.Sc.
人口分佈
POPULATION DISTRIBUTION
Each dot = 10,000 persons

唐代人口分布圖

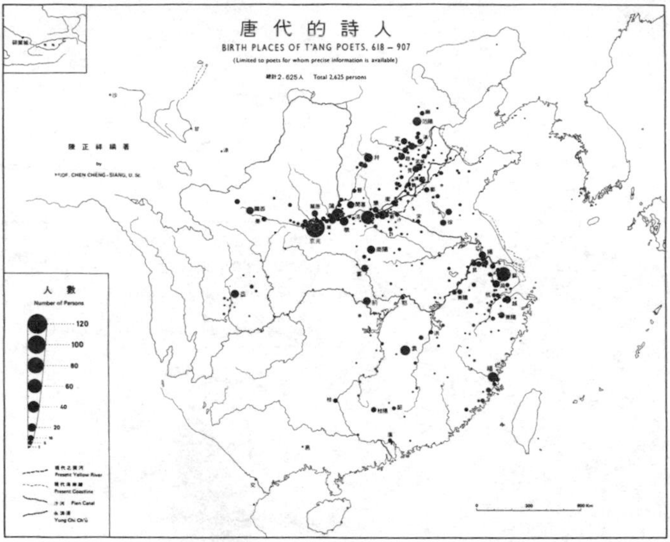

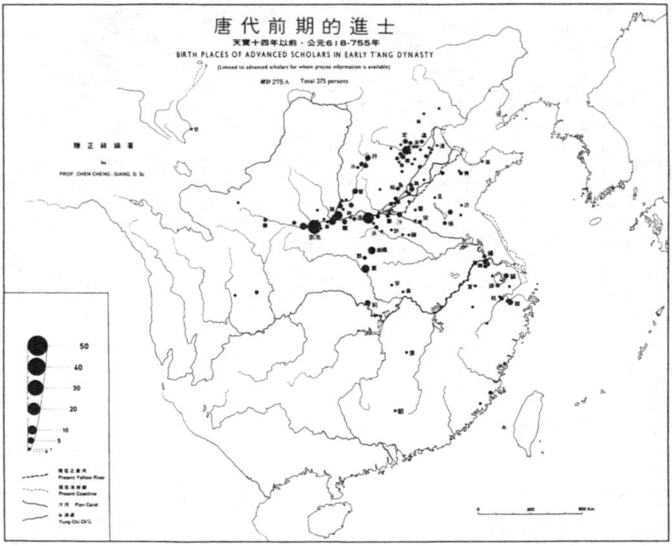

（上）唐代詩人分布圖

（下）唐代進士出身分布圖

出身分布上，渭水流域的優勢更是明顯，幾乎大部分的進士都來自渭水流域連接到黃河兩岸，也就是北方的舊文明區。這樣的分佈趨勢，呼應了詩是唐代新興的文化代表形式，而進士考試除了詩之外，還有其他既有的傳統知識，因而進士出身所反映的地理分布，就比詩人出身來得更古老些，黃土高原老文明區因此占了更大的比例。

到了近世時期[5]，人口分布有了新的變化。南方的兩湖流域人口密度高度增長，更南方沿海的福州、泉州，也成了新的人口中心。從人口分布上明顯看出，中國的地理重心不斷往南移。和人口變化相應發展的，也就是錢穆在《國史大綱》最早指出的，中國經濟生產南移的現象。經濟、人口重心先往南移，政治的中心才隨之變動。到了北宋，巴蜀和長江下游的人口密度已經超越黃河流域。看北宋的人口分布，同時要注意到另一個重點：城市的興起。

陳正祥整理的分布圖中，特別用圈圈的大小表示城市人口的數量。我們可以一目瞭然，立刻看出這個時代人口的集中程度。開封是個超級大城，聚集了驚人的人口。宋代以降的中國近世史，和前面的其他歷史時期切劃開來的特性之一，就是都市的發展。人口高度集中，商業繁盛，這樣的城市現象，宋代之前並未出現，卻是宋代、明代歷史變化的關鍵。

5 根據近代一些學者和日本學者的觀點，宋代以降到鴉片戰爭前的這段歷史，被稱為「近世」。可參本書第四講，頁一三五。

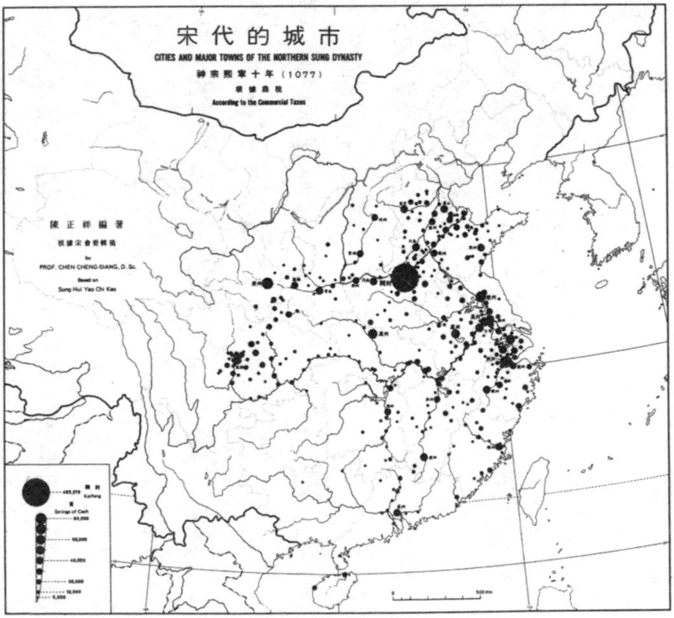

（上）北宋人口分布圖

（下）宋代城市分布圖

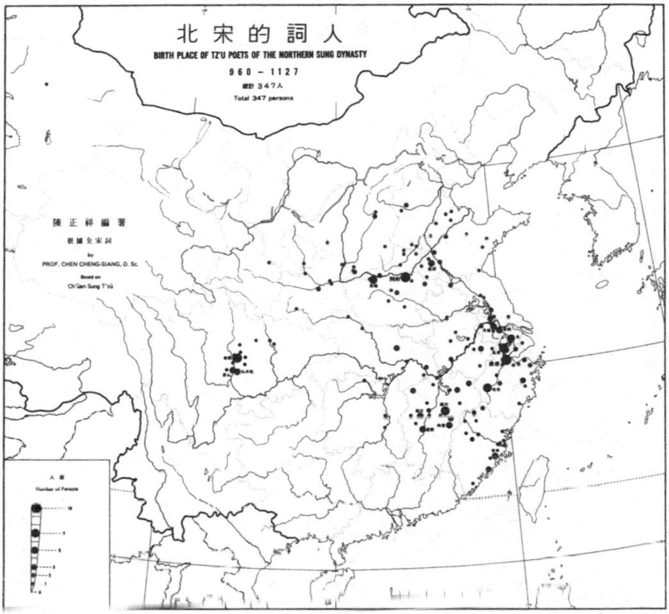

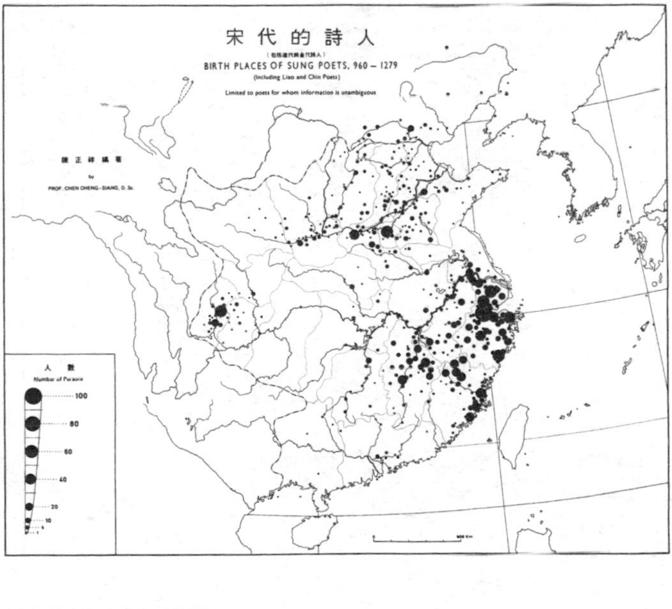

（上）北宋詞人出身分布圖

（下）宋代詩人出身分布圖

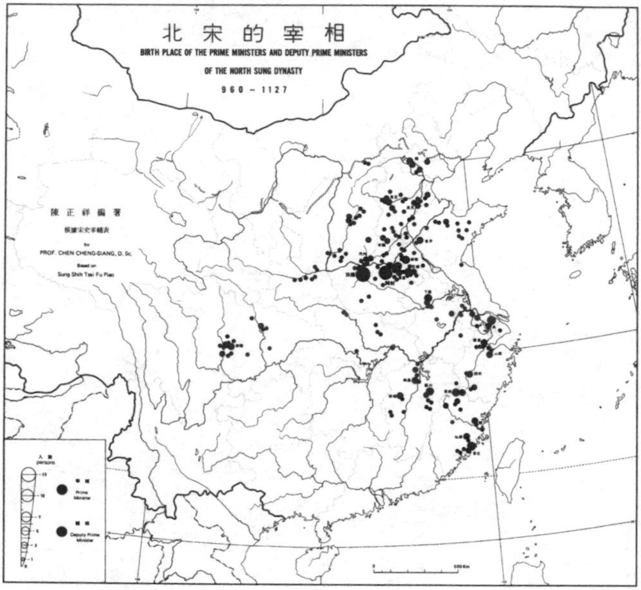

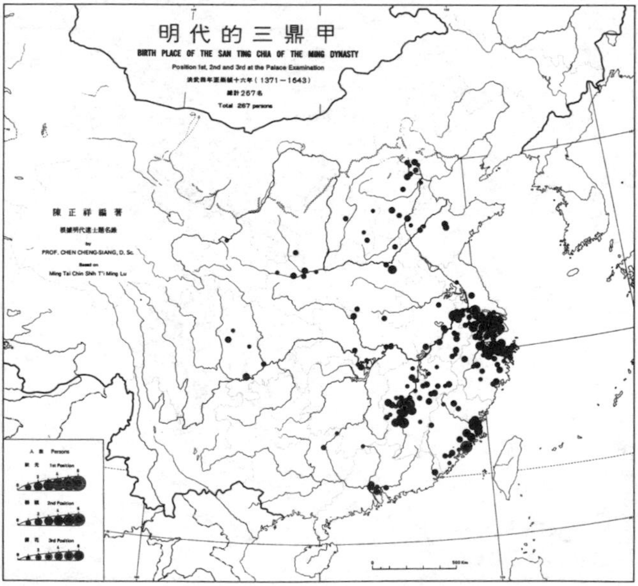

（上）北宋宰相出身分布圖

（下）明代三鼎甲出身分布圖

詞是宋代最主要的新興文類，也是宋代異於前代的新流行。反映在地理上，我們就看到渭水流域的衰微。出身渭水流域的詞人少得可憐，相對地，詞人在南方的分布就密集多了。

這似乎是和人口、經濟、政治重心南移同步且必然的變化趨勢。但是若改用其他標準看，圖像就改變了。

詩是比詞古老的文類，於是在分布上，詩人就比詞人來得廣。北方並不遜於南方。再換到政治領域，我們發現，要做宰相，要能在政治體制中上升到最高地位，北人還是比南人強。

南方在經濟上的領先發展，到宋代已經影響並反映在新興的藝術成就上，但要再等幾百年，才能真正累積為全面的優勢。到了明代，透過陳正祥整理的進士科舉考試前三名出身分布圖，可以看出來他們明顯集中在東南沿海地區了。

10 周人文明性格的強悍延續性

看這一系列的人文地理資料，我們能夠快速地掌握中國文明的基本動向。最早以西北邊的黃土高原為核心，朝向東方開展，繼而往南方開拓。之後南方較為優越的經濟生產條件，保障了長期南優於北的發展態勢，隨著時間，中國文明地理的重心也就不斷地朝東南方推移。

可是這股推移的力量，還有內在的分別細節。在經濟上，推移改變得最快；相對地，政治、文化緩慢得多。中國的文明地理範圍持續擴張，照理說隨著重心的推移，整體性格應該隨之改變。然而我們看到的歷史事實，卻是最早因應西北黃土高原環境產生的許多文明因素，有著極其強悍的延續性，沒那麼容易被東方、南方的新興力量取代。甚至經常倒過來，地理擴張的過程中，舊有的文明因素被帶到東南方不同的地理環境中，罩蓋在這些不一樣的地理環境上，依然保有其正統高位。

最早在黃土高原產生的基本價值，尤其是對大自然的不安全感，以及由此連帶發展的生產制度、社會制度，奇特地，並未在經濟重心轉移到生產條件相對優渥的東南方之後就相應改變了。兩三千年來，此一特質一直是中國文明無可動搖的底蘊。

周人創造的文化，原先是和他們起源的黃土高原地理環境密切關聯的。然而這樣的一套生活價值，後來具備了高度的人文性。隨著人的遷徙，這套生活價值跟著遷徙，進入不同的自然環境，只做了地方性的調整，而不是依照當地的自然環境變化為不同的系統。

這是中國文明高度延續性特徵的根柢。從這個特別強韌的延續性現象，我們可以問、應該問兩個問題：第一，也就是本冊通史內容試圖探觸、回答的：周人究竟是用了怎樣的方式，建構起這一套人文系統，並給予其何等堅韌的質地，能夠抵抗時間，抵抗環境變化帶來的壓力？

第二，也就是往後整個通史內容念茲在茲、不斷回頭探問的：中國歷史上自然環境和人文生活之間又是如何互動？例如說，從黃土高原起源的系統進入兩湖流域、進入東南沿海，在如此完全不同的地理條件相衝擊下，到底發生了什麼事，又刺激發展出怎樣的東西來？

11 第一流的學者陳正祥

藉此機會，附加幾句話來介紹一下陳正祥先生，一位太被忽略的人文地理學者。陳正祥一九二二年出生於溫州，抗戰期間就讀中央大學，一九四二年畢業後留校擔任助教，一九四八年到臺灣，在臺大農經系教書。在臺灣待了十幾年後，因為政治因素離開，轉去香港，後來一度定居義大利。

陳正祥是第一流的學者，著作的質與量都超卓驚人。他從一九三六年，十四歲開始發表著作，第一篇文章寫的是關於捷克和中歐。一九三八年，十六歲，他就發表了關於海南島少數民族的現況報告及「新新疆」的地理概況。一九三九年，十七歲，寫莫斯科與伏爾加河，還研究四川礦產的分布及開發途徑。

一九四〇年，陳正祥發表關於南洋地理與氣候的研究，探討中國邊疆的土壤與植被。一九四一年發表的論文處理了緬甸的氣候、雲貴高原的氣候、中國西北的畜牧問題和蘇聯亞洲區的地理特色。一九四二年寫〈中國耕地與人口〉、〈水利工業透視圖繪法〉。到這時，他才剛滿二十歲！

接著一九四三年，他研究河西走廊、甘肅、浙江、琉球、大戈壁、塔里木盆地。一九四四年，寫《氣候與人生》、《自然與人生》，寫伊犁河谷，寫祁連山的氣候與植物帶。一九四五年研究中國的霜期，畫出全中國不同的降霜時間圖，是很重要的地理學、氣候學成果。一九四七年發表了最早的英文論文，在澳洲雪梨出版。一九四八年替「臺灣糖業公司」進行詳密的研究，寫成《臺灣氣候對於甘蔗生產季節之影響》，另外幫「臺大農業地理研究室」寫了《柑橘的適度氣候與中國柑橘地帶》。一九四九年的著作範圍包括了澳洲地理、斐濟島的糖業、臺灣的香蕉。

一九五〇年研究華南蔗糖與中國甜菜區域，另外編了《臺灣土地利用圖集》。一九五一年，在《地理學評論》(*Geographical Review*)上用英文寫臺灣的土地利用，另外研究臺灣嘉南大圳灌溉的輪作，還研究臺灣人口分布，以及研究臺北盆地的農家。一九五二年研究臺灣人口地理，研究玉山的氣候與天氣。一九五三年寫《自然環境與農業生產》，研究稻米地理、棉花地理……

這還只是陳正祥滿三十歲前的成就，他後來基本上維持這樣的研究產量，一直到八〇年代。他從地理學出發，後來一度對中國歷史地理產生濃厚的興趣。扎實的地理學背景，加上廣泛的資料運用能力，使得他不只有獨特的觀點，還能有效地呈現在這方面的發現。

碰觸過中國古籍史料的人就知道，光是我們引用的那些地圖，得費多少力氣才能整理得出來！這些資料分散在許多地方，尤其是龐雜的地方誌裡。若不是他之前做中國地理研究時，已經累積了對這些材料的熟悉度，否則根本連如何著手的頭緒都找不到吧？

透過他整理出來的歷史地圖，我們一下子就能掌握到中國人文地理的變遷傾向。但很可惜的是，甚至連中國歷史的研究者，聽過陳正祥名字的都很少，能夠深入運用他的研究成果的當然更少。這是被忽略、被遺忘的寶藏，我真心希望有更多人能知道、能珍惜，還能將之吸收融入中國歷史知識系統中。

第二講

中國古文法的基礎

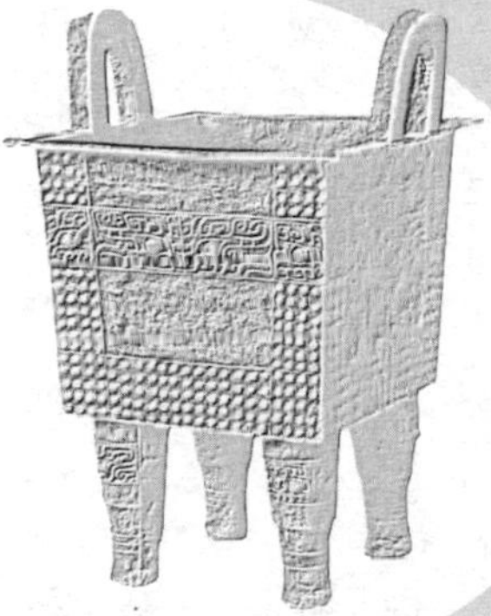

01 周人的文字概念：抗拒時間、抗拒變化

從商到周，經歷了文明的巨變。許多表面上看來類似的、連續的現象，在商文化和周文化高度差異的架構中，有著很不一樣的功能及意義。最明顯的，一是青銅器，二是文字。我們不能理所當然以後來固定下來的概念，回頭想像這些東西在商代的作用。

文字在商人的文化中，比較接近後來的道符。那是一套神鬼符號，來自超越上界而非人間的訊息，不是要記錄人間事務，而是要證明超越上界對人間的有效干預。這樣的一種非人間訊息，周代以後仍然存在，但不再是文字運用的主流。

例如到了漢代，一度流行「讖緯」，「讖」和「緯」其實是兩種不同的東西。「讖」是謎語般的短句，乍看不知所云，卻具備預示未來的力量。「讖」被視為來自超越領域的暗示，告訴人們未來會發生什麼事，尤其是關於帝王權力消長的變化。顯然，人們認定「讖」的來源是某個不可知的超越上界。

但在漢代，文字運用的主流畢竟是「經」，而不會是「讖緯」；一時流行之後，讖緯到東漢逐漸沒落消逝。從周代開始，文字的意義就從與超越上界的關係，被改造為與時間對抗的關係。對周人來說，文字的功能主要來自可以固定不變，至少比語言固定不變得多。

文字將許多變動不居、稍縱即逝的現象和訊息凝結起來。周人最早接觸到的文字，是商人寫在甲骨文上或鑄刻在青銅器上的。甲骨不容易毀壞，青銅器更不容易。文字和甲骨、青銅聯繫在一起，更加強了抗拒時間變化的印象。於是周人心中有了明確的動機，為什麼要用文字？什麼時候需動用文字？有了值得長長久久存留的訊息或意念，就用文字寫下來，保護著不被時間改變、消蝕。

文字是抗拒時間、抗拒變化的。因此被賦予這種功能的文字系統本身，當然不能任意變化，中國文字從此成了社會與文明中相對最穩定、最慢變動的一個領域。

02 周人建立的文字系統，三千年不曾消失

另外一個同等重要的變化，是在周人手中，文字運用的場合擴大了。文字從神巫的手裡解放出來，進入了人的世界，開始記錄人事。文字和人的生活有了更普遍、更緊密的連結，也就大有助於這套文字系統的長期傳留。

對照地看，人類文明史上發明過卻徹底消失的文字，不計其數。歷史起源上最早的文字，大

部分都消失了。兩河流域最早的文字，因為是用蘆葦削尖後在泥板上刻寫的，字體筆畫固定會有挖凹的小三角形，所以稱為楔形文字。這套文字存在沒多久就徹底消失了。

古埃及最早的文字是象形文字。畫出精美的圖像，開始時以圖像傳意，後來轉變為以特定圖像作為聲符運用，發展與使用的時間比楔形文字來得長久。但後來也還是消失絕跡了。楔形文字和古埃及象形文字都失傳一兩千年，要到十八、十九世紀，靠著歐洲發達的古文字學研究，才一步步找出能夠理解其意義的辦法。

中文卻一直都在，從周代賦予文字這種對抗時間的特殊意義後，在中國文明中始終小心翼翼保護文字的持續性，一直到今天。文字的基本形式是在商人手中成立的，但甲骨文很難明確地稱為一套文字系統。首先是其間字形與排列的方式還有很多變化，並未統一固定下來。更重要的，文字符號和語言間的關係也還沒有建立與解決。要到周人手中，中國文字系統才正式建立起來，更成為傳承將近三千年沒有消失的歷史奇蹟。

劉兆玄先生說過一則故事。他第一次去湖南長沙參觀馬王堆漢墓文物，看到在馬王堆出土的帛書《老子》。在他旁邊有一對英國夫婦，一方面讚嘆兩千多年前的文物如此精美，一方面好奇疑惑兩千多年前的書籍上到底寫了什麼樣的內容。劉兆玄於是就轉過頭，熱心地用英語將展覽翻開的那頁帛書《老子》字句說給那對夫婦聽。

英國夫婦的第一個反應是：「喔，原來這本書不是展覽品啊！」劉兆玄告訴他們那當然是展覽品，是不折不扣從古墓中挖掘出來的珍品。英國夫婦接下來的反應是：「你是歷史學家？」劉兆玄笑了，他不是歷史學家，他是學化學的啊！

那對英國夫婦會有這種反應，可以理解。從他們的文化背景完全無法想像，一個沒受過長久、艱難的學術專業訓練的人，能夠一眼看懂兩千多年前的古文字，因而認定：要嘛那不是古文字，要嘛劉兆玄是專業學術研究者。

但對於劉兆玄，對於我們這輩在臺灣受教育的人來說，我們讀的文字和兩千多年前的文字沒有太大差異；還有，我們所學習的文言文文法也和兩千多年前的文法大同小異。第一次接觸兩千多年前的古文本，一眼能夠大致理解其內容，不會是件太困難的事。

那不是劉兆玄的本事，不是我們的本事，而是中國文字的特色。中國文字在周代固定了字型、也固定了文法，就此維持了兩千多年不變。

03 止戈為武的天大誤會

前面提過，至今我們無法確認中國文字最早是怎麼誕生的。到目前還未有充分的甲骨文前身證據材料，就算有，可能也都壓在幾十公尺、幾百公尺的黃河下游沖積土層之下，無從挖掘。

但至少我們知道，中國文字「不」可能用什麼方式誕生。不可能是一個聰明的人——叫倉頡的人——發明的。那是神話，尤其是說倉頡發明了文字以至於「天雨粟」，凸顯文字發明的驚人突破性那一段，是精彩的神話，但絕對不可能是歷史事實。

另外，我們大致可以知道、可以整理出文字產生的基本機制。從商到周，如何由原本一個一個個別的符號形成一套系統，系統裡產生了邏輯道理，於是就可以按照這樣的道理，變化出更多的文字符號來。

傳統上將中文造字原理整理為「六書」，指的是六種不同方式：象形、指事、會意、形聲、轉注、假借。六書說法存在已久，固定下來為現成的答案。然而回到古文字的事實現象上來看，恐怕不能如此理所當然、不經檢驗地接受六書。

首先一定得澄清，就如同中國文字不可能由一位聖明的倉頡獨力發明的一樣，絕對不是先有人定好六書的六種原則，然後再發展中國文字。也就是說，並不是每個字都可以清楚地歸屬於六書的六種分類中的一種。是先有了多樣的文字，後人才從觀察、探究這些既成文字中，後設地分出六書來。

而且，六書實在不是好的分類架構，模糊、重疊的地方所在多有，造成了我們回頭認識中國文字的困擾。例如「指事」和「會意」兩類，並沒有明確的分別。「上」和「下」，以一筆橫槓為準，標示出上方和下方，傳統上歸為「指事」，但這樣的方式為什麼不是「會意」？我們不就是以理會、知道意思的方式，認定了這是「上」、這是「下」嗎？

傳統上分「指事」和「會意」的標準是：「指事」是直接的，「會意」是間接的；或說「會意」需要稍微轉個彎，在意思的形成上比「指事」複雜些、難些。傳統上最常見的「會意」例子是「武」字。「武」由兩個字符合成，一是「止」，一是「戈」，「止戈為武」，停止使用武器才是「武」。這樣的意義構成和我們的常識直覺相反，所以是「會意」，意味著字型與字義之間有著特殊的關係，表達了特殊的意念。

然而回到歷史上，我們不得不說，這是天大的誤會，是上千年的以訛傳訛。「武」字的確是由「止」和「戈」兩個部分構成，然而「止」的來源是人腳的樣子。從甲骨文、金文看得再明白不過，「止」的原樣是象形字，就是把人腳的模樣畫出來，後來才因同音而「假借」用來表示「停止」的「止」。

因而，「武」字造字之初，是畫出一隻腳在「戈」旁，也就是一個人走到武器旁邊拿武器，代表要動武了。哪有什麼「止戈為武」的複雜表示？

還原歷史事實，「武」的造字原理，和「上」、「下」沒有根本的差別，換句話說，就是「指事」。這提醒了我們，傳統所謂的「會意」字中，其實有很多來自類似的誤解。誤會了字型與字義連結上的長期曲折改變，覺得用簡單的「指事」說不通的就放進「會意」裡，結果是亂會一氣，發明了一堆類似「止戈為武」的說法，讓人看不見、甚至不接受歷史的事實。

此外，「象形」和「指事」有很多混淆曖昧，「轉注」和「假借」也有很多曖昧混淆。最簡單的字如「日」，指天上的太陽，原型是圓圈中有一點，這是「象形」還是「指事」？或者如

「月」，一個彎月圈加中間一點，是「象形」還是「指事」？從漢代開始，六書被視為權威，許慎的《說文解字》被視為權威，上千年的時間裡，中國人智識中邏輯不發達，就死記六書原理，奉《說文解字》為不可動搖的標準答案。現在我們有機會能用許慎看不到的更古老文字，來探討文字的起源與變化，實在沒有道理繼續死守死背六書和《說文解字》，應該有更現代、更合邏輯的認識。

04 從六書到文、名、字

從歷史的角度看，容我借用陳夢家先生的說法，將中國文字做最簡單的分類。回到甲骨文、金文的古老階段，陳夢家將字分成三種：「文」、「名」、「字」。[6]

看到一個字，能夠直接理會其所指涉的，那是「文」。字型本身就顯現了字義。像古老的「目」，畫了一隻眼睛，一看就知道指的是臉上的這個器官。像古老的「其」，畫了一個畚箕的樣子，一看就知道指的是日常用的那個工具。這叫做「文」。

然而在語言、文字的使用上，這種字型和字義直接連結的方式，範圍有限。需要語言、文字溝通的絕大部分意思，無法靠這種簡單原則來顯示。最常見的，要指出特定的一個人，在一個特定的地方，就沒辦法畫出那個人，也沒辦法把那個地方畫出來。

怎麼辦呢？在語言上，我們會有特定的「人名」、特定的「地名」。於是相應地在文字上，就可以利用同音的原理，給予特定的符號。本來是畫了一個畚箕的「其」字，拿來當作名字，指一個叫「箕子」的人，那就構成了「名」。

在陳夢家的分類中，「文」來自「望文生義」的意思。能夠一眼看出意思的，就是「文」。那「字」呢？取自「待字閨中」成語中這個「字」的意思。代表「家」的寶蓋頭，加上一個代表孩子的「子」，指的就是「生小孩」，所以將還沒出嫁的少女形容為「待字閨中」。「字」是衍生出來的。原來畫了一個畚箕的「其」，如果代表畚箕，那是「文」；如果挪用去代表一個人，那是「名」；如果從這個符號衍生出「旗」、「棋」、「琪」、「麒」……，那就是「字」了。

陳夢家的文、名、字三分法，不但比六書簡單、容易得多，更重要的是遠比六書符合邏輯，在理解、分析上好用得多。從字型上，我們很容易判斷歸類什麼是「文」、什麼是「字」。從文義運用上，也很容易分辨出「名」來。用這種方式整理，中國文字的發展過程就清楚多了。

6　可參考陳夢家，《中國文字學》（北京：中華書局，二〇〇六年）第三章〈漢字的結構〉。

這套非表音的文字如何成立呢？剛開始的時候，「文」有明確的對應對象，藉由描摹、表現這個對象而有了初步的符號。如果語言上對於這個明確外物或現象有一個稱呼，那麼這個符號就同時取得了語言稱呼的那個聲音，也就同時具備「聲符」的功能。

於是進一步，這樣的「文」可以用來當作「名」，指稱同音的人、地等，有了「專有名詞」的功能。再下來，又可以將不同的「文」予以搭配，衍生出其他的「字」來。這就是中國文字的發展梗概。

從「文」到「字」，最重要的衍生原則是「形聲」，也就是將本來有其形象意義的「文」予以「聲符化」，然後配合另外一個代表意義的「文」，兩者加起來衍生出一個新「字」，於是看到這個「字」就記得察覺其意思，又能唸出其發音。

「其」加上「方」成為「旗」，發的是「其」的聲音，帶有「方」的意思；同樣的，「其」加上「鹿」成為「麒」，發的是「其」的聲音，帶有「鹿」的意思。如此，使得中國的形象文字能和語言發生關係，不是直接表音的對應關係，而是一種若即若離的關係。

中國文字不是表音文字，但也絕對不是象形文字。中國文字的主體是形聲字，有形也有聲，如此才能發揮功能。光靠象形發揮不了文字的作用，無法產生和語言之間的連結。

05 周人的文法原則：固定字序

中國文字以形聲方式衍生，是周人的重大成就。這樣的發展，使得文字系統得以快速擴張，產生許多新字，一方面記錄語言，一方面配合新事物的出現。再者，任何新字都不是憑空創造的，而是從原有的字互相結合形成的。

假設你從來沒看過「期」這個字，我給你看了，然後說這個字唸ㄍㄨ，你的第一個反應一定是：「啊？對嗎？」而且看過聽過了，下次再看到，你還是不會記得它唸ㄍㄨ。但如果我給你看了這個字，然後問：「你覺得它怎麼唸？」那麼幾乎每個人都會回答：「唸ㄑㄧˊ。」不需要記憶背誦，你就記得這個字唸ㄑㄧˊ。

不只如此，這個新鮮的「期」字，旁邊有個「月」，從這裡可以預期它的字義和「月」有關。的確，這個字的字義是關於時間，指涉訂定好的時間，而「月」就是古人認定最規律的時間計算預期，月亮圓缺變化一向規律，以月之朔望來訂約，是最常見的做法。

到了清代編《康熙字典》，一共收了四萬七千多個字；現代一般流通的字當然沒那麼多，但也總在七、八千字之譜。生活中常見常用的，再少也還有兩三千字。不在這個文字系統裡的人聽到這種數字，必然瞠目結舌，無法想像要如何學會、記得這麼多字。

我們知道，學中文的關鍵在於學會、內化形聲原則，如此就能快速辨認過去沒見過的字，也能透過固定規則的聯想，立即記得字的聲音和意義。我們不是一個字一個字學了幾千個字，而是前面學的每一個字，都成為後面學習其他更多字的基礎，以一種聯想的系統過程學會中國字的。

另外在運用上，文字不是一個一個單獨存在的。文字總是連在一起出現的。多數的文字放在一起，就有了「文序」或「語序」，用一定的規則來安排文序或語序，就成了「文法」或「語法」。

在表音文字的情況中，文法一般源自於語法，先有了人與人之間固定溝通的規則，按照規則說話別人才聽得懂。文字記錄語言，於是自然地，語法也就被翻版為文法。這點中文又很不一樣。中文從一開始就不是單純照抄語言的，和語言之間的關係沒有那麼直接，因而就需要一種文字自身的文法，和語言之間也同樣存在著若即若離的關係。

中國的文法也是在周代訂立下來的，具備了令人驚訝的穩定性。最根本的規則是「固定字序」，主詞—動詞—受詞，如此排列。從古代《論語》裡的「子見南子」，到今天小學生作文的「你打我」，都是主詞—動詞—受詞的固定先後排列。

另外，否定用語放在動詞前面。「子見南子，子路不說。」「子路」是主詞，「說」是動詞，「不」就放在「說」前面。今天我們寫「我不高興」，「不」也是放在「我」和「高興」中間。

再來，副詞可以放在動詞前面或後面。「子在齊聞韶，三月不知肉味。」「在」是地方副詞，「三月」是時間副詞。前半句是：主詞—副詞—動詞—受詞；後半句是：副詞—否定—動詞—受詞。都是同樣的、固定的次序。

即使我們今天寫一個複雜的長句——「你讀了楊照的書，從此再也不相信中國古代青銅器來自西方。」——稍微用心分析一下，就會知道其內在的文法次序，仍然是同樣的、固定的。

從大約三千年前開始，中國文法就固定了這三種基本形式，傳留至今。每種文字當然都有其文法，但認真研究比對過就知道，英文文法比中文文法複雜得多，其變化的範圍比中文大得多。

「我是老帥，我很了不起，所以我打你。」中文文法可以歸納在如此簡單的三句話中。「我是老師」，主詞—屬動詞—受詞，主詞是名詞，受詞也是名詞，屬動詞也就是英文中的「be動詞」。這是以屬動詞聯繫的一種基本句型。

「我很了不起」，這句稍微複雜一點，因為中間省略了屬動詞。完整地說，是「我是很了不起的」，文法次序是：主詞—屬動詞—副詞—形容詞。為了區別屬動詞後面接的是名詞或形容詞，中文的習慣是在形容詞後面加「的」，不過又經常將屬動詞和「的」一併省略。沒有屬動詞，就不會造成名詞和形容詞的混淆。「很」是程度副詞，用來修飾形容詞「了不起」，所以放在形容詞前面。

「所以我打你」，「所以」是因果副詞，放在表達因果的兩個句子中間，我們就知道前面是「因」，後面是「果」。「我打你」則是最簡單的主詞—動詞—受詞形式，主詞和受詞都是名詞。

神奇地，如此簡單、基本的文法結構，保存了兩三千年，沒有改變。

06 虛格的詞頭詞尾，讓我們讀不懂古書

中文的基本文法兩三千年神奇地沒有改變，那為什麼今天有人還是讀不懂古代的書？其中一個因素是：文法沒變，但字的用法改變了。中文中有些字，從周代到現在，方方面面歷經了那麼多變化，連文字的運用都經過「白話文革命」，卻一直維持著同樣的意思。例如「之」字，簡單的虛字，兩千多年來一直都是這樣的字型、這樣的字義。別以為「之乎者也」都只用在文言文裡，白話文成為主流那麼多年了，我們還是淘汰不掉「之」字。小學三年級的學生一定會用到「之」，不是在國語課裡，而是在數學課。「二分之一」、「三分之一」，不可能代換為「二分的一」、「三分的一」，再過百年，應該也還是一樣。

「於」、「既」、「雖」、「則」、「如」、「若」……，這些用作語句轉折連接的字，兩三千年來都維持著一樣的意思。但今天在白話文裡我們不這樣用了，慣常的用法是：「於是」、「既然」、「雖然」、「否則」、「如果」、「若是」……。兩三千年間一個大的趨勢與傾向，是讓中文從以「字」為單位、將字連綴成文，逐漸轉化為以「詞」為單位。

一字一音的規律，使得中文裡有太多同音字，光是聽到一個字的字音，我們無從立即、準確地判斷究竟是哪個字。為了避免同音造成的混淆，於是將單字增長為兩個音或三個音，甚至更多

音的「詞」，就能大幅降低同音帶來的困擾。

「字」增為「詞」，在不同時代有不同的方式。有些改變的方式後來不用了，就造成後人在閱讀、理解上的阻礙。例如先秦的文獻裡，有時不說「商」、「周」，而是寫成「有商」、「有周」，這「有」字，是把「商」、「周」加長，從字變成更易辨認的詞的「詞頭」，本身並沒有意義。但到了後代，「有」字用來指「所有格」，「誰有什麼東西」的用法愈來愈普遍，回頭看到「有商」、「有周」，很容易將虛格的「有」字理解成有意義的「有」，就讀不通了。

古書中的「有」，很少用作「有沒有」的意思。看到「有」，一種情況是夾在數字中間，「十有五」，這樣的「有」和「又」，那是為了讓人清楚知道說的是數字或數量；另一種情況是加在專有名詞前面，那就是「詞頭」的功能。

古文中用加「詞頭」，將字變成詞；後來的語言裡比較常見的則是加「詞尾」，來把字變成詞。「車」變成「車子」，「兒」變成「兒子」。「兒子」的「子」和「有商」的「有」一樣，是沒有意義的虛格，不能當作有意義的字，不然「兒子」理解為「兒之子」，那就是「孫」，差了一輩！

還有一個有趣的「詞尾」，將「頭」拿來當尾。「骨頭」、「饅頭」，這裡的「頭」字也是沒有實質意義的詞尾。

在《詩經》裡，我們會讀到這樣的句子：「言告師氏，言告言歸。」八個字裡就有了三個「言」字。如果將「言」理解為「說話」，那麼這短短八個字中還真是累贅多話。三個「言」加兩個「告」，豈不是一直說、一直說、一直說？其實這裡的「言」也不是實字，又是一個「詞頭」，作用是標示讓人知道，跟在「言」字後面的字是個動詞。這是用來顯示動詞的「詞頭」，有文法的作用，本身沒有意思。還原了「言」字的功能，這句話就變得很簡單了：「告師氏，歸。」如此而已。加了「言」字，除了讓動詞的詞性清楚之外，還可以整齊聲音，創造出聲音的韻律。「言告師氏，言告言歸」當然比「告師氏，歸」好聽多了。

同樣是《詩經》，有「漢有游女，不可求思」，又是什麼意思？文從字順地讀，就連國文老師都會解讀成「漢有游女，不可以對之有追求的想法」。也就是將「思」理所當然地解成「想」或「想法」。然而在《詩經》的用法中，「思」也是語詞，放在語尾，本身沒有意思。「求思」就只是「求」，「歸思」就只是「歸」，而不是「回家的念頭」。「漢之廣矣，不可泳思」，就是漢水太寬廣了，不能游泳。

還有一些原來沒有意義的語詞，經常製造困擾，如「止」和「其」。《詩經》中，「止」也是加在動詞語尾的虛字，「其」則是加在形容詞前面的虛字，如「北風其涼，雨雪其雱」。

兩三千年來，詞頭、詞尾有很大的變化，因為這是和語言關係最密切的，反映當時語言習慣的。現代語中有很多當詞尾的「子」、「兒」，「一下子」、「一會兒」，但就在我們這一代，「兒」就快速減少了，現在幾乎沒有人會寫出「一會兒」這種詞，因為通用的語言裡不捲舌，不加「兒」了。

07 少有抽象存在的數詞與量詞

從古文法中，我們整理出中國語言文字系統另一個獨特之處：「數詞」和「量詞」的發展。早從西周起，中文文法的「數詞」就是「一個數加一個名詞」，如「三皇」、「五帝」、「六藝」、「六經」。從最早的古文數詞發展的一些微妙變化，就可以看出周人對於「數」的清晰概念，能夠清楚分辨數的可加與不可加。

例如，很早之前中文裡的「二」和「兩」就是分開的，各有不同的用法。「兩個人」是「兩」，「二十個人」卻是「二」，不能說「兩十個人」，也不太會說「二個人」。今天我們弄不清楚了，但在古文中，什麼時候用「二」、什麼時候用「兩」，有很明確的道理。

天生成對的，叫做「兩」；單純是一、二、三……數量序列中的一個，可以加也可以減的，則是「二」。在《中庸》裡，孔子說：「執其兩端，用其中於民，其斯以為舜乎！」一定是「兩端」，不能代換成「二端」。因為孔子指的是同一樣東西的兩頭，這一端和那一端，每樣東西都有兩頭，邏輯道理是必然配對的。一對，那就是「兩」。

用這個規則，說「兩個人吃飯」和說「二個人吃飯」意思就完全不同。「兩個人吃飯」，就是這兩個人，可能是一對夫妻、情侶或朋友，說好了、配好了一起吃飯，就他們兩人，不多也不少。「二個人吃飯」則是客滿的飯館裡併桌，一個單客加一個單客尷尬地坐在同一桌吃飯，隨時一個會起身走人，隨時還有別人會同樣併桌加進來。

數字在中文裡少有抽象的存在，作為數的本身存在，幾乎都帶著關係的意義。如此我們才能理解，為什麼「量詞」在中文裡如此發達。中文裡有大批的量詞，是外國人學中文時最頭痛的困難之處。一「個」字、一「篇」文章、一「句」話、一「杯」水、一「間」房子、一「座」教堂、一「列」火車……，可以一直這樣列下去，各個不同。

譯成英文，這一列就成了 a word, an article, a sentence, a cup, a house, a church, a train...，統統一樣，沒有區別，就是一個簡單的不定冠詞 a (an)。英文裡只有不可數名詞要變換為可數時，需要加量詞，例如 a cup of water 或 a sheet of paper。然而中文從三千年前就開始發展與變化量詞，不斷累積，進而讓量詞改變了名詞的關係與名詞的意義。

我們說「一張紙」，於是反過來，單字的「紙」化成詞，就是「紙張」。「一匹馬」，所以「馬」就可以說成「馬匹」。「一輛車」，所以就有「車輛」。「一間房」就有「房間」，「一塊煤」就有「煤塊」。當然偶爾有行不通的例外，「一頭牛」不能變成「牛頭」，「牛頭」不是「牛」。

去除少數例外，通則是「量詞」同時可以拿來當作單字，變成詞的詞尾。加了這種詞尾，每個名詞也就都有自身清楚的單位，各個不同。由此反映出中國古代「數」的概念，「數」是具體的，不是抽象的。不同量詞的東西有著不同的單位，也就有著各自的特性，不能任意相加減。用現代科學哲學的術語說，中國語文中到處顯現著「不可共量性」，紙、馬、車、房、煤……在稱呼上就帶著自己的數量單位，拒絕和別的東西「共量」。

量詞的高度發展，「數」與具體的「物」緊密相連，當然影響了中國數學，或廣泛地說中國對於「數」概念的發展。一天到晚講的是「一輛車」、「一塊煤」、「一個人」、「一間房」的文明裡面，就不容易產生〇．五的概念。語言文字中有「半」，但「半」還是具體從「一」衍生而來的，不是抽象的〇．五，沒有〇．五帶有的五個〇．一或〇．二加〇．三的意義。

「一」是起點，是一切的基礎。「一」後面永遠帶著和某個物體連結的量詞，這樣的語文習慣，讓中國人總是看到一個個具體的東西，相對看不到、也不容易看到離開了具體物的抽象的「一」，將「一」作為一個數學上的概念、數學上的功能。

換另一個角度看，中文的習慣會特別凸顯出物體的獨立性和獨特性，從語文中就自然賦予了關於物的一種「本質性」的看待眼光。「一輛車」不只不等於「一匹馬」，不會因為都是「一」就被放在一起等同起來，而且「一輛車」和「一匹馬」是「不可共量」的。還有，「一匹馬」不等於「馬」，沒有量詞的「馬」有種不安定的存在，集合的、抽象的「馬」和有量詞的、具體的「馬」，感覺上就很不一樣。因而到了戰國時期，「白馬非馬」會成為「名家」對於語言運用檢討時的關鍵重點論證對象。

語言、文字與思想、哲學是密不可分的。

08 中文的簡約性：不強調複數和省略人稱

中國古文法中，凸顯強調量詞，每樣東西有其特殊的單位，卻相對地不那麼重視單數、複數的區分。古文法中沒有明白的「我們」、「你們」、「他們」。文句中的人稱經常可以省略，更沒有一定要表明是單數或複數。

對照英文文法就更清楚這項特色。英文中任何一個名詞要嘛是單數，要嘛是複數。中文說「牆上有鐘」，英文就不能這樣說，要分辨清楚牆上是一座鐘，還是兩座以上好幾座鐘。要嘛是a clock，要嘛是clocks，沒有冠詞也沒有複數字尾，光溜溜的clock在英文文法中是不允許的。

中國人說英語會犯一些固定的、常見的錯誤，會說There have clock.。這不對，應該是There is a clock. 或There are clocks.。這種錯誤很明顯地源自中文，將腦中想的中文直接譯成英文。中文的「有」和英文的have其實不是同一回事。另外，中文裡沒有非弄明白鐘究竟是一座或多座的要求。

中文重視量詞的另一個表現，也就在於分別「鐘」和「一座鐘」。偵探推理小說中會有這樣的情節，警察問目擊者說：「你怎麼知道事件發生時是十點十五分？」目擊者回答：「因為辦公室的牆上有鐘。」這時說話內容的重點，是「鐘」，鐘顯示了準確的時間，鐘的數量不重要，因而不會也不用說：「因為辦公室的牆上有一座鐘。」

換個情境，如果有人問：「那家鐘錶店的櫥窗長什麼樣子？」回答時會說：「有一座老爺鐘和三座現代的圓鐘。」這裡加了「一座」、「三座」，因為數量對於我們了解、想像那面櫥窗是關鍵的。

中文文法之所以能從三千年前奠基之後一路流傳，是因為其內在的簡約特性。這套文法最根本的準則是：不囉唆，能省則省，可以不必講的就不要講。發言的人是我，聽的人、看的人知道這些話是我說的，那就可以將第一人稱省略，不必每句都有主詞，一直「我」、「我」、「我」。只有在主詞從「我」移到別的人、別的東西身上時，才放置主詞。換句話說，句子不必然非要有主詞不可。

同樣地，需要表明數量才出現數詞，只是要知道物件是什麼就不需要數詞；但要表現數量就得加上量詞，凸顯這樣東西獨特的性質。

東周之後，省略主詞「我」進而有了「敬語」的作用。至今，有些人在正式場合說話時都自然迴避用「我」，他會說：「楚瑜二十年前去到美國……」這是將自己、將本來的第一人稱「我」，變成第三人稱。這樣的文法習慣，去除自我中心來表現謙卑敬意。從這樣的習慣，也就很自然地產生生活上根深柢固的價值判斷，認定凸顯自我、標榜自我是粗野不文的表現。

另外一個經常省略的詞語，是「你」。既然我對著你講話，就不用一直說「你」、「你」、「你」。類似地，到後來，省略「你」也帶有尊敬的意味。如果在說話或行文（例如書信）中要直接提到對方，也都不用第二人稱，而是以正式的頭銜取代。不說「你上回寫來的信」，而說「先生前次賜函」；不會說「你剛剛說……」，而說「主席剛剛說……」。

不稱你而稱頭銜，表示我和你不是對等的，是下對上的姿態。更進一步，就發展成我不只和你不對等，就連和你的地位、頭銜都不對等。不能對皇帝說「你」，甚至也不能對皇帝說「皇帝」，而要說「陛下」。這是什麼意思？意思是我不夠資格直接跟你說話，只能對著你所在的臺座臺階說話。

這些都早早就進入中文的文法運用裡，內植於中文，並隨著中文長遠影響著使用中文的華人的基本價值觀。

09 不講究時態的時間觀

中文文法的另外一項簡約，表現在時態上。中文動詞從來沒有明確的時態變化。古文裡描述的，究竟是說話當下的現在、過去，還是未來所發生的事，不是那麼清楚。

現代中文受到西方語法的影響，在動詞時態上做了重要的修正和補充。我們現在用「了」來表達過去式或完成式：「他出發了。」「他寫了遺書。」另外，我們用「著」來表達現在進行式：「我正讀著你的來信。」「她看著我。」還有，我們用「要」來表達未來式：「天要亮了。」「快要吃飯了。」

古文中沒有這些功用明確的語詞，來鎖定動詞的時態。從今天的角度回頭看，最麻煩的是古文中的簡單現在式與簡單過去式，在形式上幾乎完全一樣，沒有分別。要判斷是現在式或過去式，基本上要靠上下文脈絡，不會表示在文法形式差異上。這個特點的影響或許更加深遠，因為牽涉到中國人對待、看待時間的方式。

語言、文字是思想的基礎。思想無法離開語言、文字而存在。不嚴格區分現在與過去的語言、文字習慣，連帶產生不嚴格區分現在與過去的思想。受到語法、文法的制約，要嚴格區分現在與過去會很困難。在這種思想中，於是會傾向於將過去與現在視為一體，至少是視為一個沒有明白斷裂界線的連續體，內化相信現實離不開歷史。倒過來，隨時意識到歷史和現實的密切關係的思想，又會進一步保留、甚至強化不區分現在式與過去式的文法規律。

中國文字最早的成熟運用，是甲骨文。商代甲骨文的功能，是溝通、記錄來自於祖先神鬼世界的訊息。那是人世之外的另一個想像空間，也是另外一個與人世不同的時間領域。祖先活在過去，所以成其為祖先。以前存在過的人死了，才進入另一個領域，變成祖先。很自然地，祖先身上帶著的，是過去的時間。現在的人透過巫詛之術和祖先溝通時，也就必然叫喚出過去的時間，形成了現實時間與過往時間的迷離重疊現象。

或許就是這樣的起源因素，使得中國文字文法不講究判別現在與過去。現在與過去在文法中同屬於一個曖昧的混雜時間領域。

語法文法中對於時態的不強調、不講究，必然影響中國人看待人生、人世的眼光。我們對於孔子的理解，不能不注意到他信持的時間觀。他深深相信過去，相信人在現實中能做的最大努力，就是把大家帶回以前的「黃金年代」。這種「向後看」，以過去為準則的價值觀，背後有著語言文字的法則支撐著。

還是用英文來對比。大家在學英文的過程中，應該都跟「假設句」奮鬥過吧？我猜很多人到今天都沒有把握如何正確使用在「假設句」的動詞時態吧？If I were you…、If I had been to Taichung, he would not have die…，這種句子特別的地方在哪裡？從文法上就表明了：這是不會發生、沒有發生的假設。換句話說，用「假設句」時，英文文法內建要求說話的人判斷：這件事會不會發生、有沒有發生。可能發生的和不可能發生的，必須清楚區隔出來。

中文沒有這種區別。「如果我去了，他就不會死。」這句子裡沒有過去、現在或未來，也沒有可能發生或不可能發生的判斷。這是我們說話、寫作的方式，難怪我們弄不懂、學不會英文的「假設句」。

在英文文法所構成的思想世界裡，不會出現像孔子那樣的人。如果用英文，每次說到過去、說到周公、說到制禮作樂，文法上都要求必須以和現實不同的「過去式」來表達；每次提起回歸到過去的情境、狀態，文法上都要求必須以認定為不可能逆轉時間的「假設句」來表達。就文法上看，已經使得這種目標、這種夢想看來如此有距離，如此不可能。

10 理解文法，你也可以直接面對古人

中國文字與文法的基礎，在西周時就出現了，逐漸固定下來，之後流傳、影響了超過兩千年。更重要的，這不只是一套文法，而是由文法連帶發展出中國的文明特色。看待時間、看待人際關係的態度，都包藏在這套文法中，牢牢地規範了後來的中國人如何思考、如何行為，以及如何認定是非對錯。最遲到了東周，這樣一種不講究時態的文法，就相應地刺激出堅實的信念，認定所有重要的道理都是沒有時間性的，是超越時間的。

如果有興趣進一步接觸古書，從文法的角度來了解古籍，我會特別推薦先看看王力先生的《漢語史稿》。這部史學的里程碑，在研究中國古代語法上有突破性的貢獻。

不是要追求語言學專業認識的一般讀者，可以從《漢語史稿》的第三章開始讀起。前面兩章講語音變化，需要對於語音標記法有點基礎。第三章講的是語法變化，王力羅列了龐大的例子，呈現名詞如何改變、動詞如何改變、量詞如何改變、人稱如何改變、形容詞和副詞又如何改變。

我相信絕大部分的人不曾用這種方式學過中文。首先，我們不曾有系統地學過中文文法，甚至沒有意識到中文也有文法。其次，我們用課本選文來學中文，選文的標準與排列不會照顧到歷史性。這裡一篇《論語》、那裡一篇蘇東坡，接下來可能放了梁啟超和魯迅。這種學習方式，不可能對不同時代的中文有概念。

學習中國古文其實和學習英文一樣，要學文法，有系統地了解基本文法結構。中國古文文法，一方面比英文文法簡單得多，另一方面又可以和現代白話語法呼應，學起來真的很快。學會了《漢語史稿》中整理出的古文變化規則，回頭你就會發現，過去看起來很陌生、很艱難的古文變得容易了。你會赫然發現自己也可以像劉兆玄那樣，面對兩三千年前的文獻，直覺地就知道文字在講什麼。

你也因此能夠自己直接面對古人、面對歷史，得到一種過癮的歷史現場感了。

第三講

中國文字和中國語言

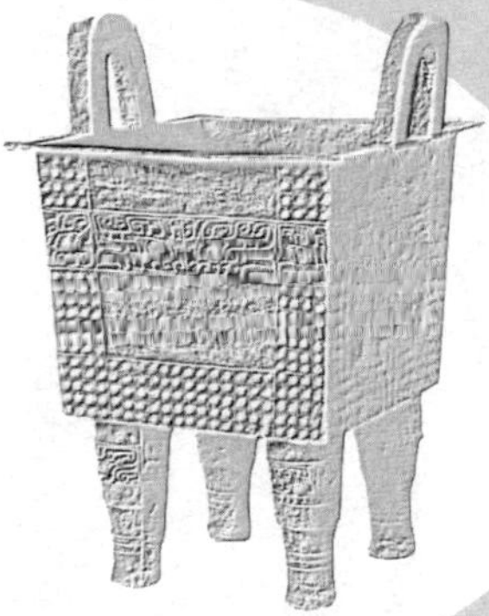

01 從海倫・凱勒談起

雖然和中國歷史沒有直接關係，但容我從海倫・凱勒談起。應該沒有人沒聽過海倫・凱勒吧？應該沒有人不知道她又聾又盲，卻成功學會了文字，成為一位作家。

簡單地從頭說起。海倫・凱勒在十九個月大時，因為生病發高燒，失去了聽覺和視覺。十九個月大不足以讓她留下視覺和聽覺的記憶，從此她就活在純然靜寂而黑暗的世界裡。有一段時間，她脾氣極度暴躁，隨時又哭又鬧，沒人拿她有任何辦法。到了六歲，她的生命中出現一個神奇的人，安・蘇利文（Anne Sullivan, 1866-1936）老師。

聽過海倫・凱勒的人，大概也都知道這位蘇利文老師，但絕大部分的人可能不知道蘇利文本身的視力也有問題。用今天的醫學知識來說，她早早就有視網膜剝離的病症，視力極弱，只比全盲好一點點，擔任海倫・凱勒的家庭教師時，她已經不太看得到外面的世界了。蘇利文來自北方的明尼蘇達州，海倫・凱勒的家在南方的阿拉巴馬州，這中間有著很長的距離。

從那麼遠的地方找了一位半盲的老師來教海倫・凱勒，是件很不尋常的事。之所以如此，是因為實在沒有老師願意並能夠教導狂暴的海倫・凱勒，而且以她又聾又盲的狀況，一般老師根本無法溝通，更不要說教她了。

很少人意識到蘇利文是半盲，因為大家幾乎都是透過電影知道海倫．凱勒的故事。電影裡隱去了蘇利文的視覺問題。電影中給觀眾留下最深刻印象的經典畫面，是海倫．凱勒六歲時在水井前打出水來，觸覺感受到了水，老師蘇利文發瘋似地在她的小手上反覆寫著 water 這個字。那是啟發海倫．凱倫認字的靈光片刻。

人們怎麼會知道海倫．凱勒六歲時發生了什麼事？因為她從十二歲開始，就在蘇利文的鼓勵下開始寫書，記錄自己不平凡的成長過程。二十二歲那年，這本書《我的生活》（*The Story of My Life*，或譯《海倫．凱勒傳》）出版了，出版社的宣傳詞說：「一個看不見、聽不見的女孩，十二歲，以自己的力量寫下的奇蹟之書。」宣傳詞裡誇大了一個不是事實的重點——「以自己的力量」。光靠海倫．凱勒自己是寫不出這樣一本書的。除了蘇利文從頭到尾在旁指導、協助外，出版社還找了一位特約編輯，花了很多時間和海倫．凱勒密切工作，才編成後來轟動全美的暢銷書。這位特約編輯後來娶了蘇利文，也搬進來和海倫．凱勒住在一起，可以想見當時他多用力用心編這本書了。

書出版之後，很快就大暢銷，但大賣的原因不完全是正面的。很多人質疑一個又聾又啞的小孩能寫出這樣的文字內容，很多人則根本不相信一個又聾又啞的小孩能夠學會寫字！

別把海倫．凱勒的故事視之為理所當然，順著歷史上的爭議和質疑，讓我們問問自己，你能想像海倫．凱勒如何學會寫字、寫文章嗎？在海倫．凱勒的世界裡，一般人的五感只剩下觸覺、味覺、嗅覺這三感。她沒有看過任何東西，沒有聽過任何聲音。在我們的生活中，視覺、聽覺遠比其他三感重要多了，感冒時我們暫時失去嗅覺，三天、五天，你都能正常上班過日子；但別說是三天、五天，就連一天沒有了聽覺你都正常不來，一天沒有了視覺你恐怕連房門都出不了。

海倫・凱勒不只喪失了五分之二的感官能力，而且少掉的是最重要、最關鍵的兩種。她對視覺、聽覺又都沒有任何記憶。蘇利文和海倫・凱勒的不同之處，在於她擁有豐富的視覺記憶。她不是天生視障，而是成年後因病變才失去視覺的。這樣的海倫・凱勒要如何理解 square（正方形）？她可以觸摸桌子，但要如何讓她了解「正方形」不是那張具體的桌子，而是一種抽象的形狀？更何況要學好語言文字，她還得了解 square 這個字的其他意思，例如說一個人「方方正正」，那不是在形容他的外表，而是指他的 character（品格）是 square 的。沒有視覺、沒有視覺經驗與記憶的人，要如何掌握這一切？

難怪《我的生活》出版時，會引來那麼多的質疑。事實上，正因為預見到質疑，出版社宣傳時才需要特別強調「以自己的力量」。還好，這本書出版時，海倫・凱勒已經二十二歲，可以讓眾人目睹、見證她的能力。她十九歲成功進入當時美國最優秀的女子學院拉德克利夫學院（Radcliffe College），這所女子學院後來併入哈佛大學。蘇利文仍然陪著她到大學，給予幫助，而她的教授、同學們都看到她自身的課業能力與成就。

之後，海倫・凱勒又寫了其他的書，甚至克服更大的困難，成為一個傑出的演說者。她聽不見，但她能說話，更神奇的是，她還能跟他人交談。一個歷史性的場景，是海倫・凱勒和馬克・吐溫會面，談了一個多小時。若是發生在別人身上，這是兩位了不起的名人相會，但牽涉到海倫．凱勒，更是多了一項傳奇：「談」了一個多小時，怎麼談的？

他們的會談和一般人沒什麼兩樣，海倫．凱勒說話，馬克．吐溫說話，唯一不同是在馬克．吐溫說話時，海倫．凱勒會將手指放在他的唇上，藉由碰觸他的嘴唇，來辨認他說了什麼。

這真是神奇敏銳的觸覺功夫，我們誰也做不到吧？試試讓你的朋友不要發出聲音說話，你閉起眼睛來，手指貼在他唇上，看你能不能猜得出他在說什麼？

海倫．凱勒用硬背舌頭和嘴唇方位的方式，學著發音，發出她自己聽不到的聲音。經過反覆練習，經過蘇利文在旁邊反覆修正，她竟然能在完全聽不見的情況下，掌握了說話的能力。

02 借助文字，創造了視覺與聽覺

這真的是神奇的成就。海倫．凱勒後來寫過一本書《我活著的世界》（*The World I Live In*），書中她試圖讓讀者了解她所在的那個黑暗、沉默的世界，體會 the world I live in 和 the world you live in 究竟有多大的差別。

這本書在美國產生的影響力，恐怕比《我的生活》更大。馬克．吐溫就是在讀了這本書後，給海倫・凱勒寫了一封長信，才有了兩人的聚談。除了馬克・吐溫，還有另一個人在讀過書之後，給海倫・凱勒寫了封長信，那個人是威廉・詹姆斯（William James, 1842-1910）。

威廉・詹姆斯是當時美國首屈一指的心理學家，或稱為「心理哲學家」，他也是美國經典小說家亨利・詹姆斯（Henry James, 1843-1916）的哥哥。這一家兩位詹姆斯，對於美國在十九、二十世紀的文化發展與提升，可說大有貢獻。

寫信給海倫・凱勒時，威廉・詹姆斯已經七十三歲，但信中仍能看出他的激動心情。他說：「當我開始讀這本書（《我活著的世界》）時，我以為你要描述一個我完全不知道、完全無法體會的黑暗又沉默的世界；但讀完之後，我卻如此驚訝地發現，更驚訝於我自己徹底被你說服——你活著的世界、你所感受的世界，和我的世界並沒有兩樣。」

威廉・詹姆斯進一步說：「讓我最驚訝的，是在沒有視覺與聽覺的協助下，你竟然能如此精確地寫出你想要描述的現象。我能夠得到的唯一解釋是，你精確、真實地感受了你所要描述的現象。……讀完你的書，我特別在祈禱時請求上帝多給我幾年的時間。你讓我找到了下一個值得積極努力研究的題目，那就是語言、文字與感官間的關係。如果你在書中記錄的感受是可信的——我找不出任何理由懷疑其可信度——那顯然意味著：儘管沒有聽覺和視覺，但透過文字，透過大量的文字閱讀，你已然彌補了因為失去聽覺與視覺而被剝奪的感受。」

威廉・詹姆斯的這封信，最精到地點出海倫・凱勒的重要性。海倫・凱勒以她的生命經歷示範了一件事，那就是文字的功能，遠遠超過我們原本認知、想像的功能。文字不只記錄、轉達曾經存在過的感受、經驗，依照海倫・凱勒的例子看，文字還能夠創造本來不存在的感受、經驗。詹姆斯試圖指出：從來不曾有過視覺與聽覺的海倫・凱勒，因為閱讀，借助文字，她獲得了視覺與聽覺的感受。如果沒有那樣的視覺、聽覺感受，她不可能寫得出那些作品來。說得更直接些，文字、閱讀，在一個沒有視覺、聽覺的人的身體裡，創造出視覺與聽覺感受！

很可惜，上帝顯然沒有接收到威廉・詹姆斯的祈禱。給海倫・凱勒寫了長信後的第二年，他就過世了。不過，他察覺的這個研究題目——語言、文字和感官之間的關係，在二十世紀由心理學家及語言學家聯手進行，有了許多重大的發現。

03 語言和文字，決定你看到什麼、如何思考

我們都是慣於使用語言、文字，以至於視語言、文字為理所當然的人。因此需要從不同角度，例如海倫・凱勒的角度，被提醒幾件重要的事。

首先，語言、文字系統和現實世界之間並不是簡單的對應關係，一個名詞就對應一樣實際存在的東西，一個動詞就對應一個實際的動作。語言、文字不只是這樣，語言、文字是一套系統，

所謂「系統」，就表示其總和大於各部分加起來。

海倫．凱勒能夠神奇地從文字中獲取視覺、聽覺的感受，是因為文字系統內部的複雜連結。她透過觸覺知道了「水」，然後藉由文字的系統衍生，理會、知覺「水」的種種相關變貌：冷水、熱水，多的水、少的水，平靜的水、流動的水。沒有視覺，她看不到湖泊、海洋，但她可以在文字描述的協助下，想像大量的水齊聚的模樣，如此在心中有了湖泊、海洋。也是透過文字擴充想像，她才能有超過觸覺所能體驗的廣袤面積的概念與感受。

文字有 denotation，直接指涉的意義；又有 connotation，暗示、隱含、牽連的意義。經由龐大且無法確記的文字網絡，原本來自視覺、聽覺的感受，就可以在先天缺乏視覺、聽覺的海倫．凱勒身上產生印象。

海倫．凱勒依賴文字為她建立了視覺與聽覺經驗，這是個極端的例子。回推到具備視覺與聽覺的「正常人」生活中，其實文字也一直在發揮類似的創造功能，只是我們習焉不察罷了。你會看到什麼、聽到什麼，往往不是由外界客觀的對象決定的，而是取決於你的內在價值選擇。你不會看到所有的光影，不會聽見所有的聲音，只有部分光影和聲音能夠進入你的意識裡。那是個不自覺的選擇過程，語言、文字，正是塑造這個特殊選擇標準的關鍵因素。

舉個有名的例子，愛斯基摩人眼中看到的雪，和我們看到的很不一樣。我們看到的雪就是雪，我們將雪當作同一種現象。然而在愛斯基摩人的語言中，對於雪有幾十種不同的分辨用詞，他們會如此使用語言，相應地就必然以語言中所表示的複雜眼光，隨時看到不一樣的雪，看到我們看不到的雪的細微變貌。語言影響視覺、決定視覺。你不必強求要想看出幾十種不同的雪，做不來的，因為你沒有那種語言的背景，幫助你分類記錄不同的雪，光靠視覺是存不了那麼多分項的。

要有語言幫你記錄下來，那樣的分類經驗才能駐留，才變得真實。我們的記憶、我們的思考，都和語言、文字分不開的。日常生活中，我們的思想絕大部分內容是語言。思想基本上就是內在的自己對自己說話。還有很多記憶，同樣是用自己對自己說話的內在獨白方式留下來的。

活在一個什麼樣的語言環境中，運用什麼樣的語言，就決定你如何思考，以及你能夠思考什麼。語言、文字系統所帶來的價值，不斷地從最根本的地方影響你，甚至訓練你如何看、如何聽，看見什麼、聽見什麼。

04 語言和文字，孰主孰從？

我的本名中有個「駿」字，馬字旁。這是現代人少數認識的幾個屬於「馬」部的字。騎、馳、駕、駐，勉強加上馭，還有什麼？

如果能夠找到依部首分類的字典，翻到「馬」部，你會驚訝於中文裡原來有那麼多「馬」字旁的字，其中大多數是電腦字庫裡找不到的。每個字都和「馬」有關。「馬」邊加上「羽」，意思是後腿全白的馬。加上「匡」，意思是馬耳朵彎曲。加上「戎」，意思是體高八尺的馬。加上「吉」，指的是一種馬的特別顏色。加上「光」，指的是馬肥壯的樣子。加上「兆」，指的是兩歲大的馬……

還有，光是形容馬跑得很快，就有超過十個不同的字；光是用來指稱跑得很快的馬，又有超過十個不同的字。

現代人看這些「馬」部的字，只能頻頻搖頭，不認識、看不懂。這些字記錄了中國人生活中曾經和馬如此接近的歷史，那個時候的中國人看馬，就和愛斯基摩人看雪一樣，不會就只是「馬」，而是一眼看去必然看出馬的種種不同、種種特性。肥馬、瘦馬、少馬、老馬、適合拉車的馬、適合快跑送郵件的馬、給人騎的馬、放在馬車前頭或外邊的馬……，用這種複雜的眼光看馬，就會用複雜的文字予以記錄。倒過來，習慣使用多樣的文字，也就同樣會習慣用多樣、細部的眼光來看馬。

語言、文字不只是我們使用的表達工具，從另一個角度看，語言、文字在主宰著我們，決定我們如何思考，甚至決定我們和外在世界接觸時看到什麼、聽到什麼。我們隨時在「使用」語言、文字，很容易產生錯覺，以為自己是主人，語言、文字是僕人，是服務我們的。事實上，大部分的時候情況完全相反，是語言、文字在操控你，指使你去看到什麼、聽到什麼，還決定了你認為什麼是對的、什麼是錯的。

這種影響力內在於語言、文字，早在我們出生之前就有了。我們的成長過程中，很大一部分就是在學習、吸收這套系統，不只是它表達的功能，也包括其根深柢固的內在價值觀。

用什麼樣的語言、文字，你就會成為什麼樣的人。擴大來看，用什麼樣的語言、文字，也就塑造了什麼樣的社會、什麼樣的文明。中國的文字不是單純表音的，和語言之間沒有從屬關係，如此凸顯了一項關鍵性質：中國文字的極高獨立性。

表音文字是用來記錄語言的。讀表音文字的基本方式，就是依照規律將文字唸出來，還原為語言，然後我們就知道文字裡講什麼了。能看懂文字，是因為已經先知道語言的意思，把文字還原為語言，透過原本對語言的理解，也就理解了文字。

這樣的過程中，很明顯地，語言是母體、語言是主，文字是衍生的。更進一步還可以推論，既然語言是主，文字只是對語言的記錄，那麼語言才是「本體」，文字是語言「本體」的一種墮落。意思是，文字頂多只能將語言「如實」記錄下來，但絕大部分的情況下，文字和原來的語言有差距，有些東西、有些訊息在從語到文的傳鈔過程中喪失了、扭曲了。於是我們不能執持文字視之為「真確的」（authentic），必須想辦法從文字回溯，還原「本體」。語言和文字之間的這種關係，就深刻地影響了西方的哲學，一貫以追究「本體」為其核心關鍵問題。

到了二十世紀，法國哲學家德希達（Jacques Derrida, 1930-2004）提出了 Logocentrism 的理論，可勉強翻譯為「言說中心論」或「言說中心主義」。德希達主張：整個西方哲學的源頭，就在於語言和文字的對照，語言是本，文字是從語言衍生出來的不精確鈔本。語言會消失，無法傳留，只有抄寫成文字才能固定下來，抗拒時間，超越空間距離。「真正的」語言隨存隨亡、方生方死，能留下來的只有二手的文字。很像是原件被毀滅了，我們手上能得到的，永遠只是一部破舊影印機印下來的影本。

看到手上的模糊影本，必然的反應是：努力從這樣的影本裡試圖還原原件——真本或正本——的模樣。這就構成了西方思想的終極衝動。在「言說中心主義」的影響下，將能夠看到、能夠碰觸到的都視為二手的、不精確的，恆常懷疑在這表面之下或背後，藏著真實。不能信任、更不能依賴表面所能掌握的，而要將能掌握的都視為模糊影本，追求、追究其背後的「本體」。

德希達用這種方式，將西方從古希臘柏拉圖「理型說」（Theory of Ideas/Forms）以降的哲學傳統，和語言、文字的主從關係牽連上，或者說，以語言、文字間的關係，來說明為什麼西方哲學如此執著於追求「本體」，如此重「本體」而輕「現象」。

德希達的想法一度風靡西方哲學界。他主張逆轉「本體」與「現象」位階，轉而重「現象」輕「本體」的「解構主義」（Deconstruction），一度成為流行顯學。中文世界裡也有很多人轉述、套用「解構」，但相對地，往往都輕忽了作為「解構」源頭的言說中心主義，或對言說中心主義解釋得不清不楚。一個原因就在於：德希達所描述的語言為主體、文字為衍生、重語言輕文字的狀況，從來不曾在中國歷史上發生過。從一開始，中國的語文關係就剛好是倒過來的。一直到今天，受中文教育的人都很難理解、很難想像：怎麼會是語言重於文字呢？

05 文字在中國被賦予高度神聖性

德希達的「言說中心主義」絕對不適用於理解中國思想，倒是提醒了我們：中國特殊的語文關係，一定也會從最根本上影響中國人的思維模式。這絕對是個重要的歷史課題。

從一開始，在商人的文化中，就賦予文字高度的神聖性。周人繼承這套文字之後，一方面瓦解了商人附加其上的神聖性，另一方面卻又換了一種不同的神聖性。

周人沒有繼承商人對祖先鬼神超越世界的信仰，連帶的也就不將文字視作是從那個超越世界傳來的特殊訊息。但周人看重文字恆常不變的特性，在他們的價值觀中，能夠抗拒時間、維持不變，是真理的一項關鍵特性。文字不變，因此就比語言、比其他許多人為的事物更接近真理。

周代留下來的文獻中，《易經》的語法最接近出土的商代甲骨文。我指的是《易經》裡最原始的卦辭、爻辭，至於《易傳》那是另外一回事。《易傳》包括〈彖傳〉、〈象傳〉、〈繫辭〉等，那是後來才寫成的，在語法上已經和卦辭、爻辭有了相當距離。

卦辭、爻辭顯示卦、爻的意義，直接與占卦結合在一起；換句話說，那是占卦的指示，告訴你如果占到此卦，表示會有如何的吉凶預言，又會有怎樣的過程。卦辭、爻辭顯現的是預言、是天意，而不是現實的、發生過的人事。以文字來彰顯不可捉摸的天意，這樣的功能最接近商人使用甲骨文的方式，其中仍然帶有神祕性，所以語法上也就最接近甲骨文。

中國文字的發明與發展，是從神鬼到天再到人。這樣的起源保障了文字的特殊權威，尤其是語言所不具備的神聖權威。至遲到了東周，有了倉頡造字的神話。《淮南子．本經訓》中說：「昔者倉頡作書，而天雨粟，鬼夜哭。」從神話追溯文字的起源，還是明白地將文字和天、和鬼神聯繫在一起。文字幫助人超越了原本的限制，取得了原本屬於天和鬼神的力量，才會引來「天雨粟，鬼夜哭」的異象。

神話中將文字的起源歸於倉頡，也反映、強調了文字的超越性、神聖性。這樣的東西不會是出於人手，而是由一個半人半神的「聖者」，如同希臘神話裡的盜火者普羅米修斯一般，將超越界的聖物賜給人間。由起源傳說上，也可以清楚看出中國文字地位高於語言的狀況。

從周代開始，中國文化中就建立了一種特殊的時間觀，並一路延續下來。這個時間觀認定：最美好的時代已經過去了。最重要的事物，都出現、發生在過去的某個「黃金時代」裡，歷史、時間是走下坡的，相較於從前，現在是退步、墮落的結果。在這樣根深柢固的「歷史退化論」概念中，美好的、重要的都存在於過去，自然也就抬高了能夠將我們和過去聯繫上的管道。文字保留過去，也就是那通往過去的最佳管道。相較於文字，語言沒有那樣的延續性，沒有不被時間改變、磨滅的特質。

06 文字高於一切的「文獻中心主義」

中國的思想底蘊，因而非但不是「言說中心」，相反地，是「文字中心」的。從「文字中心」進而發展為「文獻中心主義」。什麼是「文獻中心主義」？就是只有被記錄記載在文字上的，才值得相信，才值得重視。

在中國歷史上，文字產生了巨大的鑑別、區隔作用。用文字寫下來、留下來的，和沒被寫下來的，中間就有了一高一低的價值分判，就有了近乎絕對的區隔。

歷史是什麼？廣義的歷史，是人類曾經有過的活動經驗總和。只要是曾經有過的人類經驗，都在這個廣義歷史的範圍內。然而中國人很少、甚至從來不用這種廣義的態度來看待歷史。對中國人來說，歷史就是用文字寫下來的記錄。

從廣義的角度看，有很多很多不同的形式會留下歷史的痕跡；也就是說，可以提供我們探究、還原歷史的「史料」，可以有各種不同的形式。一代代口述流傳的故事，是史料；建築物、甚至建築物的殘遺，是史料；人骨與墓葬，是史料；甚至家裡曾祖父購置的一張桌子，存留了百年，也是史料。不同的史料能夠幫助我們復原不同的歷史經驗與歷史面貌。

然而在中國，看待歷史與史料卻有一條明確的線，做出明確的區隔。那條線就是由文字畫出來的。用文字寫下來、記錄下來的，才是值得被知道、被還原的歷史。各種不同形式的史料中，文字形式的史料價值最高，甚至只有文字寫成的記錄，才被接受為有效、合格的史料，才有資格進入歷史中。

宋代以降，中國就有了「金石學」的傳統，研究古代青銅器和石刻。然而幾百年的時間中，金石學一直維持著文人雅好的基本性質，沒有和「史」掛連上。即便喜愛金石學的文人，心中都還是認定只有史書上寫的才是「史」；要談歷史，就只能從史書記載上找。

換個方向看，因為中國文字從起源上就有這樣的神聖性及中心地位，在文字的使用上，也就相應有了許多講究。研究西洋歷史，史學家可以取得帳冊、出生登記、教會記錄、商業合約、行會規定等等材料，從這些材料中重建比較普遍、全面的社會圖像。相較之下，中國史研究上就沒有如此多元的史料可供運用。一個原因是：文字的神聖性使得懂文字、會用文字的人，不習慣將文字用在這種比較世俗的功能上。另一個原因是：就算出於現實需求有了這樣的文字記錄，也不容易留下來。這樣的東西不是文字的正當使用之處，只有臨時的功能，沒有長期保留的價值。

這些懂文字、能使用文字的人，內心有一套集體規範，決定什麼事是值得記載的，什麼不是；也決定了什麼樣的記錄值得留下來，什麼不值得。

07 留在文字裡的大傳統，和從網孔流失的小傳統

一九九〇年，錢穆先生在臺灣過世，當時在美國念書的我深受衝擊，大有感慨。在對中國歷史的理解上，錢穆的龐大著作是我知識上真正的根源，我能持續關切中國史研究，能有一點點的看法心得，都是靠認真研讀錢穆著作打下的基底。

得知錢穆去世的消息後，我放下手邊所有的其他課業，埋頭在哈佛大學的燕京圖書館，全面地複習錢穆的史著，然後寫成了一篇談錢穆史學的長文。這是我自己選擇對一位了不起的學者終極致敬的方式，認真地重讀他的著作，並誠實、誠懇地進行整理與評價。

誠實、誠懇，意味著不是歌功頌德，不只光挑優點講好話，而是從思想史與史學史的立場，給予錢穆及其作品盡可能公平的定位。

長文中有一個觀察。錢穆名著《國史大綱》中的〈引論〉一開頭就說：

中國為世界上歷史最完備之國家，舉其特點有三。一者「悠久」。從黃帝傳說以來約得四千六百餘年。從古《竹書紀年》以來，約得三千七百餘年（夏四七二，殷四九六，周武王至幽王二五七，自此以下至民國紀元二六八一）。二者「無間斷」。自周共和行政以下，明白

有年可稽（《史記．十二諸侯年表》從此始，下至民國紀元二七五二）。自魯隱公元年以下，明白有月日可詳（《春秋》編年從此始，下至民國紀元二六三三。魯哀公卒，《左傳》終，中間六十五年史文稍殘缺。自周威烈王二十三年《資治通鑑》托始，至民國紀元凡二三一四年）。三者「詳密」。此指史書體裁言。要別有三：一曰編年（此本《春秋》），二曰紀傳（此稱正史，本《史記》），三曰紀事本末（此本《尚書》），其他不勝備舉（可看四庫書目史部之分類）。又中國史所包地域最廣大，所含民族分子最複雜，因此益形成其繁富。若一民族文化之評價，與其歷史之悠久博大成正比，則我華夏文化，與並世固當首屈一指。

錢穆特別強調中國歷史資料的豐富及完整。在這裡藏著錢穆史學最大的長處，以及最大的缺憾。錢穆最了不起的地方，就在於對中國傳統史料的驚人掌握。不是靜態、被動地接受、轉述，而是積極、主動地比對、考索，從中挖掘出別人沒看到、看不到的意義。

然而，他始終忽略了一項事實——他認定的這些歷史資料，都是用文字記錄下來的。他認定這些資料所記錄、所顯現的，就是中國歷史的全部。我們必須承認這些資料之豐富龐大，也必須承認光是整理、消化這些資料都是可怕的知識工程，但還是不得不指出：將文字記錄當作歷史的全部，是大有問題的。

一個簡單而明白的問題：這些材料都出自於社會上懂得運用文字的人之手。在任何時代，這群人都是社會上的優勢特權者。他們身上帶著這種地位必然有的偏見，他們眼中的世界分成兩個部分，一個是值得用文字記載的部分，另一個是不值得用文字記載的部分。而且透過文字，這群人代代傳襲，前代的看法影響並加強了後代的看法，偏見就愈是牢不可破了。

由這群人寫下來的文字記錄中，我們不可能看到中國社會的全貌。用人類學的觀念來說，只有那種主流的「大傳統」能夠進入文字記錄；相對地，地區性瑣細多元變化的「小傳統」往往就自生自滅，從來不曾用這種方式留下來。單純從「大傳統」的角度看到的中國社會、中國歷史，和加入了「小傳統」成分之後的中國社會、中國歷史，當然很不一樣。

文字只記錄了中國歷史經驗中的一小部分。文字有其自身的規範，像是一張漁網般，隨時在做篩選，只有符合其規範設定的才進得來。大部分的社會經驗、社會事件、社會習俗、社會信仰，都從文字的網孔中流出去了。

我們今天絕對不可能去追索還原這些散失了的小傳統，絕對不可能如實重建歷史的全貌，但如果意識到文人與文字的偏見，如果能擺脫文字記錄就是歷史全部的看法，或許我們還有機會從許多不經意的縫隙中，窺見被文字主觀排除在外的其他中國歷史面貌。

相較於留在文字裡的大傳統，小傳統一來有著高度的地域性差異，二來又有高度的時代性差異。此地與彼地不同，即使是同一地，此時也與彼時有異。我們不能將山東莒城所看到的生活習俗，挪拿當作廣東東莞的寫照。我們也不能用二十世紀中葉廣東東莞的民間儀式，回推明代時的廣東東莞生活。

然而，從十九、二十世紀離我們最為切近的文化記憶中，我們明明白白看出來，中國民間有許多異於大傳統的文化成分，不是大傳統所能包納、所能解釋的。我們也就能夠了解過去的中國歷史、中國文明，不會只是文字書籍中所記載的那些而已。

08「文」與「言」的高下差距

傳統上，識字是一種特權，識字的人自然構成一個特權階層。直到我們這一代，國民教育真正普及了，識字才不再是份特權。

我們沒有關於識字率的精確統計數字，不過一般估計，即使是在宋朝以後，都市化帶來許多方便和變化，是讀書識字最普及的時代，全中國識字的人大約也只占人口的百分之十五左右。識字的人始終是少數，必須經過一定的教育過程，才能取得這樣的能力。學會識字的教育過程，教的不會只是識字，還會連帶灌輸一套價值觀念，包括如何看待文字的觀念。

雖然到今天，識字不再是少數人的特權，然而依隨著文字的價值觀念卻沒有那麼容易消失。對於說話和寫字，我們一直都還是有不同的要求標準。

很長一段時間，我在「雲門舞集舞蹈教室」擔任顧問，每週到他們的總管理處開會。有一次，會上討論了一件有趣的事。舞蹈教室的老師遇到一個特別的困擾，那就是如何寫聯絡簿。尤其是學期結束前，老師要在每個孩子的聯絡簿上寫幾句建議或鼓勵的話。幾乎毫無例外，每次孩子帶回期末聯絡簿，教室就會接到客訴電話，家長不滿地抱怨：「老師寫的文字不通，連文字都寫不通，要怎樣教我家的孩子？」

認真想來，挺奇怪也挺好笑的。「雲門教室」的理念，是堅持家長要參與孩子的教育過程。每間教室外都安排了特別的「看課區」，讓家長可以透過單面玻璃看到孩子上課的狀況，而且每一堂「生活律動」課，也都有不少家長在那裡看課。也就是說，家長認識老師，也都看過、聽過老師怎麼上課。他們當然知道老師教的是「律動」，老師的專業是舞蹈、是身體韻律，而且也都聽過老師怎麼講話。

他們沒有抱怨老師怎麼說話，平常也沒有誤會覺得老師應該包山包海什麼都教。大部分老師寫給孩子的期末評語，用的就是自己平時說話的口氣，然而變成了文字，家長看到就受不了。講話可以，家長不會認為老師「講話不通」，但寫字就不行，那樣寫就變成了「文字不通」。

因為那樣的標準沒有消失，我們仍然相信文字有一種異於語言且高於語言的標準。一直到我們的下一代，在手機、電腦、網路中成長的這一代之前，人們其實從來沒有真正相信「我手寫我口」式的白話文，也不接受「我手寫我口」的原則。寫的，就是要和說的不一樣。也因此，面對今天下一代孩子寫出來的文字，朝向真正「我手寫我口」的方向發展，許多大人會覺得如此恐怖、如此無法接受。

每個社會都有文字和語言的高下差距，但在中國社會中，受到傳統的影響，這樣的差距特別大、特別明顯。

09 脫離典籍限制，歷史學家何炳棣的貢獻

二十世紀另外一位傑出的歷史學家何炳棣先生，出生於一九一七年，原本在清華大學念的是化學，因為上了劉崇鋐老師的西洋史課程，對歷史產生濃厚的興趣。後來他參加留學考試，得以用美國退還的庚子賠款赴美留學，考的就是西洋史項目。

剛到美國哥倫比亞大學時，他的研究範圍是英國史，主要探究十九、二十世紀之交的土地狀況。他在哥大圖書館、美國國會圖書館，後來擴大到美國其他大學的主要圖書館，翻閱了大量的相關史料。一九五二年，他獲得了博士學位，博士論文題目是〈英國土地問題與土地政策，一八七〇—一九一四〉。有意思的是，以英國史研究獲得學位後，他就離開了英國史的研究領域，轉攻中國史。

西洋史、英國史研究的背景，當然大大影響了何柄棣看待中國歷史的角度。他多次說過，他

無法接受中國文獻史料比西方文獻史料來得豐富的說法。寫博士論文的過程中，他第一手接觸了西方史料，第一手直接感受到西方史料的特性。

相較於中國，西方史料最突出的地方在於其多樣性。研究西方中世紀或文藝復興時代歷史的人，有那麼多不同的史料可供運用！有教堂建築，有教堂建築上的壁畫、彩繪，甚至彩繪玻璃上描繪的形象與故事。有教堂、教區的人口出生、結婚、死亡的瑣細記錄。有行會與貿易的記錄——哪個流浪工人帶了哪名學徒，什麼時候從哪個城市走到哪個城市，以什麼樣的條件受雇，一天或一個月賺了多少錢。他所在的這個城市，有哪一家商店留下帳冊，可以看得出一磅肉賣多少錢，一盎司油又賣多少錢。

近代在英國還有些特殊的史料，例如國會討論的記錄，例如各式各樣的宣傳小冊子。窮鄉僻壤的一名無聊人士寫了一本小冊子，呼籲抵制外來的馬匹進入自己的小城，行文中對那個城市有了許多當下、一手的刻畫與描述，也就觸及了那個時代馬匹運用與買賣的許多細節。

深入浸淫了解過這些史料，怎麼還能主張中國的史料比人家的豐富、完整呢？這一點，何柄棣的態度就和錢穆大相逕庭。

中國過去當然也有商業行為，但是在文字傳統的偏見下，很難留下關於商業交易的細部描述。《史記．貨殖列傳》就有各種行業，尤其是繁盛的新興行業的描述，後來也有其他史料呈現不同時代的城市生活，讓我們能了解商業交易的主要場景。但是我們無法更深入還原個別行業的實況、「坐賈」和「行商」的差別、一家店裡有幾個人、老闆和夥計的主雇關係、基本的工資結構與支付方式、進貨與運輸的變數……，這些細節因為與使用文字的文人無關，也就不會留下文字記錄。

由於對中國傳統史料有不一樣的判斷，何炳棣做出來的中國史研究，也就必然有著不同的路數。他早期的重要代表作，中文書名是《明清社會史論》，英文則是 *The Ladder of Success in Imperial China*。這本書處理的議題是科舉，看科舉在社會流動上的實際作用。

科舉考試當然是社會流動的重要管道，長遠影響下，一直到今天，一代一代的父母都希望小孩會念書、會考試，也都明白地告誡小孩，會念書、會考試才有前途。考試是擺脫窮困的最佳途徑，考試考好了，不只是個人，甚至整個家庭、整個家族都能因此翻身而改變命運。

這是中國社會根深柢固的觀念。受過西方史學訓練的何炳棣，在處理這個傳統問題時有兩個明顯的突破。第一是援用了西方社會學的「社會流動」理論，不單從印象式的描述來處理，而是想辦法進行客觀的衡量。第二則是用新的眼光、新的方式，運用一直都在那裡的舊史料。

他用的史料是科舉考試題名榜。乍看之下，是極為無聊的流水帳，哪一年誰考上了、排名第幾。一年又一年，無窮無盡的名單。然而面對這份名單，何炳棣敏感地察知了一件事：榜單上除了考生名字之外，往往還有其出身三代的資料。父親是誰、祖父是誰、地籍在哪裡、父親祖父有沒有功名背景，都在上面。

於是何柄棣花費大量時間整理了明清兩代五萬條的資料，測量這兩朝中透過科舉從寒微上升的比例有多高。如此整理完之後，我們現在可以引用他的研究，明確地描述，在明代與清代，科舉是促進中國社會階層流動最主要的力量。如果沒有科舉，窮人的孩子永遠還是窮人，做官之人的孩子長大了還是做官；但因為有了科舉，中國的社會階層構成變得徹底不一樣，向上流動或向下流動的幅度與普遍性都增加了。科舉讓中國社會階層結構不至於凝固僵化。

10 科舉榜單和會館流水帳

寫完《明清社會史論》之後，何柄棣又找到另一種史料，寫了《中國會館史論》。會館是什麼？會館是同鄉在外地聚集互助的中心。在美國，有華人聚集之處就有華僑會館。在北京，有江蘇會館，為到北京來的江蘇人提供協助和服務。不只有江蘇會館，還有福建會館、四川會館、遼寧會館等等。

什麼人會到會館尋求協助和服務？一種就是考生。從江蘇上京趕考的，第一次到北京，舉目無親，人地兩疏，最自然的反應就是找到江蘇會館，找到同鄉之人。另外一種則是商人，做生意的人。

從研究考生，何柄棣接觸到了各地會館資料，又從會館資料中得到了對於中國商人的理解。

他看出另一項特殊的中國社會脈動：商人地位的不穩定。少數的人可以藉商業活動累積財富，但是商人的傳統地位，在「士農工商」的等級概念中永遠籠罩著陰影。於是以商起家，卻絕對不會長期以商持家。愈是成功的商人，愈會要求小孩不要繼續從商，鼓勵他們轉而求取科考功名，至少轉型成為地主。再加上「分家」的繼承制度，家產由諸子平分，而不是由長子單獨繼承，商人家庭一來無法保持商業規模，二來又快速喪失從商動機，於是很容易在一兩代間就瓦解了，真正的「富不過三代」。

何炳棣的研究範例清楚地顯示：有什麼史料固然重要，但別忘了，用什麼眼光看待史料，用什麼方式處理史料，同等重要，甚至更加重要。科舉榜單存在幾百年了，那是中國傳統文字系統中理所當然認定應該記錄的，所以能夠傳留下來。而且考試上榜，在中國的宗族社會觀念中，不是考生自己的事，更重要的是能夠「光宗耀祖」。所以榜單上不能只寫考生名字，要有「宗」、要有「祖」，就要有考生的地籍、出身、父祖身分記錄。

從傳統的史學角度看，這樣的名單如此理所當然，又如此瑣碎，能幹嘛用？但何炳棣看出了這份名單和宏觀社會流動變化之間的關係。會館的資料亦如是，從傳統眼光看，是龐雜的流水帳，沒有實質內容，沒有重點。然而，何炳棣看出其中難得地保留了中國商人的活動身影。

在西方史學領域裡，要研究商人，找到相關材料並不難。要研究打鐵匠、皮革匠、造乳酪的等等，都有教會教區及行會的基本記錄可供查考。那些材料都很瑣碎，但因為面向很廣，也就比較容易拼出一幅社會的全貌。相對地，中國的史料太集中在朝廷、官員、文人、士人身上，好處是我們對這些人能有深入的認識，壞處當然就是我們很難形成比較完整、全面的社會史關照。

何炳棣的關鍵優勢，就在於他在美國做研究，從一開始就立定心意不要做「漢學家」，而是要做個「歷史學家」。漢學的訓練，專注在中國士人傳統留下來的典籍，但是往往要脫離這些典籍的限制，我們才有辦法比較完整地探測中國歷史與中國社會。

11 《尚書》：前人所言所行的智慧傳承

周代早期留下來的文獻，最重要的是「六經」：《詩》、《書》、《易》、《禮》、《樂》、《春秋》。其中《樂》或《樂經》已經亡佚不存了。

關於《樂》，傳統上有幾種不同的說法。一種說法是：《樂》本來就和其他經書不一樣，不是用文字寫下來的。《樂》是音樂，是一組實際可以演奏的樂曲，透過實作一代一代傳留下來，作為「王官學」教育中的一部分，貴族子弟從父兄那裡習得音樂演奏或演唱的方式，再繼續傳給下一代。

另一種說法是：《樂》沒有真正消失，只是因為「禮」、「樂」的親近相合，「樂」的使用都和「禮」的場合有關，所以後來《樂》的內容就併入《禮》了。現存的《禮記》中有一篇〈樂記〉，說明音樂的本質與功用，那就是本來的《樂經》。

本來有，但是沒傳留下來；本來就沒有文字記錄；沒有亡佚，保留在《禮記》中——關於《樂》有這三種說法。我們無從判斷哪一種說法才對，只能遺憾地說，《樂》只能存而不論，無法討論。

其他幾部「經書」，剛好代表了文字在取得特殊地位過程中的不同發展面向。《易》和甲骨文有連結、傳承的關係。商人用卜來顯現超越世界的訊息，周人則用占卦。學會了商人所用的神祕符號，他們也用來記錄自己的超越世界訊息。這樣的文字，當然也是具有神祕、神聖地位的。一直到今天，還有很多人從數術、預演的角度看《易經》，推衍《易經》裡的文字，相信其中有神祕、神聖的意義。

排在《易》之後，有《書》或《尚書》。《尚書》的「尚」，意思是時間上高古久遠。《尚書》二字連用，說明了這本書的內容，是高古久遠以前，幾乎是中國最早留下來的資料。最早記錄下來的是什麼樣的資料呢？是周代朝廷、政府的官方文件。

從商到周，儘管使用的文字符號高度重疊、雷同，但其根本精神改變了。周人書寫的目的在於凝結、固定、傳留意義。書寫的行為，在商代有著人世以外的神祕氣息，到了周代則呈現強烈的時間感，或說「抗拒時間流逝」的特性。

《尚書》就是最早顯示周人這種書寫性質的文獻。為何書寫？為了把有價值的訊息或真理，藉由文字固定下來，得以跨越歲月，讓後人也能接收。這種書寫原本和青銅器結合，然後回頭傳遞到文字上。不只刻鑄在青銅器上的文字會不朽，所有的文字都被周人視為恆久的，因而受到重視、尊崇。

《尚書》的語法和甲骨文還很接近。不過，相較於甲骨文和金文，《尚書》中的篇幅變長了。文字和時間、世系縱向聯繫，有著密切關係。為了保留這些關聯，所以不辭辛勞寫下來。那也就表示周人建立了一套新的標準，認為有些前人的所作所為具備特殊價值，不該隨時間消逝，應該找到方法把它們留存下來。所以他們挪用了本來商人發明用在記錄非人事、超越界訊息的文字，改成如此用途。

相應地，也就產生了周人特殊的時間意識。相信最美好、最重要的時代，不是現在、不在未來，而在過去。過去的人的所作所為記錄在文字中，帶有普遍乃至神聖的價值，我們要虛心學習。而且不是所有人都能學習，只有少數具備理解文字能力的人，才有資格從過去的神聖知識中獲得智慧。

周人不再相信祖先鬼神會隨時干預人世，或隨時給予人間警告或諭示。他們轉而相信，祖先的神聖性在於他們留下來的智慧。那些智慧內容寫在文字裡，藉文字而得以越過時空來幫助後人。文字，又成為這種智慧傳承形式的必要條件。

商人在運用甲骨文之前，先有「卜痕」，文字是附隨在卜痕上，解釋卜痕意義的。換句話說，最神祕、最根本的是在「卜」的儀式中，藉由燒炙而在甲骨表面產生的卜痕。「貞人」最大的本事，是從卜痕中讀出想像中祖先神鬼要傳達的訊息，然後才用文字記錄下來。卜痕比文字更神祕、更核心。

在周人的文化中，文字則是記錄前人做過的事、說過的話。文字仍然是衍生的。周公所言所行是記錄的對象，沒有周公的所言所行，也就不會有這些文字記錄。然而，周人知道也承認，周公不會回來了。周公不會用任何其他方式向後人顯靈，周公就只存在於關於他所言所行的文字記錄裡。如此，文字帶有的神聖性比商代更高了一層，這是《尚書》所代表的重大意義。

12 《詩經》：文字克服非表音障礙的見證

傳統上對於《詩經》內容的來源，有一種「采詩」之說。以我們今天對西周封建成立過程的認識，可以這樣解釋「采詩」的意義。周人建立新的王朝不是件容易的事，不是說今天打下了朝歌，商紂王死了，於是商人原本統治的區域，一股腦兒就改成歸周人統治了。

首先，商人能夠控制的範圍其實並不廣；其次，商人對這有限的範圍內的控制強度也有限。那是一種聯盟共主式的關係，而不是直接的疆域管轄。在周公、成王的時代，周人設計了新的方式，建立了新的統治模式。

這個新的模式，就是「封建」。封建的開端，是指定一位宗親或功臣，將一塊地方和一群人民「封」給他，要他帶著這些人去到「封地」，有時是征服，有時是開發。征服、開發之後，還要負責管理經營。那就變成他和後世子子孫孫的「封國」。宗親或功臣獲得的封國，很可能是一塊遙遠、陌生的地方，要能有效地領有這塊封地，剛開始要靠武力，卻不可能一直光靠武力。封建領主必須了解這裡居住的是什麼樣的人，得認真地探訪、了解當地民情，努力試著和他們好好相處。「采詩」，蒐集當地民歌，從民歌中接近人民生活，是一種合理的手段。

這或許真是《詩經》內容的起源。並不是說《詩經》中的詩歌都是如此採來的，而是說因為有這樣的歷史情境，使得周人早早建立了重視民歌、採集民歌的習慣，並視之為一般貴族必須具備的常識。

順著這個邏輯，我們可以進一步推斷，為什麼原本具備神聖性的文字，到了周代會被用來抄寫、記錄民間的歌詞？因為其間牽涉到封建制度運作的功能，封建領主、封建貴族要在封國裡安居，要能有效管理封國的子民，他們當然應該知道那裡的人過著什麼樣的生活、做些什麼、想些什麼，並且將這些重要資料保存下來，供後世子孫持續學習、參考。

《詩經》裡的大部分內容，先是以傳唱的歌的形式存在的，其本質是聲音。要將這些聲音記錄下來，這就對原本的文字系統產生了巨大的挑戰：不是表音的文字，要用來記錄聲音。這套文字原本是獨立於聲音之外形成的，其功能也不在於配合語言，然而在沒有任何錄音設備的環境中，要將民歌內容留下來，別無選擇，只能動用文字來傳鈔。

因而，《詩經》是周代的一項了不起的實驗成就。周人找出了一種讓這套非表音文字能夠和語言、聲音發生固定關係的辦法來。或許就是「采詩」在封建新制開展上的關鍵重要地位，逼得周人不得不動用手中的這套非表音文字，在很短的時間內找出方法，讓它能夠有效地記錄語言、聲音。

中國文字的發展程序，明顯地與其他文字系統很不一樣。表音文字一定要先確定每一個符號代表什麼音，才能開始有效運作。符號連不回已有的語言，表音文字就無法發揮功能。中國文字卻不是如此，字符先存在，先有了其獨立於聲音之外的意義，然後在《詩經》成書的時代，才藉由大量運用來記錄語言、歌謠，而逐步將字符和聲音之間的對應關係固定下來。

如果沒有經過周代這樣的全面試驗，讓字符有了明確、固定的發音，我們可以想像，這樣一套非表音的文字，恐怕很難一路傳留下來。記錄語言的需求一直在，文字該要和語言對應的需求一直在，如果這套系統無法因應這樣的需求，遲早會有另一套文字興起並取而代之，那樣的新文字，就必然和其他文明一樣，會是表音的。

《詩經》保留、見證了中國文字如何克服非表音障礙，擴張其表音功能的神奇轉化，說明了為什麼全世界只有中國留下了這套龐大、複雜的非表音文字。

13 《禮》：宗法制度的文字記憶

相對而言，和原始甲骨文距離較遠的，是《禮》。現存的「三禮」——《周禮》、《儀禮》、《禮記》——中，《周禮》真正的成書年代不可能早於戰國時期，絕對是後出偽托的。《儀禮》和《禮記》中保留了一些年代較古遠的內容，不過再古，頂多也只到西周末年左右。

《禮》相對比較晚出，那是西周時開發出的新的文字運用領域。從記錄「天意」到記錄「封建」盟誓與制度，到記錄各地民間歌謠，文字進一步就被用來記錄「宗法」規矩。

宗法和封建密不可分，宗法是封建的基石。周人的社會組織，基本上就是親族系統的擴大。人與人之間的關係，相應的對待方式，是由親屬位置來決定的。從家到宗到族，再擴大到整個社會，這種親屬系統可不是簡單依靠人的日常互動、記憶就能處理的。你不會忘記你爸爸，不會不知道該如何對待你哥哥，然而你表哥的孫媳婦，你有把握一定認得嗎？你二姨婆的女婿的哥哥呢？在全面的宗法制度裡，他們都是親屬，不能將他們視為不相干的路人，因而要區分他們和路人的差別，就要靠各式各樣的「禮」，也就是各式各樣的儀式。

宗法有多複雜，禮相應的就有多複雜。複雜到一定程度，禮就不只有其行為，還有其原則與精神。沒有人有辦法完全記憶並掌握愈來愈複雜的禮，這時就必須動用最有效的記憶工具——文字。從跨文化的研究中，我們清楚了解，古代中國的親屬稱謂是最豐富的。有一份調查甚至主張，古代中國有超過四百種不同的親屬稱謂。這麼多不同的親戚關係，誰記得住？記不得沒關係，交給文字，由文字寫成了《禮經》，從稱謂到儀式到規矩到原則到精神，都記在那裡面。

反過來，也因為動用了文字來保留禮，禮得以維持其複雜性，也就能維持龐大的親屬結構，周人以宗法來組織社會的手法也才沒有垮掉。從此之後，兩三千年間，中國社會就是宗法社會，就是親屬社會。

從《禮》衍生出來，到中古有了「家譜」，鉅細靡遺地保留每個人家內部的親屬位置，每個人都在家譜有一個固定的位置，也就和家譜上記錄的其他人有一份明確的關係。這種對禮、對親屬關係記錄的重視，一直到二十世紀都還保留、呈現在訃聞上。舊日的訃聞，只有前面一小段告知死者是誰，哪年哪月哪日去世，其他絕大部分的篇幅，用來羅列他的子孫親屬名錄。這也是肯定、維繫親屬關係的一項重要功能。

第四講

古代城市的轉型變化

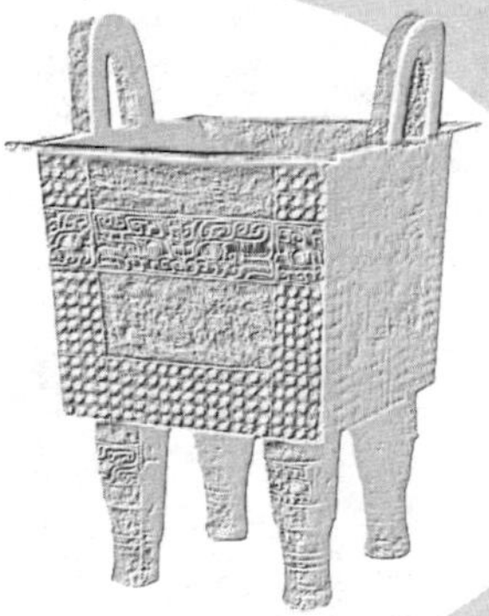

01 擋在我們與歷史之間的透鏡

中國文字持續存在、持續使用超過兩千年的時間，有其巨大的正面作用，當然也會帶來負面的麻煩。麻煩之一是：文字的連續性經常使得中國人失去了歷史的差距和差異感，誤以為兩千年來文字所代表、所承載的意義都沒改變。一名清代的讀書人讀《論語》，書中的每一個字，幾乎都還繼續在他的日常生活中使用，便很自然地用當下現實的讀法來看待那些字。他就很不容易意識、察覺，某些字在孔子那個時代的用法，和清代其實是不一樣的。不加檢驗地以後來的字義來讀古文獻，會帶來許多難以糾正的誤解。

這是我們在看中國歷史，尤其是看傳統歷史敘述時，需要放在心上的第一個提醒。還有第二個提醒：歷史是人類過去經驗的總和，但在那麼龐大的總範圍內，卻只有很小很小的一部分有機會被記錄傳留下來。歷史是經過篩選的，而且是一層又一層、一次又一次不斷地篩選，當下什麼會被記錄、什麼不會，就是一個關鍵的篩選。除此之外，就算被記錄、被留下來的，也都還有可能在後世被忽略、被遺忘。另外，也有可能被用後世的眼光看待、改寫，因而扭曲、失真了。

我們能看到的歷史，經過了前人多次的改寫和詮釋。在不同的時代，人們會戴上不同的眼鏡，從歷史中看到不同的東西。人們會傾向於了解和自身環境相合的經驗，對於和自身環境有較大差異的經驗，要嘛予以忽略，要嘛去除其陌生性，改造成自己能理解的面貌。

中國歷史的變化發展，有一個關鍵階段，造成了古今理解上的大障礙。那就是西元前二二一年，秦統一六國，秦始皇將中國徹底改造成一個帝國。秦帝國的政治基礎是「郡縣制」。什麼是郡縣制？很好理解，因為和我們今天的現實制度基本上是一致的。郡縣制就是將龐大的國土區劃開來，底層小一點的單位畫出幾百個縣，然後相鄰一定數量的縣，再合在一起形成郡。就像中國大陸今天有省，省下有市或縣一樣。而郡或縣的管理者都是由秦的朝廷統一派任，朝廷藉由掌握郡縣首長的派任權，實質統領全域。

這一套政治管理實行了兩千多年，被視之為理所當然。中央派任、由上而下的統領機制，成了政治的常態模式。這樣的習慣，就形成了一種眼光、一面透鏡，使人只能、只會從這面透鏡中去看歷史，往往就看不清、看不到在郡縣制成立之前，只有封建制的那個時代長什麼樣子了。

02 美國聯邦制的對照

具體談中國古史之前，容我先舉美國的例子，說明什麼樣的政治事實會被郡縣制的眼光誤解、扭曲。

美國的政治基本架構是「三權分立」，即立法權、行政權、司法權各自獨立，彼此監督制衡。立法權屬於國會，行政權屬於總統，司法權屬於法院與法官。不過美國有兩個國會，有參議院，還有眾議院。英國也有兩個國會，上議院和下議院。但美國的兩個國會安排，卻不是承襲、模仿英國的。

英國的上議院基本上是「貴族院」，議員是由王室指派的；下議院則是人民代表，由各地區人民指派或選舉出來的。緣於這樣的貴族社會起源，所以名稱上會有上、下的地位區別。然而進入現代民主運作中，選舉出來的議員愈來愈重要，權力愈來愈大，從權力分配的角度看，其實就倒過來了，下議院才有實權，上議院愈來愈趨象徵性，因而主張廢除上議院的呼聲不斷升高。

英國可以廢掉上議院，對於現實政治運作不會有什麼衝擊；美國卻絕對不可能廢掉參議院，不可能將所有的立法權都交給眾議院。美國眾議院議員的產生方式很好理解，就是按照人口分區，每一區的人口數大致相同，從每一分區中選出一位眾議員來，這位眾議員就是這區人民的「民意代表」。但參議院呢？參議院一共有一百位參議員，是由美國五十個州中，每一州選出兩位而組成的。

眾議院的權力邏輯很清楚，那就是個人權利的平等。每一個美國人在眾議院中被代表的機率是平等的。但從這個原則看，參議院就很怪了。美國最大的州加利福尼亞州，面積四十二萬三千九百平方公里，人口約三千九百萬，選出兩位參議員；美國最小的州羅德島州，面積三千一百平方公里，人口約一百萬，也同樣選出兩位參議員。但在眾議院，有五十三位眾議員從加州選出，只有兩位從羅德島州選出。

參議院的組織原則是州與州之間的平等，不管大州還是小州，在參議院都有同樣大的代表權力。這樣的安排來自於美國的「聯邦制」，這個國家是由各州聯合在一起所組成的，各州保有自己獨立的政治地位。聯邦政府不能直接管轄州內事務，而且聯邦政府立法也必須尊重各州立場。

美國的法律有聯邦法和州法。各州有權訂定自己州內行使的法律，牽涉到州以上範圍，或牽涉到州與州之間關係的事務，才訂定聯邦法律管轄。而即使是聯邦法律，都要先由眾議院通過，還要再經參議院通過。

另外一個難以理解的制度，是美國總統大選中的「選舉人團制」。二〇〇〇年大選，歷經複雜的驗票，最終算出來的結果，高爾獲得的總票數比布希多了幾十萬票，但當選的不是高爾，而是布希，因為高爾得到的「選舉人團票」少於布希拿到的。選舉人團票怎麼算的？就是以州為單位算的。

每一州在國會參眾兩院一共有多少席次——眾議員人數加上兩位參議員——就有多少張選舉人團票。哪一位總統候選人在這一州得到最多選民的支持，他就贏得這一州的所有選舉人團票。在競爭激烈的州，假設一名候選人獲得百分之四十九的選票，另一人獲得百分之五十一，結果後者拿走了全州所有的選舉人團票，前者卻什麼都沒有。那百分之四十九的選票，豈不等於都沒有作用、沒有意義了？

為什麼會有這種事？太不合理，也太不公平了吧？如果從一個由上而下劃分的行政體系角度看，的確很不合理、很不公平。但美國的行政制度不是由上而下劃分，而是以州為主體聯合構成的。美國的存在，最早是各自獨立的十三個殖民地，彼此互相同意而組織起來的。我們今天翻譯為「州」的 state，其實也可以譯為「國」，state 是有主權的，因而在決定聯邦事務時，就一直保留著以州為單位，必須尊重州的獨立自主權的原則。

這樣的組織，和我們最習慣的由上而下分層的郡縣制模式，大不相同。想到政治權力運作，我們自然而然的想像總是郡縣制。中央之下，分為若干郡或省；郡或省以下設縣；縣以下設市、鄉或鎮……，如此層層隸屬，鄉歸縣管，縣歸省管，省歸中央管。這就是一種從郡縣制沿襲兩千年下來的固定看法。

這樣的固定看法，讓我們不容易看清楚美國的政治制度，尤其經常誤解聯邦和州的關係。聯邦不是管轄州的中央政府，州有州法，人民絕大部分的生活，教育、交通、商業、租稅……，都在州法規範的領域，也就產生各州之間不同的差異。聯邦管不到，也不能管。

這樣的固定看法，也讓我們不容易看清楚中國古史。郡縣制成立之前，中國已經有很長的一段歷史，夏、商、周三代都不是帝國，都不實行郡縣制。夏代、商代的政治制度我們知道得很少，難以構成清楚的圖像，然而周代史料豐富，留下了關於封建制的充分記錄。但後世上千年中，卻不斷用郡縣制的想像來解讀封建制，因此產生許多誤會、更多扭曲，以至於我們今天必須費工夫盡量撥開誤會和扭曲，才能趨近、回復封建制的本來面貌。

03 中國式的哲學衝動：將經驗羅列編組

德國哲學家雅斯培提出「軸心時代」的觀點，看出幾個主要的古文明區都在相近的時代、相近的發展階段，出現了「哲學衝動」，創造出哲學思想體系，呈現了文明上的跳躍。

「哲學衝動」指的是，人不再安於理解、掌握一件一件事物。這裡學會一種本事，那裡懂了一種道理，難免零星、個別、隨機運用。人察覺到，或說人相信這些紛紜錯亂的事物之間，應該有某種聯繫，因而發憤要去找到那種聯繫的方式或原則。希望找出本源的原則，整理紛紜錯亂的事物，如此一來，只要了解、掌握這幾個原則，就能知道這個世界是怎麼回事，就能統理自己的生活。

從「軸心時代」觀念看，中國在軸心時代迸發的哲學衝動，至少有兩項重要的特色。

第一是傾向於以過去曾經存在的經驗，作為理解、解釋這個世界最重要的工具。那個時代的突破，前提幾乎都在認定要看清楚現實世界，而最佳途徑就是回頭看看過去發生過什麼樣的事。受到戰爭之苦，想要了解戰爭，要解決戰爭的問題，那該怎麼做？去看看以前發生過的戰爭，將以前的戰爭做盡可能全面的整理，我們要的答案應該就在裡面。

第二是用一種羅列的方法，將紛紜的現象編組起來，建構系統。「三」、「五」、「六」、

「九」這幾個數字，在這個時代被凸顯出來。想辦法把原本錯落錯亂的事物，整理為三、五、六、九幾種分類。分類形成之後，本來無法控制的現象似乎也就被馴服了，變得可以掌握。

一方面要整理過去的經驗，一方面習慣使用羅列分類，加起來就形成了一個潮流，在那個時代熱衷於用整齊的分項來表現對歷史的理解。古遠的過去那麼多記憶模糊的經驗，從何說起？說不清楚時，就用「三皇五帝」來統納一切。原本封建中有複雜的多層分封過程，封出不同的頭銜與不同大小的封地，到春秋戰國時代，就將太複雜的多元變化，整理為明白乾淨的「五爵」：公、侯、伯、子、男。由高到低，體系分明。

這種羅列整理的衝動，最後就總結堆疊出「五行」。「五行」是個龐大且可以無限擴張的系統，實質上就是將世界上的萬物萬象，全都用「五」來分項統納。人分為「五臟」，人的脾性分為五種，對應五臟。世界的構成也分為五種元素，由這五種元素互動所構成。聲音分為五種，顏色分為五種，甚至連方位及季節也都分為五種。所有的「五分法」也就可以有彼此對應關係，於是從內到外，沒有事物是不相干的。這個體系無所不包，沒有任何事物除外。

就連原本分成「四」的季節，春夏秋冬，都在五行的系統狂捲中被改寫成五個，硬是在夏天多分出一段「長夏」來；本來有十個的「天干」，也在五行系統裡勉強分配為五組。這些到今天依然留在我們的算命數術中，繼續使用。

這種整理的方式，很多時候是不顧現實與真實的。尤其在對待歷史時，整理的架構先行，然後改寫歷史以吻合架構需要。這種整理風潮在戰國時期發展到極盛，也就有許多歷史描述出現在戰國時期，普遍地將古代歷史想像和整理得太乾淨、太整齊，雖然容易理解、容易掌握了，卻也因此容易得不可能是事實。

將不容易說清楚、更不容易記憶的歷史變化，整理為好說好記的系統，這種習慣也形成另外一面透鏡，扭曲了中國傳統所見的古史。不努力繞過這面透鏡，或至少自覺地檢驗這面透鏡所產生的扭曲效果，我們就無從趨近真實的中國歷史。

04 「城市國家說」：國其實是一座城

由重重透鏡看過去，長期受到扭曲、很不容易看清楚的歷史現象之一，是周代的「國」。古史上的關鍵事件是秦始皇統一六國，而此一事件又是從春秋就開始的國與國爭鬥兼併的最高峰。東周開端時，封建制的體系裡有幾百個國，之後國的數字一路減少，到西元前二二一年，只剩下最後一個、唯一一個，就是「秦」。

但「國」是什麼？「國」長什麼樣子，我們真的知道嗎？想到國、講到國的時候，我們心中自然浮現的圖像是疆域國家，也就是可以在地圖上畫出每個國的領域，國與國之間有疆界，從這裡到那裡屬於這國，過了這條線則屬於那國。

關於戰國時期，大家都知道「戰國七雄」，也幾乎都知道這七雄是秦、齊、楚、燕、韓、趙、魏，還知道七雄的地理分布，秦在最西邊，齊在最東邊，楚在最南邊，燕在東北，韓、趙、魏則是從原來的晉分出來的，處於中間偏北的區域。

但往前推到春秋時期，有個相應的代表性名稱是「春秋五霸」。春秋五霸的概念，其實和戰國七雄截然不同。七雄指的是當時僅存的幾個主要國家，五霸說的卻是五個人：齊桓公、晉文公、宋襄公、秦穆公和楚莊王。七雄可以用地圖概念標示出來，這七個國差不多就覆滿了當時的中國。但五霸不是，五霸的政治勢力不是疆域式的。

這中間牽涉到從春秋到戰國，很不一樣的「國」的型態。那個時代有很多很多國錯落分布在這塊地方，我們可以找到許多國的所在，但國與國之間沒有明確的國界。

過去一百多年間，有過幾位真正下苦功的學者，如顧棟高，如陳槃，他們將先秦史料徹查過，一條一條比對，想辦法還原畫出古地圖來。他們找到許多春秋時期有記錄的「國」，在地圖上標記出來，給了我們一個重要的修正觀念，那就是：春秋時期的國數量驚人，達數百之譜。

然後到了一九四三年，侯外廬先生首先提出一個關於「國」的新理解——「城市國家說」。[7]這是什麼？侯外廬主張從西周到春秋，文獻上所提到的國其實是一座城，是一個城的體制，而不是常識中有領土，領土中有村鎮分布的型態。

侯外廬提出的意見，在中國撼動不了根深柢固的傳統看法，沒有得到太多的重視。反而是在日本，有兩位研究「東洋史」（日本人對中國史的稱呼）的學者受到啟發，並借鑒西洋古希臘的歷史，在差不多同時進一步發展出「城邦國家說」。

這兩位學者，一位是貝塚茂樹，另一位是宮崎市定。他們從中國古史中劃分出一段特殊的「城邦時代」。從西周到春秋中葉，中國分成許多單位，每一個單位，諸侯之「國」和大夫之「家」，是一座一座獨立的城，藉由封建制讓這些獨立的城連結起來，構成了周代的政治系統。

《戰國策．趙策》中記錄了一句話：「古者，四海之內，分為萬國。城雖大，無過三百丈者；人雖眾，無過三千家者。」顯示到了戰國時代，人們仍然留有對於之前城邦時代的記憶，而且清楚意識到自己所處的環境和之前時代間的差異。

我們當然不必認真相信古代有「萬國」，「萬」只是用來形容數量眾多的概辭。相較於戰國，原來的國數量一定是極多的。《逸周書．世俘解》中記錄武王伐紂，一共滅了九十九國，自動臣服的有六百五十二國。古文獻裡也多次提到，武王第一次發兵翦商時，大會孟津，來了「八百諸侯」。這些數字在在顯示了那個時代的國一定不大。對應《趙策》上的說法，那麼一個國的規模，是每一邊幾百公尺的牆圍出來的城，城裡住著頂多萬人左右的居民。

7　可參考侯外廬，《中國古代社會史論》（石家莊：河北教育出版社，二〇〇〇年）第五章〈中國古代「城市國家」的起源及其發展〉、第六章〈周代「城市國家」及其亞細亞特性〉。

這樣的主張，在後來出土的周代考古遺址中進一步獲得證實。例如一九九八年開始在河南焦作挖出一座相對完整的城，北邊的城牆長二百九十五公尺，另外三邊各是二百七十公尺長。城牆的高度約九公尺，城基最寬處有五公尺，城上方則大約三公尺。

綜合文獻和考古資料，我們能夠重新整理這一段的古史發展。之前提過，新石器晚期，可能在夏人手中，有了「夯土」技術的突破，開始了較大規模的城牆工程。夯土需要動員大量人力，也就同時促成了中國國家組織的第一步關鍵擴張。早期的夯土城牆規模較大，周代以後的反而變小了。如何解釋這樣的現象？

早期只有少數掌握特殊動員優勢的部族，才有辦法築城。築城是件少有的大事，能組織、安排築城的部族，擁有高階的統治地位。然而隨著夯土技術的普及，再加上統治型態的改變，到了周代，築城已經不再是那麼稀奇、那麼了不起的事了。較邊緣的地方、較少的人，都知道如何築城，都有能力為自己築一座城。這種條件下築起的城，規模就不會那麼龐大驚人了。於是，有一個時期，在中國這塊地域範圍內，大家競相築城，兩三百年間，絕大部分的聚落都重新規劃了自己的居住區，改造為以「城」為中心的居住型態。

05 由商到周的建「國」運動

視野廣闊、興趣多元的何炳棣先生，寫過一部史著《黃土與中國農業的起源》。在書中，他運用了當時最先進的化石孢子分析，從化石中找出植物孢子進行分析研究，重建了古代中國黃土地區的自然條件。他的研究結果，和原本的常識想像很不一樣。

常識想像中認為，古代黃土高原的農業條件比後來好得多，所以才在這裡出現了農業革命。當時的氣候比較潮溼，黃土高原上有濃密的樹林覆蓋，也就有比較好的水土保持狀況。一般認為是農業在此發展之後，為了取得更多的農地，因而開始以砍燒等方式去除樹林。樹沒有了，黃土露出，才變成現今光禿禿的模樣。

然而依照古地質化石孢子分析，何炳棣證明了中國文明起源時，黃土高原就已經是這樣的自然條件，絕對不是什麼原始的豐饒沃土。中國農業在相對乾旱、少水、缺乏森林涵養的情況下產生，這是不容忽視的一項中國歷史特色。

這樣的地理條件，使得此一地區的農業聚落，出現在有水而地勢較高之處。要有水，才能進行農業生產；地勢要高，才方便抵擋入侵。有水可供農業使用，又有自然地勢便於防守，適合這種要求的地方，顯然不會太多。

如果沒有夯土築城技術的突破、成熟、擴散，這個地區的聚落很可能就一直只能出現在少數的地點上。夯土築城運用的是當地隨處可取材的黃土，夯實之後築起城來，就能創造出人為的防守優勢，使人可以擺脫原有的地理限制，到更多地方去經營農業聚落。

在中國，農業和城的發展關係密切。大約是從商代進入到周代這段時期，有了雨後春筍般的普遍築城現象，到處蓋起城牆來，人紛紛移居到城內，有城有人，就構成了「國」。

古代的國，和我們今天講的、想的國很不一樣。古史上看到的國，成百上千，構成那樣的「國」的條件，當然不會是我們今天說的「人民、土地、主權、政府」了。那個時代，要件是有城，有城內居住的聚落，如此形成了國。

由商到周，中國地區出現了普遍、巨大的建城潮流，也就是建「國」運動。在那個過程中，幾百座城建了起來，有了幾百個國。「國」成了這段古史上最具體、最堅實的地方單位。

06 古代的「城」，不以「市」為生活重心

從這個角度看西周的歷史，西周是由幾百個這種小型的「城邦國家」組合而成的。「城邦」

是宮崎市定選擇的用詞，挪用自古希臘歷史的術語，一度引起許多的批評攻訐。怎麼能硬套西洋史的概念來描述中國歷史呢？西洋史上有古希臘輝煌的城邦文化，難道因此中國也一定要有相應的城邦時代？

其實，宮崎市定用「城邦」而不用「城市」，另有其深意。那牽涉到他所承傳的「京都學派」對中國史的大架構主張。日本「東洋史」研究中的京都學派，肇始於內藤湖南。內藤湖南重要的奠基貢獻之一，就在提出一個很不一樣的斷代概念。在中國傳統的「朝代」之上，內藤湖南另外將中國歷史分出「古代（或上古）—中古—近世—近代（或現代）」的分期架構。[8]

這套架構中，最突出的是「近世」這個概念。內藤湖南將宋代以降到鴉片戰爭前的這段歷史，特別劃分為「近世史」。強調這段時期有許多突破性的歷史變化現象，和前一段的隋唐很不一樣。

「近世史」的一項重要標準，就是城市的新發展。內藤湖南敏銳地指出，宋代以下中國的「城市」，在性質上和以前很不一樣，變成有「城」也有「市」。「城」指的是環繞的城牆，「市」呢？是指城裡最熱鬧的區域，也是城裡最重要的活動——商業交易，也就是今天說的「市場」。「近世」的突出現象之一，在於城裡的都會生活重整為以「市」為中心。住在城內與不住在

8 可參考〔日〕內藤湖南，《中國歷史通論》（上海：社會科學文獻出版社，二〇〇四年）。

城內的最大差異，也變成了日常生活是否接近「市」。這就意味著，在近世之前，中國的城、城內的生活，不以提供市的功能為主。西方的「城市」大部分都是先有市，再由市的活動、功能擴張發展出聚居人口，為了保護聚居區，因而有了城，所以城和市總是在一起的。

但中國不是。那麼中國的「城」，有城牆包圍的居住區域，又是怎麼發展演變出來的呢？依照周代早期的文獻，我們可以知道，到處分布著一座座小城，城牆以內稱為「國」，繞著城外的地區叫做「郊」，比郊再外面一點的地方叫做「野」，野再外面一點是「封」，比封再外面的是「鄙」。

這些稱呼的意義，一部分還留在我們現今的語言裡。我們今天都還說「郊外」，環繞都市稍遠一點的地方，也還說去「郊遊」，指一天可以來回、去不遠處的小旅行。傳統中文裡有「封疆大吏」的說法，「封」和「疆」連在一起，顯示「封」就是一個城區正式的邊界。古史上的封和城對應，城是內圈、人為的界線，分隔開城內、城外；封則是外圍、自然的界線，標示出這個「封國」的範圍。

「封」一般以河流或山丘為界，如果沒有自然界線，才用人為方式畫出線來。《管子・度地篇》說：「地高則溝之，下則隄之，命之曰金城。樹以荊棘，上相穡著者，所以為固也。」指引出標示「封」的方式：挖出溝或加些土堤，或者重啟一排樹，讓人可以清楚分辨「封」的所在。

過了「封」，也就不屬於自己這個「國」了，那是陌生的地域，住著與我無關的陌生的人，陌生產生輕視乃至敵意的感受，因而「鄙」、「鄙人」也就難免帶上負面的字義了。

07「國人」的關鍵角色

這個時代的「城」，城裡最核心的地方，不是「市」，市沒那麼重要。核心的是「寢廟」和「社壇」。

「寢廟」是政治中心，統治者聚會的地方。如果這個封國當時封給了姬姓的領導人，讓他帶著姜姓、姒姓的群眾一起來開發、統領，那麼寢廟就是這些姬姓、姜姓、姒姓領導人聚集討論大事的地方。

寢廟具備三合一功能——祭、政、軍，三者密不可分。藉由「祭」不斷提醒、強化這些領導階層彼此之間的關係，「政」就由這些人的彼此親屬宗法關係來處理，而政中最大、最麻煩的事務，也就是「軍」，即遇到必須動員、打仗的特殊狀況。

城內另一個關鍵地方是「社壇」，那是「國人」集會的所在。

「國人」是誰？要成為國人有幾個條件：首先，他要住在城裡面；其次，他要具備「百姓」的身分。那百姓又是什麼？在封建制的術語中，百姓指的是有「姓」的人。國裡的人在建了國之後，統統屬於同一「氏」，齊、魯、晉、燕……，就是氏，屬於這國的人就通稱齊人、魯人、晉人、燕人等等。但在同一氏中，有些人來到這裡之前就先屬於一個「姓族」，也就是說，他們不是以個人身分隸屬於此國、此氏的，他們是集體一整個姓族進來的。這種人通常建立之初就來到國，而且他們的姓族自成團體，有著團體認同與團結意識，在國中具有較大且集體的影響力。

這些「國人」，其中有一些協助國君處理日常政務；更多的，是擁有土地的農人。他們的土地就在城外的「郊」，城牆腳下，走出城就到了。所以他們住在城裡，出城耕種，人身和農產收成都受到城的保護。這使得他們和「野人」有不同的地位。野人在離城更遠的「野」耕種為生，他們的田地在「野」，居住地也在「野」，雖然也在這個封國的境內，但和城的關係疏遠多了。

從文獻上，可以清楚看出「國人」的重要性。《史記．周本紀》中記載：「（厲）王行暴虐侈傲，國人謗王。……王怒，得衛巫，使監謗者。以告，則殺之。……王益嚴，國人莫敢言，道路以目。……三年，乃相與叛，襲厲王。王出奔於彘。……厲王太子靜匿召公之家，國人聞之，乃圍之。……」

周厲王殘虐無道，結果就引發「國人」的攻訐批評。厲王就叫衛巫負責監管，找到批評者就抓來殺掉。用這種恐嚇統治，國人不敢再明目張膽地批評了，只能在路上彼此交換眼色。為了此事，召公前去勸誡厲王，但厲王不聽。三年之後，國人起而推翻了厲王，厲王逃到彘，失去了實質的王權。

不只如此，厲王太子靜藏在召公家裡，國人聽說後就包圍了召公家，要抓太子靜，經過召公的勸說才放過太子。

這樁重大事件的關鍵主角，是「國人」。國人不是一般平民，他們住在城裡，他們的支持對統治者來說是不可或缺的，他們也有能力集結起來「相與叛」，連周天子都會被他們趕走。

《孟子．梁惠王下》中也有這樣的說法：「左右皆曰可殺，勿聽；諸大夫皆曰可殺，勿聽；國人皆曰可殺，然後察之；見可殺焉，然後殺之。故曰：『國人殺之也。』如此，然後可以為民父母。」

這裡一層層開展，先是在左右服侍的人，然後是輔佐公職的諸大夫，再來就是國人。而以國人的意見最為重要，遵照國人的意見殺了這個人，就可以說是「國人殺之」，也就不會引來國人的反感。國人的影響力就是如此巨大。

在城裡，統治的權力建立在國人的支持、同意上，這個時代的封建領主沒有那麼大的權力可以為所欲為。

同樣也在《孟子》書中，孟子給國君的政治建議就包括：「請野九一而助，國中什一請自賦。」這裡的「野」和「國」是分開並列的，國中的居民有野人、有國人，兩者身分不一樣，因而稅賦有不一樣的計算方式，也有不一樣的抽稅方式。野人在封疆之內，有封疆的保護，但不住在城裡，遇到有事時，外敵一越過「封」就進到他們的地方了；國人卻有城牆進一步的保護。野人散居城外，人數也不會太多，他們的政治影響力自然遠遠小於國人。

08 國人vs.野人，封建部隊vs.被征服者

「國人」怎麼來的？

國人的核心成員，應該就是封建程序中的「賜姓」所賜的姓族。姓族的構成大約分成幾個部分。一個部分是周人自己的親族，以姬姓部族為主，加上長期和周人聯姻合作、深得周人信任的其他姓族，如姜姓。

另一個部分是「殷遺民」。二次東征之後，周公確切理解到不能不處理商人的殘留勢力。作為先進民族、之前的共主，商人可沒那麼容易被消滅。周人不得不進行二次東征，正是因為錯估了商人勢力的影響，在第一次翦商之後，只留下「三監」在東方應付局面。

兩度打敗商人，周人仍然不敢低估商人的勢力，也就不敢用純粹高壓的方式對待商人。周公的政治智慧，表現在半邀請半裹脅地讓殷遺民參與新的封建大業。幾個重要的東方封地連帶賜給幾個殷遺民姓族，如此一來，既能善用商人先進的技術和知識，又能降低商人的敵對意識，還能將商人的殘餘勢力化整為零。這些殷遺民去到需要武裝殖民經營的陌生地，不得不認同人數較多的周人，協同合作；而且殷遺民從此散落各地，不會再對「成周」產生那麼大的威脅了。

另外還有一部分可能是專業人員，尤其是武裝作戰和夯土築城方面的人員。這些人可能就包

括在周人與殷遺民的集團裡，也可能另有別的專業姓族（包括夏人的姒姓）可供動員。

靠著武裝作戰及夯土築城上的優勢，這些「封建部隊」得以占領土地，然後建起城來自我防衛。本來沒有城的地方新築起城，首批住進城裡的當然就是這些人，他們是「國人」的主體。

相對地，被征服的原有居民是新來殖民者需要防範的對象，很自然會被圍在城外，就成了最早的「野人」。隨著時間推移，部分野人會進城來變成國人，也有沒落的國人在城裡待不住，搬出去變成野人。

「國人」的角色在中國古史上極為重要。他們應該就是這波龐大建城浪潮中的主力。一方面靠著他們較為先進的技術能力，一方面靠著他們去到陌生地方被激發出的自保動機，才會使得中國土地上在這段時間裡出現那麼多的城、那麼多的國。

09 儀式頻率，像由內而外的同心圓

前面提過，每座城的約略大小是三百公尺見方。城外的封疆呢？大約每邊五公里，周圍二十公里。如此構成了一個封國。封國與封國之間存在著廣大的中間地帶，就是「鄙」，既不屬於這

國，也不屬於那國。那個時代有封疆，但沒有明確的國界，因為國與國並非緊密相連，離開這國就進入那國。

眾多的國散布在這塊土地上。《老子》的政治理想中有一項是：「小國寡民……鄰國相望，雞犬之聲相聞，民至老死不相往來。」其實就是回復東周之前的情況，國很小，人不多，國與國之間有「鄙」隔開，所以「不相往來」，也不會有國土邊界糾紛。如果在「野」的話，和鄰國的「野」具體的距離並不遠，又能「雞犬之聲相聞」。

春秋戰國時的巨變之一就是「闢封疆」，把本來畫出疆界的「封」給剷除掉。國與國之間失去中間地帶「鄙」的緩衝，互相緊鄰，彼此侵奪，造成衝突不斷、爭鬥不休的局面。

回頭看，從西元前第十一世紀到前第八世紀，西周維持了長達三百年的和平，這種城與城之間相臨卻又不交接的狀態是關鍵的因素。大家都有易守難攻的城保護，阻卻了掠奪的動機，各個封國也就能夠在相對安全無虞的環境下，致力於農業生產的進步。農業生產提升了，就更不需要去搶去奪。如此形成一個和平與繁榮的正向循環。

我們需要以這樣的地理實況，重新理解、重新想像西周的歷史。周天子所在之處不是紫禁城，周王城的模樣也和北京城大不相同。周天子直接統治的區域並不大，其他絕大部分地方都分封給其他諸侯了。即使在周天子的統治區中，也都還是諸城並立的局面。天子所在的城可能比其他城大些，但不會是唯一的城。這座城中居住著眾多國人，國人和天子之間往往有著密切的宗法關係。天子對諸侯，甚至天子對王畿之城內的國人，都是依照宗法的規範來行使權力。

周和後來的朝代大不相同。周的實體，是上千個到處散布、具有相當獨立地位的城，這些城藉著封建和宗法組合成一個系統。這個系統龐大卻細密、鬆散卻明確，維繫了西周幾百年的和平發展。

對於這套系統，古代文獻有不同說法，一種是所謂的「九服」，另一種少一點，只有「五服」。不管是九服或五服，依循的是同樣的原理，都是由內而外的同心圓。

「九服制」最裡面的一圈是侯，侯外是甸，甸外是男，然後一層層往外：采—衛—蠻—夷—鎮—藩。這是《周禮》中的說法。《國語．周語》記錄的則只有「五服」：「邦內甸服，邦外侯服，侯衛賓服，夷蠻要服，戎翟荒服。」也就是從內而外，分別是甸—侯—賓—要—荒五種等級。

《國語》中進一步說明了「五服」的區別：「甸服者祭，侯服者祀，賓服者享，要服者貢，荒服者王。」由近而遠，不同的「服」有不同的儀式來維繫其關係。《逸周書》裡有類似卻略有差別的文句：「甸服者祭，侯服者祀，賓服者時，要服者歲，荒服者世。」綜合兩種說法，我們可以清楚看出意思來。

不同的「服」，有義務參加不同的儀式，而這些儀式最大的區分在於頻率。「甸服」就在王畿之內，所以需參加經常性、幾天就一次的「祭」。「侯服」稍遠些，所以每個月參加一次「祀」。「賓服」又更遠了，所以按「時」，也就是依照季節來參加儀式。再遠一點的「要服」，就來參加「歲」，顧名思義，那是一年舉行一次的儀式。最遠的「荒服」，那就每「世」來一次，要嘛是諸侯死了、兒子繼承，不然就是天子死了由兒子繼位，一世參加一次儀式。

《周禮》成書於戰國時代，《逸周書》來歷不清楚，「九服」和「五服」的說法不能直接視為西周的歷史事實。歷史事實應該沒有那麼整齊、規律，不過其中由近而遠的儀式安排，卻標示了周代上千個「城邦」的組織原則。

兩種距離在這個組織中重疊——空間上的，和親族宗法關係上的。空間地理上愈近的，關係也愈近，同時就必須承擔愈大的義務。距離近，周天子的影響力大，不服從的空間相對也較小；距離遠，周天子的影響愈來愈間接，也就不會給予那麼多、那麼頻密的儀式義務。不只是和周天子間的距離，所有的城與城之間的關係，都依照這個原則結構起來。

巨大的系統依靠不斷的儀式來維持。周天子是個儀式中心，外圍的諸侯依照距離和他發生不同頻率的儀式關係。不同層次的諸侯，也是不同層次的儀式中心，較低階的分封者依照距離在不同時間到他這裡來盡儀式的義務。每個人都有對上對下的儀式位置，日常參與儀式，也就一次次認知自己和其他人之間的權利、義務，這是周代政治運作最關鍵的力量。

10 爵制崩壞，讓國愈大、城愈小

這套系統中另一個重要因素是「爵制」，用來分辨、標示不同層級高下的。後來的說法將「爵制」統一為「公、侯、伯、子、男」五爵制，也就是分成五個高下等級。還原古史實情，顯然不是一開始就有這麼整齊的五爵，等級及其相應名稱也是隨著時間逐漸整理變化的。

比較清楚的是，「爵制」變化形成中，公、侯是一組，伯、子、男是另一組。公、侯的地位明顯高些，但兩者卻不是截然的上下關係，公不必然高於侯。公與侯之間有著基本性質差異，公的身分來自出生序，來自輩分。在親族關係中和周天子夠靠近，而且輩分又比周天子高，那麼分封時得到的稱號就會是「公」。侯則表示是靠著軍功或承擔軍事責任，而得到這樣的分封位置的。那是個軍事爵位，侯意味著要負責保護周天子，在重要的地方守衛。

若是和周天子同輩，分封時得到的爵位就只能是伯；輩分再低，就分到子。而男和侯一樣，也是任務型封爵，承擔更遠一點、重要性低一點的軍事責任。

分封賜爵，每位諸侯有其爵位，爵位就固定了諸侯在這個以周天子為圓心的同心圓裡的位置。更進一步，每位諸侯也就依照其爵制高低，有了和其他諸侯之間的固定行為模式。城與城之間的事務，不可能也不需要都回到圓心訴諸周天子來解決。如果發生糾紛，第一步是先考量爭執兩造的相對身分，然後就近找到一個比雙方位置都高的人來仲裁、協調。爵制是一套明確的安排，規範城與城、人與人的高下關係，誰聽誰的，誰有權力介入誰的日常事務。

這套分辨高低的爵制在西周建立，一步步發展變化，後來並未隨周滅亡而消失，進入秦漢，擴大為「二十爵制」，將所有奴隸以上的人都包納其中。漢朝時，大漢帝國的子民，每一個人都有「爵」，都有一個等級身分，而且不時會上升或下降。人的身分高低細分為二十個不同等第，朝廷可以藉由「賜爵」、「奪爵」的獎懲來掌握人民，是統治上很重要的手段。在帝國的建立與維持上極度重要。

在周代，只有貴族，直接由周天子分封的，才有「爵」。分封的諸侯有「國」有「爵」，而國與國之間的關係，基本上就由爵來規範、決定。這個國君屬於怎樣的爵位，他的國和周天子、和其他國之間就產生了相應的高下主從行為模式。

從西周到東周，一個重大的變化在於「爵制」不再能夠充分管束國君行為。爵制系統的逐漸失效，背後又有宗法制的危機。本來清楚明白的宗法，隨著一代一代親族不斷擴張，產生了複雜的錯亂現象，更產生了混淆與疏離，太多代的關係愈來愈難弄明白，導致人與人之間的關係不再那麼確定，維繫親族宗法的儀式也必然荒廢，於是爵制帶有的羈絆、管制力量就愈來愈小。

本來大家都是親戚，都按照親戚關係來行事，時間久了之後，親戚系統太大太亂了，即便依舊認定彼此是親戚，究竟是怎樣的親戚，誰也弄不清楚了，相應地，當然也就沒有了原先親戚間的情感與忌諱。發生了糾紛，也就不會再依循既有的親戚長輩管道來協調，於是發生糾紛的機會愈來愈多，解決糾紛的辦法卻愈來愈少。

武力、征戰就變成解決糾紛最主要的手段，甚至是理所當然的手段了。加上這個時期，鐵器鍛造技術大為提升和普及，武器的破壞力、殺傷力大增，原先城與城之間和平共存的局面就快速毀壞了。

那段時間裡，攻城的器具與技術大幅提升，相對地，城的建築與守備卻沒有太大改變。直接的影響，就是城快速失去原有的保衛優勢。城牆不夠高，城也不夠大，在高梯與鐵器雙管齊下的攻擊中，很容易就陷落了。連帶著，本來各個小城的獨立性也跟著快速淪喪。

原本的常態是一個封君管一座城、守一座城。開始有了攻城掠地的做法後，一個封君會有兩座城、三座城、更多座城。很顯然地，這種狀況不在舊有封建制的規畫安排範圍內。於是從西周到東周，國的性質與意義改變了，「雞犬相聞」的「小國寡民」由現實變成懷舊的理想。國的規模愈來愈大，國和城原本的聯繫斷開了，一個國有愈來愈多座城，到最後，終至將封建制也一併推倒了，不再以分封的方式管理城，改為選派官職人員，那就成了郡縣制。

從西元前七七一年平王東遷，到西元前二二一年秦統一六國，費了五百多年的時間，從封建制演變為郡縣制，或說由「封建」演變為「帝國」。過程中，本來一體兩面的國與城分離了，國愈變愈大，地位愈來愈高，最終只剩下一個國，一整個帝國直接統納所有的城；相對地，城的地位就不斷陵夷下降，直到徹底失去了一切的獨立性，變成帝國系統中一顆顆小棋子。

第五講

從封建到諸國

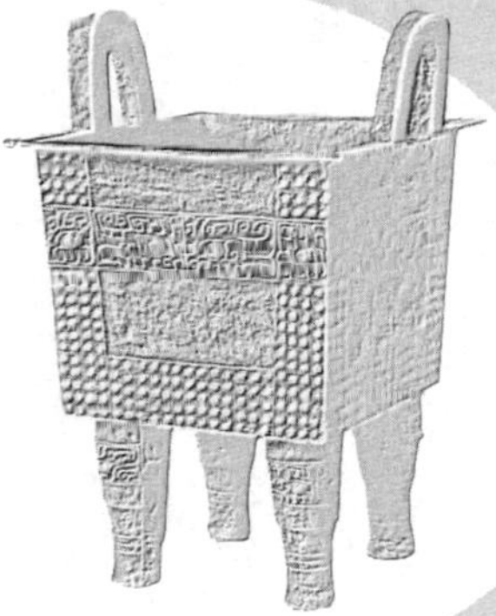

01 以人物為中心的歷史誤讀

從新石器時代開始一路談下來，幾乎沒有談到什麼人物。這應該算是一種不太一樣的認識中國歷史的方式吧！

一般理解的中國歷史不是這樣。講中國歷史，最普遍的、最理所當然的講法，是以人物為中心。從教科書到通俗讀物，幾乎都是這樣安排的，歷史，好像就是由一連串的人名構成的。

站在史學工作者的立場看，不同的歷史敘述，背後帶著不同的價值，傳遞不同的態度觀念。過去中國歷史的理解方式，最突出卻又太普遍以致難以察知、反省的價值，就是以人物為中心，過度強調人物的重要性。潛移默化下，我們看待歷史事件，考察歷史變化，心中很自然浮現的問題是：「誰做的？誰造成的？」連帶地，也就將找到那個人、指出那個人當作是歷史的解答。

一個時代創始於一位開國皇帝。一個朝代結束在最後一名皇帝手中。一個事件有事件的主導者，要為事件負責的人。這是我們認定的歷史知識主要內容。都是「人」，都和特定人物有關。

回想一下，你對唐代歷史知道什麼？留有怎樣的印象？你知道唐太宗、唐明皇、楊貴妃、安祿山加上李白、杜甫，是不是這樣？你知道「貞觀之治」，但對「貞觀之治」具體內容的印象，是魏徵對於唐太宗的勸戒。唐代由盛而衰的關鍵事件，大家都知道是「安史之亂」，為什麼叫

「安史之亂」？因為安祿山和史思明，兩個人、兩個人名取代了事件。

這種認知方式到了近代更為嚴重，因為要考試。考試要有標準答案，真實的歷史現象很難描述、更難解釋，根本不適合要有標準答案的考試。相對地，人名最好考。於是中國歷史就用這種方式簡化為一連串的人名，好像記得所有人名，就知道了中國歷史。

02 將歷史之眼從人物身上鬆開

今天講到清代歷史，「辮子戲」看多了，很多人都會背滿清皇帝的帝號。順治、康熙、雍正、乾隆、嘉慶、道光、咸豐、同治、光緒、宣統，用這些皇帝將清代的歷史串起來，也用這些皇帝的作為來解釋清代歷史變化。

如果出個考題問：「清代由盛而衰的關鍵因素是什麼？」和解釋唐代由盛而衰一樣，大部分人選擇答題的方向，也是先找一個人或幾個人——乾隆皇帝晚年，和珅掌權，這兩個人名就是最好的答案。

用乾隆皇帝與和珅兩個人名來回答「清代由盛而衰的關鍵因素」，不能說不對，但不夠。如果我們願意將歷史之眼從人物身上鬆脫開來，去看看其他的面向、其他的領域，就會發現和乾隆、和珅同等重要，甚至更加重要的變化肇因。

例如看看農業生產上發生的事。康、雍、乾三朝一百多年的時間內，中國農業有了巨大的變化。主因是來自東南亞的「秈稻」引進中國，不斷擴張了種植的面積。秈稻對於生產條件的要求低於原來的品種，使得許多本來不能產稻的地區都開始生產稻米，而且秈稻的產量也高於原來的品種，更高於那些土地原本生產的穀類作物。

秈稻的普及創造出的農業生產效果，再加上康、雍、乾三朝的長期和平，使得中國的人口在這段時間中飛躍成長。從康熙初年的八千萬左右，快速增加到乾隆晚年的三億左右，等於是增長了三倍。秈稻引領的農業變革，使得這塊土地上能夠長養出三倍的人口；長期和平沒有戰亂，又大幅降低了死亡率。人愈來愈多，多到一定程度，原有的社會制度就沒有辦法應對新局面了。

一個直接受影響的面向，是土地分配。中國社會的繼承制度，名義上是嫡長子制，實質卻是諸子均分制。在家譜上，嫡長子繼承家業名分，但往往在父親去世前後就「分家」了。分家的過程中，父親擁有的財產以大致均分的原則交給各個兒子。財產中最重要的就是土地，分家的實質內容就是分配土地，就算不是均分，基本上每個兒子都會分到土地。

於是土地愈分愈細，人口增加愈多，每一家平均能分到的土地，也就在一百多年中快速地愈縮愈小。土地小，能夠提供家戶的風險保障跟著愈來愈低。就那麼一點土地，必須精耕每一寸土地才能養活家人，稍遇一點天災人禍的打擊，生產上就無法承擔了。到後來，甚至不需要天災人禍，光是因為土地細分帶來的不安全感、不斷挫折，就足以使得社會動盪不安了。

道光朝出現了「太平天國之亂」，又稱「洪楊之亂」。「洪楊」指的是洪秀全、楊秀清，又是用兩個人，用兩個事件的領導人來代表事件、來理解事件。但「洪楊之亂」有比洪秀全、楊秀清兩人更重要、更根本的起因，那就是中國農村土地制度的瓦解。而造成土地制度瓦解的力量，又是百餘年和平、繁榮帶來的人口增長。

這些都不是從人物的角度能看到、能解釋的。從乾隆、和珅與宮廷鬥爭，我們看不到中國人口的急遽增長，更何況人口增長不單純只是數量上的現象。百餘年間人口翻了三倍，連帶的效應必然包括人口結構的改變，尤其年齡結構，年輕人的比例大幅提高，沒有出路的恐慌帶來巨大的社會壓力，進一步使得原有的社會機制失靈。

這也是歷史，都是歷史。史學家黃仁宇一直在提倡「大歷史」的眼光與視角，他認為，歷史當中有太多事，我們必須放寬視野才看得到。放寬視野，甚至會讓我們對歷史人物產生不一樣的評價。

從人物的角度看，我們讀過對於乾隆晚年的分析與批評。他自封為「十全老人」，在位太多年了，以至於對政事政務不再用心，老邁昏庸，埋下了嘉慶朝之後的動亂根源。然而如果將視角放大，納進包括人口數量與結構的改變，納進貫時性的長期比對的話，我們會看到不一樣的中國，不一樣的問題。

從「大歷史」的角度，黃仁宇看到的問題是，乾隆根本無法掌握、更無法理解境內人口變化的意義與衝擊。而且這不是乾隆一個皇帝的問題，是一代一代中國皇帝的共同盲點。用他的說法，中國皇朝政治，整個中國制度一直是「數字上無法管理」（mathematically unmanageable）的。

中國從來沒有建立一套數字管理的系統。在北京的統治者，根本無法如實細膩地掌握、理解那麼大一塊土地。這塊土地太大，而且地方差異性太大，在沒有數字資料協助的情況下，皇帝及朝臣們只能用一種粗略的方式來治國，那就是找到各地最基本的公約數，以最低標準為標準。沒有多元化的政策思考，政策必須各地通用，也就意味著只能設定最低限度的政策，依照國內最低度發展地區的水平來訂定政策。這樣的政策怎麼可能應付變局？

看歷史，可以有、也應該有各種不同的角度。看人物，從人物來看，是一個角度。但不幸的是，在中國史的認識上，人物被放大了，好像歷史裡只有人物，只有從人物來看歷史這一種角度。有時候，我們得試著離開人物，看到更大、更豐富的歷史。

03 周公：第一位「歷史人物」

從人物的角度看中國上古史，會有特殊的困擾。中國古史上的許多人物，明顯介於神話與事實之間。關於他們的種種描述，一來出現得很晚，二來和更實證的考古資料對不上。三皇五帝，堯舜禹湯，他們的故事有太多不可信的部分，又有更多根本無從驗證的部分。這些上古人物大部分出現在戰國時代，來自於戰國特殊思想環境下的想像，沒道理把他們直接視為古代史實。

用錢穆先生的說法，到周公之前，中國歷史的主要動力是群體性的，那樣的環境還沒有足夠的條件讓個人能夠發揮較大的力量與關鍵的影響。因而在周公之前，我們對中國歷史的探究理解，也就應該相應地以集體、群體的眼光，看部族之間的互動，看集體文化的成就與突破。從新石器時代一路下來，我們看的是一個個「文化」，無法更細部地去看一個個人。我們無法認識個人，只能認識他們在群體生活所留下來的遺跡。

錢穆的看法，寫在一篇文章〈周公與中國文化〉[9]裡。對於他的看法，我們可以有一些補充。運用馬克思主義的歷史觀點，我們能夠理解，要讓個人發揮作用，需要一定的政治體系。原始氏族環境下，政治權力的安排方式基本是集體共權式的，部族內部成員的權力分配相對平均，沒有高度的層級劃分，在大家權力都差不多的情況下，不會有後世認定的「人物」，也就不會有「人物史」。缺乏權力機制與結構，無法讓單一個人能夠做出改變眾人的事。不能影響眾人、改變集體，也就算不上是「人物」。

9　可參考錢穆，〈周公與中國文化〉，收錄於《中國學術思想史論叢》第一冊（臺北：東大圖書，一九九〇年）。

依照錢穆的說法，中國歷史走到周公的時代，才有了讓「人物」崛起的成熟條件，所以可以把周公視為第一位「歷史人物」。除此之外，以周公作為第一位歷史人物還有另一個理由：我們對周公的史料掌握，遠超過在他之前的任何人。換句話說，我們相對比較有把握能將周公視為一個真實的「人」，而不是一組後世拼湊起來的「神話」。

《史記．殷本紀》中羅列了商代諸王的名字，其中大部分名字又在甲骨文中出現，確證了他們的存在。然而從《史記》到甲骨文資料，我們能得到的畢竟只有名字，頂多加上一些片段零星的事件，不足以勾勒出一個人物。沒有足夠資料讓我們理解這個人一生中究竟做了哪些事，發揮過怎樣的影響力。

周公不一樣。文獻史料上留下來的記載，比商王們要多得多。例如從《尚書．金縢》中，我們能夠看到他在哥哥武王重病時的反應——向天祝禱，願意用自己的性命替換哥哥。那是一種「人」的反應，留下了從「人」的角度來認識、理解的空間。

更重要的，還有龐大的周代金文材料。這些鑄刻在青銅器上的文字，是最堅實、最可信的周代記錄，經過幾百年金石學到古文字學到考古學的多方考證研究，可理解的周代金文至今已經非常豐富。

04 周公的「二次東征」與布局

能夠有效解讀的西周金文，當然不是每一篇都提到周公。然而將許多沒有直接提到周公的金文內容放在一起，加上和古文獻比對，卻能勾勒出周公的決策、作為，以及他長遠的後續影響。

周公最大的作為，當然是設計並推動了封建制。關於封建的實質內容及做法，沒有任何早於周公的記錄。雖然名義上，周代開始於武王伐紂成功，不過定義周代最核心的制度，對中國歷史發生了不可磨滅作用的封建制，卻是在周公的手中才出現。雖然名義上，封建制是在成王的時代開始進行，不過史料上清清楚楚顯示，周公而非成王，是封建制背後真正的設計者與強悍堅決的執行者。

透過金文材料，我們了解了封建的實質內容，也修正了過去的誤會。對於中國古史，過去最常有的誤會，是關於商、周之際的變化。未經檢驗的印象想像，認為商人控制了龐大的地理區域，周人從西方壯大崛起，翦商之後，就承接了商人控制的區域，然後將這些區域分封給不同的人，負責管理一塊塊的地方，是之為「封建」。

現在我們知道了，封建沒有那麼簡單。封建的關鍵核心，不在「封」——將土地分封分配出去，而在「建」——受封者得到的不是現成的領土，毋寧是一項指定任務，要他們在那個區域

「建國」，成立有效的管理統治。

周代的成立沒那麼簡單，沒那麼便宜。對於廣大的中國領域，商人並未有實質、直接的控制。金文忠實記錄了周人的辛勤努力，翦商是他們政治擴張的開端，不是完成。而在翦商之後，決定周人必須繼續擴張的，不是武王也不是成王，而是周公。找出有效的擴張方式，並貫徹意志予以實現的，也不是武王或成王，是周公。

周公是中國歷史上第一個以個人身分，在關鍵時刻做出關鍵決策，因而創造了百年以上長遠影響力的「人物」。

武王率領聯軍打入朝歌，商紂王自殺，傳統上將這個事件視為周代的開端。但其實要將當時的局面視為新朝代的建立是有問題的。因為實質上，周人活動的主要區域，仍然限於西方的「周原」，對於東方，他們交還給武庚祿父繼續管理，只安排了武王的三個兄弟在一旁監視。換句話說，周人滿意於取得商人表面、名義上的臣服，並沒有要真正取商人而代之的野心，也不覺得自己真有那樣的實力可以做到。

真正的巨變，發生在武王去世之後。周人自身的繼承動亂，引發了「三監之禍」。史料上沒有辦法確認在武王兄弟中，周公究竟排行第幾？但綜合各種說法，很有可能管叔、蔡叔長於周公。武王死時，周公留在周原根據地，管叔、蔡叔卻遠在東方，繼承過程中周公得到了遠高於管叔、蔡叔的權力，於是引起管、蔡的強烈不滿。

史料上也沒有辦法確認，武王去世後，周的權力繼承到底發生了什麼事，周公是以攝政的身分掌控年幼的成王，還是自己稱王？如果周公自己繼武王即位，那當然是違反周人「父死子繼」慣例的，管叔、蔡叔更有理由覺得無法接受。於是派駐在東方的分支勢力，這時就挾商人原有的資源，攻擊宗周。

在此危機時節，周公做了第一個重大決策——決定不和東方勢力妥協，強硬發動「二次東征」。下這個決策時，另外一位權力人物發揮了作用，這人是召公。周、召聯合，對抗管、蔡，這是不折不扣的周人內鬨、諸姬相爭。以西方的實力，周、召這邊壓過了東方的管、蔡，進而周公自己進駐東方，由召公留守宗周，保護後方。

二次東征因管、蔡不服周公繼承權力而起，卻沒有在管、蔡被壓服之後結束。一次東征速戰速決，二次東征相反地極其漫長，進而和後來封建的成立連接在一起。從三監之禍開始，周公帶領的勢力向東延展，歷經成王、康王、昭王、穆王至少四朝，東向擴張的活動一直持續進行著。

二次東征布局的第一步，周公在平定管、蔡之後，新建「成周」作為在東方的大本營。在成周布置了「西六師」，也就是將從西方周原帶過來，最能信賴的六個軍團的力量放在這裡壓陣。

接著，再往東一點，建立了新據點「衛」，在這裡布置了更龐大的軍力「殷八師」。衛的作用，顧名思義是作為成周的前哨，保衛成周。這是個戰略要點，因為就在商人原來的政治中心「殷」這個地區，「殷八師」指的是負責看管、防守安陽一帶，舊殷之處的八個軍團。

派康叔去建立「衛」，既是二次東征自然的後續發展，同時也是封建的開端。循此模式，愈來愈多的東方領域分封出去，周人的勢力也就透過「分封建國」的步驟，不斷向東開拓。

05 封建的本質，就是武裝殖民

周人對自己的歷史世系，留有很多記載。在文王之前的發展中，他們最看重的先祖，一位是公劉，另一位是太公，而這兩位先祖受重視的理由有類似之處。

依照周人自己的說法，公劉之前，周人流竄於戎狄之間，是公劉帶他們渡過渭水，到達「豳」，也就是關中平原。公劉帶他們離開了戎狄式的生活，進入文明。《詩經．大雅》中清楚地描述了公劉將周人帶到這裡，趕走當地原有的住民，開闢出一塊新的農業土地來。周人定居、發展農業，是從公劉這世開始的。

那太公呢？太公再度帶領周人遷居，來到「岐下」，也就是「周原膴膴」的周原。周人來到之前，這個地方有「混夷」居住，太公帶領周人趕走了可能並不從事農業生產的混夷，將這塊肥美的土地付諸農業生產，為周人創造了更繁盛的生活。

將公劉和太公的故事放在一起看，我們赫然發現，原來周人有武裝殖民的傳統，至少存留著武裝殖民的鮮活記憶。他們的崛起，就是靠兩次關鍵的武裝殖民：第一次公劉帶領打下豳，移居到豳墾殖；第二次太公帶領拿下周原，再度移居到周原墾殖。部族發展遭遇瓶頸、困境時，武裝殖民是最佳的解決辦法。

這樣的部族記憶，對周公的決策應該有相當的影響。二次東征後，他處理東方問題的基本方針，就是啟動傳統的記憶，發動新一波規模和野心都遠遠超過先祖公劉與太公的武裝殖民運動。封建的本質，就是武裝殖民。

周公的智慧不只在於決定在東方佈滿封建區域，更在於選擇派什麼樣的人到什麼樣的地方進行封建。找到對的人，給他對的族群勢力，指定一塊特定的地點，讓他們前往，先征服，征服之後定居再墾殖發展，這是封建的實質內容與程序。這樣的程序當然不是一天兩天能完成的，封建不是現成、簡單的派任，派去了、上任了就好。「我來、我見、我征服」，然後還要「我墾殖」，一步一步辛苦前進，才能完成封建的任務，才產生了西周林立的諸「國」。

這就是為什麼封建的過程，前後要花四十年的時間，從成王一直到穆王。從時間的角度看，周公訂定下來的封建策略，到他死後仍然忠實地信守推動著，換了好幾位天子，封建大業並沒有停頓，也沒有改變。

這是周人的政治智慧，也是他們之所以能為中國文明奠定堅實基礎的根本理由。周人是一群政治奇才，他們最早意識到什麼是「統治」，最早設計出有效運用全力達成統治目標的方法。周公是這份智慧的核心、標竿人物，然而這樣的政治能力，顯然不是周公一人所擁有的，在周公之前有其來歷，因而即使周公不在了，封建還能持續穩定地進行下去。

06 封建動員策略：層層分封

後世看周代歷史，看到從西周到東周的變化，戎狄從西邊進來，迫使平王東遷，結束了西周，留下了周人的敵人和威脅來自西方的強烈印象。然而還原周人興起的歷程，其實東方而非西方，才是真正讓周人頭痛的禍患所在。

歷史上真正發生的事，是起源於晉南的周人往西遷移，在周原找到了堅實的根據地，然後開始漫長的東向發展。他們先打入商人的核心地區，再藉封建武裝殖民的方式一步步東進，將東方的廣大土地一塊塊變成他們的封國。這樣東進發展了兩百多年，卻被戎狄從自家後門打進來，於是倉皇放棄原本的根據地，將政治中心遷到東方。

東方是農業的先進地帶，也是夏人和商人崛起的根據地。作為後進的力量，西方來的周人對東方並不具備優勢，甚至先天上處於劣勢。以周人的條件，要征服東方、管理東方，絕對不是理所當然的事。從這個角度，才更能看清楚周公的封建策略有多重要，而周人能夠長期維持封建的努力又有多難得。

周公所面對的「東方問題」極其艱鉅，沒有驚人的智慧是無從解決的。首先，從人口上、資源上，周人連和「大邑商」相比，都顯得很小、很少，更何況是和連商人都不曾真正有效統治的廣大東方領土比。光靠周人本身，要征服、進而長期有效統治這麼大的地方，根本就不可能。

周公建立的，是一套複雜的多層次聯合體系。第一個策略是「大封同姓」，將同族的周人放在這套聯合體系的最中間，作為封建動員的核心。沒有人喜歡到陌生、危險的地方去，更沒有人喜歡到不熟悉、沒有把握的地方打仗。周公給予明確、清楚的動機——如果能夠征服這塊地方，那就是你的，你不是為任何其他人、其他原因冒險進犯，你是為了自己，為了替自己找到一塊新的根據地，就像當年公劉或太公帶領周人找到新根據地發展一樣。

於是在很短的時間內，所有姬姓的周人全都動員起來，全都成了一個個「小公劉」、「小太公」，組成武裝部隊，朝向東方征服陌生的土地。

周公的第二個策略，是尋求其他古氏族既有勢力的合作，讓他們成為這個體系的第二圈。在這裡，封建成了拉攏古氏族、與他們建立關係的手段。周人公開地將原本就存在的舊勢力納入封建的新制度中，凸顯這些古氏族，當然有助於讓他們和商人的聯繫解紐。二次東征之前，周人沒有實質接觸這些舊勢力，只要求他們將名義上接受的共主，由商轉為周，純粹是形式上的。但在二次東征之後，藉著封建，周人直接面對這些古氏族，也就等於明確地斷開他們原本和商人的關係，轉而納入周人的新系統、新秩序裡。

周公的第三個策略，是讓兩次戰敗的商人，也在這個體系裡取得正式的位置。其中一個位置，就是將商人的核心區域也建立為一個封國，那就是後來的「宋」，立微子啟為「封君」。如此，商人的地位被貶謫為和其他古氏族、其他新建封國平等，只是諸國之一，失去了特殊的高度。不過，周公同時又將「殷遺民」分配給其他封君，讓他們一起帶去進行武裝殖民，還是為商人保留了一個不一樣的角色。他們除了有自己的封國之外，還受邀當周人封建大業的夥伴，隨著周人到各個不同地區進行拓墾。這樣的兩手策略，有效地解除了商人殘餘勢力對周人的威脅。

用這三個互相扣連的策略，周公架構起封建體系。而隨著封建的拓展，其他從新石器時代就已經存在的部落，也就慢慢地視其大小，在不同時期、用不同方式被編組進入封建裡。封建的長處之一，就在其高度彈性，一層層分封，大的古氏族由周天子封為諸侯，小一點的既存部落就由各國視狀況封為大夫，甚至由大夫再往下分封。如此一圈一圈、一層一層，周人有效地將整個中國地區編組為一個有機的政治體。

07 昭穆制：輩分認同與同輩共權

周人原本就有武裝殖民的經驗，而且到商代晚期，周人內部已經建立起明確的族長制。族長握有很大的權力，部族內部顯然也已高度分層化，組構了一個層級（stratified）的社會。

西伯昌，也就是後世所稱的「文王」，是一位能力卓越的族長。從各種史料上看，文王的本事與成就，都指向於高度的聯盟手腕。他懂得如何利用周人的資源去籠絡附近的各方勢力，環繞著周人建立起一個能夠有效協同運作的組織。這是周人快速壯大的祕訣，也是商人不得不接受他為「西伯」的主要原因。

如果不是族長制，如果不是擁有巨大的權力運用並能分配資源，文王就推動不了這樣的聯盟。而要將資源集中供族長分配，這個社會的內部也非得有嚴明的層級分別不可。層級化是在這種生產低度發展階段時，能讓資源集中累積的唯一辦法。層級化的社會有助於周人在西方崛起，然而等到周人勢力進一步升等，開始進行封建動員時，原本的優勢很快就變成問題。

層級化的社會中，不同階層的人不會有完全一樣的利益認同。動員向外武裝殖民，離鄉背井前往陌生的地方，忍受各種未知的考驗與折磨，艱鉅、痛苦是眼前的，收穫、發展卻在看不見的未來。要如何說服大部分人投入這樣的工作中？在權力中心、高層的人，知道擴張的必要性，也明白一旦封建成功了，領有封國可以帶給他們多大的利益，但是權力位階沒那麼高、底層的人呢？他們為什麼要放棄既有的安全保障，參與追求看起來沒有什麼切身好處的事業？

周公另一項了不起的政治智慧，就在看到了這個問題，及時處理了這個潛在的麻煩。他積極提倡、復原了周部族組織中的一項傳統制度，凸顯其重要性。這個制度就是「昭穆制」。西周有昭王、穆王，但昭穆制並不是以他們命名的，其存在遠早於昭王、穆王的時代，甚至是倒過來，接連兩代的周天子叫做昭王和穆王，是因為有昭穆制，受昭穆制的影響。

昭穆制其實是很原始的社群組織原則，不是什麼複雜的東西。它的核心是輩分區分，也就是突出輩分認同，同一輩的人形成一個緊密認同的團體，追求團體的共同利益。

「昭」和「穆」是對於不同輩分的固定劃分稱呼。一代昭、一代穆，不斷輪流。父親是昭輩，兒子就是穆輩，孫子又變成昭輩，曾孫則又是穆輩。昭穆制的起源很單純，在那個人壽不長的時代，正常狀況頂多就是三代共存，所以用兩個不同名稱就足以明確分出輩分了。

臺灣有些原住民部落到現在仍然保留了「會所制」，尤其是有獵人傳統的部落，會所制的力量很強大、很普遍。會所制就是少年長到一定年紀，要離開家住在會所裡，和同年齡的其他少年一起居住、一起長大。如此一來，同輩之間的情誼甚至會高過對家庭的認同。長大之後，他們理所當然和同輩的人一起去打獵。遇到山豬等猛獸，單獨的獵人就等於是死獵人。打獵必須互相幫助，彼此保護。誰來幫助你？誰來保護你？是你最能信任的人。對於會所制中長大的人來說，他沒問題，一起長大的同輩友伴就是他最能信任的人，也就是他打獵時的依靠和保障。

會所制中必然有一種同輩平等的精神。不管你來自哪一家、是誰的兒子，進到會所裡就都是同輩，同輩身分超越一切，把我們連結在一起。有會所制的部落，在社會組織上必然相應地發展出一定程度的「共權制」或「分權制」，同一輩的團體中，每個成員有著大致相當的權力。

周人的昭穆制也是著眼於輩分認同，同輩的人組成一個團體，團體內部有著基本「共權合作」的精神。這樣的制度起源很早，在周人發展的過程中一度沒落荒廢了，卻在周公手中有意識地予以復興並擴大。

昭穆制將周人按照輩分，組成特別的二元社會。在儀式上，昭輩和穆輩固定地左右分列。在精神上，同輩形成一個可以互通、盡量泯除成員區別的集體。例如祭拜祖先時，我祭拜的不是我爺爺，而是我爺爺那一輩的所有兄弟，如此強調出同輩的平等身分，同輩成員的平等權利。

就是這樣的儀式安排，使得《詩經》出現「諸父諸母」的說法。正確的周代意義，「諸父諸母」強調的是同輩的叔伯、叔母伯母，他們在親族關係上的地位，和父親、母親是沒有區別的。因為不了解周人這種輩分認同的安排，郭沫若在解釋時犯了嚴重錯誤，將「諸父諸母」當作上古「群婚制」的證據，以為是一個人有好多爸爸、好多媽媽的意思。

強烈的輩分認同，反映在親屬稱謂上。周人說的「父」，和我們今天理解的「父」不是同一回事。只要是和父親同輩的，父親加上叔伯，全都叫做「父」。祖父加上叔伯祖，統統叫做「祖」。在輩分共權的精神下，稱呼及儀式上，叔伯兄弟間，你爸爸就是我爸爸，你兒子就是我兒子。

08 昭穆制 四百年後的解紐

這樣的集體習俗本來已經式微，周人群體歷經了階層分化，有資源、有地位的人不可能和沒資源、沒地位的人維持平等。但是周公刻意予以復興，至少在形式上，讓不同資源、不同地位的人具備共同的集體意識，也就是將在階層分化中被隔離出去的人拉攏回來，給他們參與「封建大業」的動機，不至於將封建視為有權有勢的人的事，與他們無關。

換句話說，在階層分化過程中，世系認同逐漸超越了輩分認同。富兒子認同富爸爸，富爸爸照顧富兒子，這個紐帶愈來愈強。相對地，富兒子不會覺得自己和窮困的堂兄弟有什麼關係，富爸爸也不會願意把自己和窮困的兄弟一視同仁。必須靠著有意識的打造，昭穆制的輩分認同才回頭成為周人社會組織上的重要力量，並且保留了相當長的時間。

到了春秋時期，都還有這樣的記錄。

魯閔公是魯莊公的兒子，西元前六六一年即位，只在位兩年，就被專權的大夫殺了，當時的霸主齊桓公強勢介入，改立魯閔公的弟弟魯僖公為國君。魯僖公在位三十三年，到西元前六二七年去世。

從昭穆制看，魯閔公和魯僖公同屬昭輩。於是到魯僖公去世，安排廟祭時就出現嚴重問題了。當時的廟祭，遵循同輩共權的昭穆制方式，同一輩只會有一個代表入祭。魯閔公比魯僖公年長，又比魯僖公早死，早就成了他們那一輩的代表，入祭宗廟裡。魯僖公死後，繼位的兒子魯文公無法接受父親不在昭廟中的安排。對魯文公來說，僖公不只是自己的父親，而且僖公和閔公的成就天差地別，憑什麼只在位兩年、死於亂臣之手的閔公可以凌駕於僖公之上，代表入祭昭廟？於是在魯文公的堅持下，魯國的廟祭做了更動，讓僖公入祭昭廟，將閔公移到穆廟去。

這件事清楚顯現了：第一，到西元前第七世紀這個時候，距離封建制的成立已經近四百年，昭穆制的同輩共權儀式仍然保留著。第二，也是在這個時候，昭穆制面臨崩壞的危機了，像魯文公這樣的人，就不再服膺同輩共權的精神，父親是父親，伯父是伯父，對他來說是明確區分的，他無法對閔公和僖公一視同仁，不惜破壞原有的規定，強將自己的父親放入昭廟中。第三，昭穆制的根本原則也逐漸被遺忘了，才會發生將魯閔公移到穆廟的做法。屬於昭輩的閔公，無論如何不可能變成穆輩，昭和穆明白劃分，是昭穆制存在的根本理由。昭輩和穆輩如果可以混淆，那昭穆制的實質作用也就喪失了。

昭穆制是周公用來進行同族團結動員的關鍵手段。「打虎還要親兄弟」，周人要大舉東進，得用親屬紐帶強化彼此的協同合作，超越既有的地位高低劃分。每年的廟祭，是昭穆制的大事。一邊是昭廟，另一邊是穆廟，所有人要嘛歸「昭」，要嘛歸「穆」，不可能有人沒地方去。如果祖父還在，會和孫子在同一邊，相對地，父子就在彼此的對面。這種盛大的儀式，讓每個人在其間都有歸屬感，強化了輩分意識。透過輩分，感覺到自己牢牢實實屬於這個姓族，屬於這個特定的輩分集團。

同輩世代就構成了最自然的同志團體。用這種方式，在實際上有限的姬姓人口中，動員出綿延四十年、不斷外拓進展的「封建」力量。

09 祭以尊尊，宴以親親

作為中國歷史上第一位人物，周公的政治方案除了復興昭穆制之外，還新創了「大小宗制」。大小宗制和昭穆制形成了既對反又互補的關係。

什麼是「大小宗制」？十二個字可以簡單說明：「大宗百世不遷，小宗五世則遷。」關鍵在「遷」。「遷」是移開，就是終止的意思。「大宗百世不遷」意味著在記錄親屬世系關係時，如果是「大宗」——定義是父親傳到嫡長子——那就從最前面一路往下記錄，永遠持續累積添加。那麼「小宗」呢？指的就是非嫡長子的其他兄弟分枝。

以周武王為例，他是文王的嫡長子，是「大宗」，這個大宗由成王、康王、昭王、穆王……一直傳下去，原則上、理論上是「百世不遷」，永遠持續。而相對於武王，周公就是文王傳下來的「小宗」，在這個系譜上，他有他的位置，然後他兒子、孫子、曾孫、玄孫也都還有位置。但到此為止，從周公到周公玄孫一共五代，之後這個支脈就在此一系譜上消失不記了。

不過，對文王、武王這系譜，周公是小宗，但同時他自己卻又開始了一個大宗。他的長子、長孫、長曾孫、長玄孫……一路傳下去，是這個新的大宗的「百世不遷」；相對地，他的其他兒子則又構成了「五世則遷」的小宗。非嫡長子另立一個自己的大宗，叫「別子繼宗」。

「大小宗制」讓每個人都在親族系譜上分別出清清楚楚的相對位置，不會爭，也沒得爭。在這個系譜中，誰大誰小，明明白白。在親族權力安排上，其作用和昭穆制相反，卻又構成互補。昭穆制強調同輩共權，讓每個氏族成員都覺得有歸屬感；而大小宗制則分辨出共權中的權力高下，在同一輩中聽誰的？誰有權力說了算？那就看事情牽涉到哪一宗，這宗裡的大宗說話大聲，小宗就別多囉唆。

大小宗制的本質，就是以親族關係作為權力的固定安排架構。在什麼事情上你有多大的權力，首先看你在親族系譜上的位置來決定。位置是固定的，大小宗沒有曖昧空間，沒得商量的，如此提供了這個系統在變動環境中相對穩定的決策安排，避免了許多紛擾和鬥爭。

昭穆制創造權力分享、混同的感受，大小宗制卻規範近乎絕對的權力劃分，兩者的精神是相反、矛盾的。要如何落實讓兩種相反的權力安排並存？《禮記》中有兩句話，總結了基本的做法，那就是：「祭以尊尊，宴以親親」。

祭禮的場合，依循大小宗制的原則，凸顯大小宗的差異。在祭禮的安排上，會明確地顯示每個人在大小宗制裡的差等地位。大宗為尊，小宗按照和大宗之間的親族關係距離分配位置，關係距離超過「五世」的，在這場祭禮中就完全沒有位置了。但若是宴饗，就不一樣了。吃飯喝酒不講究關係遠近排名，盡量讓大家混雜在一起，泯除距離。換句話說，「祭」依照大小宗制的精神，嚴格區分地位；「宴」則依照昭穆制的精神，讓同輩充分融洽混和。而且有時候，祭之後就有宴，如此一來，尊卑高下和共權平等兩種原則先後作用，發揮互補的功能。

10 嫡長子繼承制：嫡、長、賢、卜四原則

依照大小宗制，大宗每一代只有一名繼承者，其他兒子相對都是「別子」，要出去成立自己新的宗，這是大小宗的根本來源。那誰繼承大宗？最為理所當然的就是嫡長子。

周人很早就有嫡長子繼承的慣例，這慣例到後來設計得更詳密，形成「嫡、長、賢、卜」四層原則。也就是說，在所有的兒子當中，由誰來繼承大宗有四個考慮因素，依照這個順利分配其重要性。第一是「嫡」，優先考慮由正室所生的兒子。第二是「長」，排行愈前的愈有資格繼承。第三才是「賢」，看看哪個兒子比較有才能。最後則是「卜」，如果依照前面三個標準都還定不出繼承者，那才卜問鬼神，請求鬼神的意見。「卜」排到最後，清楚反映出周人強烈的人文精神，人間的事最好用人的道理來解決，非不得已不用求神問鬼。

封建制的設計原型，是嫡長子繼承。不過在現實上，至少是國君的權力繼承上，有各式各樣的變形。一個根本原因在於，嫡長子繼承制剝奪了國君的一項重大權力：選擇繼承者的自由。

看過莎士比亞的名劇《李爾王》吧？《李爾王》中所有的戲劇性變化，開始於李爾召來三個女兒，宣布要從三人中選出一個來繼承王位。條件呢？「看你們之中誰最愛我！」這對一個年老的權力者來說，幾乎是無法抗拒的誘惑——以繼承權換取下一代持續的敬畏與善待。早早確定了

嫡長子繼承，原來的國君年紀稍大，很容易就有「跛鴨效應」，權力的中心悄悄地移轉到下一位國君周圍了，他的失落，他的憂心恐懼，很容易使他決定打破固定的嫡長子繼承制，拿回繼承者的決定權，同時拿回原本快速流失的所有權力。

所以確立嫡長子繼承規範的同時，周人還是保留了「立」的儀式，格外看重「立」的過程。即便是嫡長子，也不能自動取得繼承者的地位，要經過「立」，原來的國君要在其間正式宣布，昭告諸侯，並對天子和祖宗交代——這是我選擇的接班人。用這種方式，為國君保留在繼承一事上的正式指定權。

11 「我族」意識：從氏擴大為姓

周公建立的完整制度中，另一個環節是「姓」和「氏」。在那個時代，「氏」就是我們今天認知的姓，你姓什麼，標示了你出身於哪一個家族，那是血緣的記號。這種功能，周代稱為「氏」，而非「姓」。

那「姓」是什麼呢？「姓」是由幾個不同的「氏」，因為特殊的地緣共居合作關係結合而成的團體。封建是由「氏」產生「姓」最重要的程序。幾個不同的氏族，被指派了封建的任務，移居到一個陌生的地方進行征服、墾殖的任務，在新的地方定居下來，這幾個氏族，可能再加上幾個當地願意合作的氏族，組合了新的「國」，這個國就構成了一個新的「姓」，於是在原有的氏之上，他們取得了一個共同的姓。

「氏」是自然的、天生的血緣關係，強調「氏」，可以用來發揮血緣關係的團結力量。但若過度看重血緣關係，創造出來的會是封閉的團體，血緣本位立場很容易就釀成氏與氏之間的爭鬥。所以要有讓氏與氏可以不只和平相處、還能共同合作的空間，那就是「姓」。「姓」等於是人為的、擴大的親族關係，在沒有真實血緣的人群間，創造出一種「我族」意識，看到同姓之人，就制約反應地產生了親近好感，也就容易互相信任，彼此保護。

氏與姓的架構，先在周人間推動，接著就隨著封建的進行，擴展到其他地方。封建到哪裡，那裡的社會組織就按照「姓氏」的原則重新整理、重新洗牌。周人鼓勵其他部族採用模仿他們的方式，建立起正式、嚴謹的親族系統，然後又鼓勵這樣的親族系統參與建構新的姓。用這種方法，周人與東方舊族，甚至周人與封建所到之處的原居民，就可以泯除差異，形成新團體，團結一起開發、經營新的國。不管原本的來處，參與形成了新姓的各族，就都是新國的主人，都是「國人」，都對這個國有著強烈認同。

在出土的文物中，有一整組屬於「史微氏」的銘文銅器。從銘文中我們明瞭，史微氏是「殷遺民」之一，很早就在商人的政治組織中提供專業的記錄服務。商滅亡後，他們遷到周人的大本營宗周，一待就是幾百年，繼續扮演重要的行政幕僚角色。一直到西周末年大亂，平王要離開宗周，東遷到成周去，史微氏隨行，所以將家族中的傳世重器——寶貴的青銅器——埋藏起來。沒想到這一埋就埋了兩千七百年，直到一九六〇年代才重見天日。

史微氏的銅器銘文告訴我們幾件事。第一，周人廣泛建立和殷遺民之間的關係，甚至將一些具備專業能力的殷遺民送到宗周，融入為周人核心政治體系的一部分。第二，周人讓史微氏這樣的舊族也都學習了以「大小宗制」來重整、新建氏族傳統，所以能夠流傳久遠。

12 當「別子繼宗」無法繼續拓殖時

這些都是在周公手中開創的周代文化的關鍵基石。有了對昭穆制、大小宗制的背景了解，我們才有辦法比較準確地解讀周代的考古資料。

例如，一九五七年出土的虢國墓，範圍很廣，是春秋時期虢國的集體墓葬。在墓葬區中，明顯分出姬姓宗族和非姬姓宗族的墓地。在姬姓宗族墓地中，更令人驚訝的是個別墓葬間的巨大差異。有的極其豐厚華美，有的卻再簡單寒酸不過，顯示這裡既有豪奢巨富，也埋葬了身無長物的窮人。

任何社會，尤其是看重葬禮的社會，很難出現這種狀況。富人通常有財富帶來的較高地位，而彰顯地位最直接的方式，就是在生活上和窮人分別開來。富人會要專屬的墓地，不會願意讓窮人跟他們葬在一起。

然而這是周代姬姓宗族的墓地。我們就能理解，那是因為傳統的昭穆制仍然在發揮作用，集體共權平權的基本規範，使得即便窮困潦倒的人，只要屬於這個宗族，在宗族家廟裡享有位置，就有權利葬在這裡。

昭穆制長期維持了宗族內部的連結，抵抗其他分化力量；而大小宗制在封建的過程中尤其有用。「別子繼宗」的觀念深入人心，儘管只有嫡長子能夠繼承原有的大宗，但每個非嫡長子都能從這個大宗中游離出去，以「別子」身分另立自己的大宗。

換句話說，他們有機會建立自己的「宗」，和封建相應，也就是他們可以出去成為一位新的「封君」，獲封的土地、人民可能不大不多，但總是「我的」。這提供了充分的外擴拓殖的動機。最早由周天子冊封出去的是重要的「國」，接著次層分封出更遠一點或小一點的「國」，然後再一層就有「世卿」的封地、一般大夫的封地，一層層愈來愈小。過程中，周人的勢力也就一方面愈拓愈遠，另一方面分布得愈來愈密實。

周人之所以能夠在四十年間讓封建遍布占領各地，靠的就是大小宗制的作用。簡化地說，一個家族裡只要在長子之外多生一個男孩，就確定會多出一支往外擴張的勢力，因為這個別子長大了，必須離開這個宗，去建立他自己的宗。一波波，下一代的小宗被推出去成立新的大宗。

大約四十年後，封建的巨大開拓運動開始停滯。因為沒有那麼多地方可以持續建立新的封國、封地。那些年間，封建一層層往外、往下。降到大夫的層級之後，沒有辦法再多分層，沒有辦法再分更小的封地了，於是開始出現有些別子分不到封地的狀況。他們仍然建立了自己的宗族新枝，卻無法擁有世襲的領土。到最後，即便是周王室的姬姓宗族成員，也有人一層層滑落到變成和庶民相差無幾的低層士人。

西周初期，封建制使得周人展現了強烈的外向性，不斷建立新的國，每一個封國或封地就建一座新的城。魯國有中心的城，然後圍繞著這座城，逐步建立起屬於「世卿」的城，世卿的城周圍再建起屬於「大夫」的城，城愈建愈多，城的分布範圍增廣，另外，城與城之間的距離也愈來愈近。

等到大部分適合運用的地區都布滿了城，封建就無法繼續外向擴張了。這是個關鍵轉捩點，周代的基本性格自此從外向性轉為內向性。大約從周共王的時代開始，在金文中出現了新的現象：城與城之間的兼併。沒有新的土地可供征服開發了，要想擴張勢力，就只能從劫奪既有的城著手。

也就在這個過程中，「國」的意義改變了。以前，國就是城，指的就是一座城。城內住著國人，城外有可供耕種的郊和野，還有住在城外的野人，是這樣一個緊密的單位。但今天我們想到「國」，想的不是這種自給自足的單位，而是一個對內有分化功能、對外有對抗性的組織。由彼而此的變化，發生在西周中晚期。

在西周中葉，中國這塊土地上可能分布了上千座自給自足、獨立的城，然而到西周結束，已經興起了許多控有超過一座城的國。國的意義不斷擴大，這塊土地上散布的國也就相應愈來愈少，花了五、六百年的時間，到秦始皇統一，終於徹底取消了國的複數意義。這整塊土地就是一個國，只剩下由秦國轉化出來的「帝國」。

13 榮耀父親，宗法制的內在精神

歷史上，至少還有兩件事和周公有關，必須一提。

一是周代從哪裡起算？按照史實，周代的成立，最早應該從武王發兵翦商、攻進朝歌、迫使商紂王自殺開始算。對於周代歷史進一步理解後，我們明白，其實周人真正全面取商人而代之，甚至要晚到「二次東征」才是。

但傳統上，周代的開端既不是二次東征勝利，甚至也不是一次東征勝利，而是遠推到周武王的父親周文王的時代。

這種算法有個明顯的問題，周文王甚至不是「王」。他在世時，周人仍然在商人的共主統轄下，而且商人還不斷用各種方式防堵周人在西方勢力的益形坐大。後來的周文王，在那個時代是「西伯昌」，商人不得不承認周人的力量，奉給他「西伯」的尊號，但另一方面，西伯卻被商人幽囚，甚至很可能死於商人之手。

從「西伯昌」變成「周文王」，這個稱號是周公設計安排的。武王死後，周公當政時，他主導決定了給予哥哥「武」的謚號，同時追封給父親「文」的謚號。於是從稱號上，將周王往上延伸了一代，也才會有後來將周代從文王起算的傳統。

周公的做法當然是為了抬高父親，不過更重要的效果，則是凸顯強調了維繫宗法制度最關鍵的一個原則——存在於父子關係中的「孝」。雖然那時還沒有明確的名詞稱之為「孝」，但其基本精神已經清楚建立了。兒子應該榮耀父親，換另一個角度看，一位父親的成就不是看他一生做了什麼，而是要把他兒子做了什麼都一併納入考量。兒子的最高地位，就自然地投射成父親的最高地位。武王創建了周朝，在這個原則下，理所當然，他的父親分享他的成就，他是王，父親也就應該同樣是王。

於是在宗法制度中，做父親的從此有了這份壓力，兒子的作為是我的責任；做兒子的也有了責任與權利，最終是由我的作為來決定父親一生的成就，決定父親人生的成敗。

三千多年前，周公用這種方式重新定義父子關係，使得宗法制度更加完整，給予了宗法制度一個緊密的內在邏輯。而且，從此之後，這個原則、這種精神價值，就成為中國文明組構中的核心部分，一直到今天。到現在，這個文化中絕大部分的父親，擴大說，絕大部分的家長，還是用這種方式看待自己和兒女之間的關係吧！兒女理所當然是自己生命的延伸，下一代理所當然應該為上一代的人生成就盡責。

14 文＝王官學＝士的基本教材

周公不只將父親追封為「王」，而且決定其諡號為「文」。這是另外一項不容忽視的重要影響。

哥哥的成就是以武力打敗原來的共主，推翻了商人的統治地位，這很明白。那麼，父親的成就以「文」來總結，是因為什麼？有什麼具體的內容？

至少在後世如孔子的認知中，「文」比「武」更重要、更關鍵。「武」開啟了周代，然而「文」才真正定義了這個朝代。「文」這個觀念，流傳到後世，有兩種最常見的內容描述方式：一是「制禮作樂」，以禮、樂為核心；另一種更複雜、更詳細些的，就是詩、書、易、禮、樂、春秋，以及禮、樂、射、御、書、數。

也就是說，周代的成立是站在一套人的教化教養精神上的。周人不是靠武力完成大業，在武力背後，甚至該說武力之前，有「文」，有一套新創的「人之所以為人」的價值系統。

在建立這套系統上，周文王的貢獻顯然遠遠不及周公。也是在周公，而非他的父親周文王手上，奠定了這套「王官學」的系統。簡而言之，王官學就是姬姓子弟的標準訓練內容。姬姓子弟要能承擔起封建制的開創大任，要能帶領各方人員散布各地積極經營，他們必須有所準備。王官學就是為了給他們適當準備而設計、發展的。

我們真的不能不佩服周公的遠見。沒有他思考讓封建制能確實運作的各個環節，沒有他做了環環相扣的安排，封建制絕對不可能綿延存在幾百年。王官學的教育內容，與封建制緊密扣搭，也就自然地隨封建制而分散擴展。最早是姬姓子弟的教育，在歷史中逐次展開，最後成了「士」以上的所有封建貴族子弟的共同訓練內容。

從周公到孔子，經過了大約五百年。而孔子一切思想、態度的源頭，仍然是這套王官學。這真是件驚人、少見的人類經驗——周公的教育理念與教育設計，穩定地存在了五百年，以至於到孔子的時代，像孔子這樣一個充滿原創活力的人，都還是「言必稱周公」，以回復周公的理念作為自己的終極夢想。

第六講

王官學與諸子學

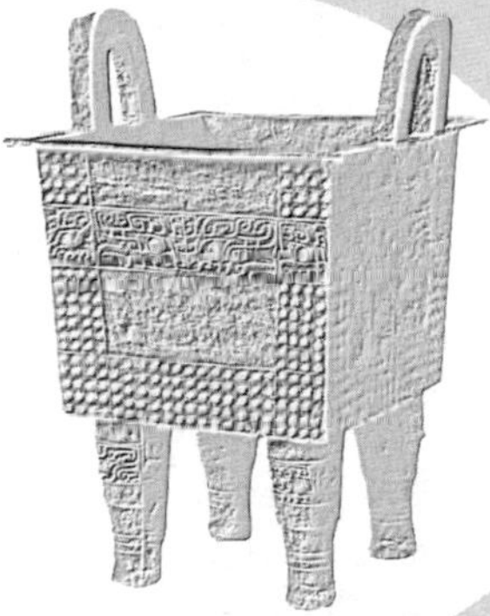

01 多元主觀下的相對客觀

歷史是過往人類經驗的總和，但在這一大片廣大的範圍中，只有很小很小的比例會變成歷史資料存留下來，其他絕大部分都徹底消失了。留下來的歷史資料中，又只有很小一部分會進入現代意識中，成為歷史知識被現代人認知。再往下看，歷史知識又只有一小部分，有機會變成一般人的「歷史常識」。

值得一再提醒的是，我們的歷史常識和真實的歷史之間，存在著如此巨大的差異。那麼或許大家會稍微自覺警惕，不再想當然耳、充滿自信地將自己所抱持的歷史常識視為「歷史」。歷史不是這樣，歷史遠比歷史常識複雜千倍萬倍，歷史永遠不在我們掌握中，我們只能不斷努力，試圖接近歷史，絕對不能說自己知道歷史，有把握歷史就是如何如何。

雖然是幾千年前就發生過的事，但我們從來無法確知歷史的真相。對待歷史，我們不得不始終謙卑，不斷試著能不能知道得多一點，能不能知道得清楚、明確一點。

想想，對於從西元前第十一世紀到前第八世紀，這段我們稱為「西周」的時代，你知道多少？你有可能知道的有多少？今天我們說「西周史」時，比較清楚、明確、有把握的，實際上只有很小很小一塊，得以刻鑄在長存不朽的金文上的部分。流傳至今，透過各種管道發現的有銘文的青銅器，大約有兩千多件，銘文有長有短，有些可以有效解讀，有些讀來仍如入五里霧中，不知所云。這樣的記錄內容，算是告訴了我們不少事，但還有一個問題，銘文裡記錄的事，用我們的標準看，不會每件都是「重要」的，裡面又只有一部分被認定是「重要的史實」，被拿出來討論、解說。

吸收歷史知識時，真的不能不問：究竟是依照怎樣的標準，我們決定了什麼是「重要」的？究竟如何將「重要」的和「不重要」的分開，前者留下來，後者拋開？

選擇決定什麼重要、什麼不重要，是史學的特殊關懷，也可以說是史學的特殊權力，更是史學研究的主要內容之一。史學不可能是絕對客觀的，重要或不重要，不會有客觀的標準。但史學也不會是純粹主觀的，高興怎麼選擇就怎麼選擇。史學判斷標準的成立，尤其建立在「多元主觀產生的相對客觀」。

簡單地說，每位史學研究者都有自己的主觀，依照自己的主觀去選擇他認定的重要事實內容。不同主觀、不同焦點，多重的主觀選擇之中，會有重疊、共通的部分，每個史學研究者從不同角度選，大家選來選去，有一些現象、一些事都被選進去了，如此就產生了「相對客觀」，我們有理由將這些現象、這些事視為真正重要、也是首要應該知道的「核心知識」。理解、掌握了核心知識，也就有助於我們由此擴展，衍生接觸其他不同人選擇的不同歷史內容。

02 史學家有責任讓每個時代不一樣

長期的史學傳統中，逐漸浮現了核心知識的一些基本特質。例如，一項構成核心知識的原則是：無論從什麼角度選擇，既然處理的是歷史，那就不能忽略變化，不能不將變化納入歷史知識的重要部分。出現了明顯、激烈變化的現象，應該要被記錄，更應該要被解釋。不只呈現變化，還要追問並回答：為什麼在這段期間會有這樣的變化？

又例如，一段時期中若出現了格外耀眼的成就，那當然也是歷史的重點。史學中有各種不同細分的領域，政治史、經濟史、社會史、思想史、藝術史……，但在一般總述時，我們不會按照同樣的分類固定地一直講下來，那會使得歷史敘述顯得很單調、很無趣。因為不同的領域在不同時代，會有或快或慢的變化發展，會有或高或低的不同成就，合理的做法是暫時擱置發展慢的、成就低的領域，將眼光專注來看發展快的、成就高的。

不做這種分辨與選擇的話，就等於是放棄了史學最根本的權力，也放棄了史學最根本的責任。不選擇，只用單一的原則去羅列發生的事，我們不能說那不是歷史，那也是歷史的一部分，但那不是有效的歷史知識，對我們了解過去的人類經驗少有幫助。

我們知道周代每一位天子的稱號及其前後排列順序。甚至我們知道從周代一直到清代，每一位天子和皇帝的稱號及其前後排列順序，也大概知道他們在位的年代。然而，把這些天子、皇帝一路排列下來，就是歷史知識嗎？就算再加上這些天子、皇帝在位時做了些什麼事情的記錄，就是歷史知識嗎？

我無法同意。要產生有效的歷史知識，一名歷史研究者、敘述者不能將幾千年的歷史視角，一直維持在同一個狹小的領域裡，不去看、看不到其他領域。史學研究者的一項天職，就是面對過去，要能盡力掌握不同時代的「時代精神」，即德文中的 Zeitgeist。這意味著我們必須認知，人類活動在不同的時代有其不同的重點，不可能一成不變。史家要能夠俯視全局，然後辨識出任何一個特定時期內，變化最劇烈、成就最突出的部分，透過這些「非常」的現象，探索並彰顯其背後特殊的力量。

史學家與史學有責任讓每個時代不一樣。如果在史學中將每個時代都呈現得一樣，那就不配稱為歷史知識了。如果想到漢朝和想到宋朝，我們無法立即體會、知覺這兩個朝代的根本差異，那就不算理解了這兩個朝代的歷史。因為歷史知識和其他知識形式最關鍵的區別，也是歷史知識存在的理由，就在於時間感，意識並學習時間所造成的差異，只有在長時間累積的人類經驗中才會出現的變化現象與變化法則。不能意識差異、變化，就不是合格的歷史知識。

03 一層一層地探問：「為什麼？」

用傳統的角度，從西周到東周的歷史，我們可以簡單地排比，從周文王以下直到周平王的每一位周天子，誰在前誰在後，誰在位幾年，並簡單說說：成王、康王時期有「成康之治」，厲王不是個稱職的好天子，發生了諸侯反抗，因而後來有了共王時期的「共和」。一路講到平王時，擋不住西方犬戎入侵，守不住宗周因而東遷，西周結束，進入東周。

這種方式列出了事實，卻忽略了歷史知識中可能比事實更重要的一部分：解釋。為什麼西周結束變成了東周？因為犬戎打過來，宗周守不住，只好遷都。這是解釋。但歷史的解釋不會停留在這裡，停留在這裡就不會有不斷進展、不斷增添修改的歷史研究了。

要進一步問：那為什麼犬戎會在這個時候打進來，為什麼宗周會守不住？傳統給的解釋是：因為一個叫褒姒的女人，她很美，卻不愛笑，幽王為了逗她笑，就燒起示警的烽火，要諸侯帶兵過來，看見這些堂堂諸侯白著急、白忙一場，褒姒笑了，所以幽王就反覆搞這種把戲，終至諸侯再也不上當，看到烽火警報時再也不來了。於是犬戎入侵，在沒有諸侯相助的情況下，宗周很快就失守淪落了。

那就再進一步問，為什麼犬戎這時候要侵略宗周？歷史知識的根本動力，在於如此一層層地對我們認為已知的事實探問：為什麼？然後一層層搜尋可能回答這「為什麼」的線索，一直問、一直搜尋，到史料實在支持不了、回應不了我們的好奇。探問「為什麼」的做法，引導史學研究者不斷重新檢驗史料，尤其是重新排比史料之間的關係。我們不能創造史料，然而我們可以、也應該試著從既有的舊史料中整合出新訊息來。

追問犬戎為什麼打進來，必然聯繫到更基本的問題：犬戎是誰？或犬戎是什麼？循著這問題整理，我們就會發現，犬戎這個名字在甲骨文、金文中常常出現，而且很早就出現。大約從西元前十二、三世紀，一直到西元前第八世紀，幾百年的時間中，犬戎都在比周人更西一點的地帶活躍，地理上和周人相鄰。

換句話說，犬戎不是新來、新出現的。還有，到幽王的時代，犬戎已經有幾百年和周人和平相處的經驗了。前面說過，周人擴張發展的過程，真正的問題在東方，如何對付商人，如何占領龐大的東方領域；而周人主要的智慧與精力，也都投注在東方的占領與經營上。

周人能夠如此長期將眼光放在東方，能夠克服一層層困難，完成向東方的封建，背景條件一定是：這段時間中，他們在西方，即起源的根據地上，基本是穩固安全的。這段時間中，犬戎一直在，但不曾成為周人的困擾，那為什麼到了西元前第八世紀，犬戎突然成為那麼嚴重的問題？

有什麼特別的因素使得犬戎在這個時候突然壯大，大到有力量勝過周人？還是換另一個角度看，有什麼特別的因素使得周王室在這個時候變得衰微、開始沒落了，以至於原本不是問題的犬戎，和沒落中的周王室相比，都構成無法解決的威脅了？

從史學知識的選擇上看，這是不容輕易放掉的關鍵，因為在此發生了變化，巨大且多面向的變化。我們有責任突出變化，想盡辦法探索變化的面貌和變化的來龍去脈機制。

04 西周一人，東周百家

從西周到東周，最值得探討、最值得記錄的變化是什麼？運用剛剛提到的另一個歷史選擇標準，從不同領域的發展成就來衡量的話，那一定是思想上的變化。

這方面，西周相對平靜，基本上延續周初產生的「憂患意識」與「人本價值」。但從西周進入東周，思想領域上卻像是將東西丟進燒滾的油鍋般，爆發出驚人的活力。

東周出現了「諸子百家」。談到東周歷史，不能不提「諸子」。西周時沒有任何一「子」，到東周卻有了孔子、墨子、莊子、老子、孟子、荀子、孫子、公孫龍子、韓非子……，他們占據了東周歷史的主要部分。

這些「子」，還不是以個人的身分出現在歷史舞臺的，他們之間聯繫為「家」。漢初司馬談將他們整理為「六家」（〈論六家要旨〉），到了東漢班固則分類為「九流十家」（《漢書．藝文志》）。早在漢朝，回顧離他們沒那麼遠的東周時，他們就已經認定，這段歷史的重點之一，就在諸子百家的思想成就。

「諸子百家」早早就連稱形成固定的名詞。但細究的話，「諸子」和「百家」不完全是同回事，是有區別的。「家」是個集體名詞，是學派；而「子」指的是個人。

其中有一些「子」創造了「家」，例如墨子創造了墨家，甚至墨子就等於墨家。但另外有一些「家」，卻明顯大於個別的「子」。最突出的是儒家，孔子和儒家關係密切，但儒家中除了孔子，還有很多很多其他的「子」。除了後世熟悉的孟子、荀子之外，其實還有子思子、子夏子、子張子……，好長的一串名字，這些名字之間形成了一個緊密關聯的系譜。

對照一下，西周沒有任何「家」。也就是說在西周，知識沒有分化為不同的派別，當時的人也不認為看待知識的態度、對於知識不同的重點強調，會是一項重要的個人身分或集體認同。因為相信、主張什麼，所以我屬於某個特定「家」派，這種想法、這種關切在西周還不存在。所以西周不會有「百家」。

西周也沒有「諸子」。「子」所凸顯的是個人。西周的史料中，有帝王世系；金鼎銘文中有時會出現官職名稱與任官的人，但裡面沒有真正突出、可以被辨識的個人。

綜合了各種不同材料，我們得以勾勒出周公這個人，看到他的巨大智慧與貢獻。他是中國歷史上的第一位人物，也幾乎是西周幾百年間唯一的人物。周公之外，我們很難有把握並有充分理由地去談任何其他人物。

西周三百多年，出了周公一個歷史人物。東周呢？從西元前第八世紀到前二二一年，五百年時間，又出了多少值得一記、值得一談的人物？太多了！光是「諸子」中可以探究其生平與思想的人，就有數十上百。不妨翻翻看看錢穆的《先秦諸子繫年》，厚厚一大本，裡面都是有憑有據的「諸子」行事活動的資料。

西周三百年間出了一位周公，相對地，東周五百年卻出了上百位流傳下來能夠被認識、值得被認識的「人物」。還是用錢穆的話來說：西周仍然主要是「群體的歷史」，讓個人得以發揮能力的組織尚未完成。沒有一定的網絡、關係系統，個人再聰明、再有能力，都無從影響他人；不能影響他人，也就不可能成就為歷史「人物」。

如果沒有出版、沒有書籍、沒有讓書籍可以快速並大量流通的管道，我無從將我知道的中國歷史傳達給那麼多人知道。我的知識、想法，不管那是什麼，都只能存放在自己的腦袋裡，無法傳給別人。關鍵不在我有沒有知識、有沒有想法，而在沒有方式讓別人被我的知識、想法影響。

所以，不是東周的人比西周的人聰明百倍。西周出不了人物，是因為缺乏人物誕生的根本社會與組織基礎。那麼到了東周，又是什麼樣的社會與組織條件提供了人物的條件，讓個人能夠超越原有的限制，產生集體影響力？從這個問題出發，我們會對這段從西周到東周的歷史，有很不一樣的看法。

05 周人知識內容：人和天、人和過去、人和人

東周有諸子百家，西周沒有。作為人物，「諸子」的重點在於思想與知識。因而我們可以上溯理解，這個時代出現了知識形式與知識流傳的重大變化。

在人類文明起源的階段，知識是稀有的資源，擁有知識相對是權力的表彰，知識壟斷在少數人手中，為這些少數人帶來權力，或作為他們的權力基礎。殷商時期，最有價值的、與權力關係最密切的，就是和祖先溝通的知識。對於這方面的相關知識形式，商人小心護衛，緊緊掌握。而商人共主霸權開始動搖的因素之一，正是鑄造青銅器、問卜、刻寫甲骨文等相關知識外流，被周人偷學走了。

周人取商人而代之後，建立了封建制，同時改變了主流的知識內容。周人不靠鬼神，他們的長處不在於掌握和鬼神溝通的神祕力量，而在於用宗法制度建立起人與人之間有效的合作網絡。相應的，周人看重的知識自然不同於商人。有三種不同的關係，取代了過去商人的鬼神關係。

第一種是人和「天」之間的關係。「天」不是意志神，而是普遍規律的總和。人對於自我行為要如何符合普遍規律若有疑問，在周人的文化中，就以「占卦」的方式祈求解答。如何「占」，「占」之後顯現的「卦」象如何解釋，就成了重要的知識內容。

第二種是現在的人和過去的人之間的關係。每一個人都是依照他在宗法裡的位置來決定他是誰。宗法系譜是人與人彼此對待的根本規範，失去這份系譜，人的行為舉止就無所依了。所以要仔細、小心保留一代代建構起來的宗法系譜，誰是「大宗」誰是「小宗」，系譜中這個人和那個人的相關位置如何，不能遺漏。

所以要有專人負責保持記錄，那就是「史」。史的責任重大，必須隨時維持集團成員嚴格、正確的關係記錄，有需要時，每個人都能理解彼此的宗法關係，採取適當的對待態度。

此外，史還負責掌握人與人之間的盟誓約定。周人能夠推動龐大的封建武裝殖民，靠的就是結成緊密的合作團體。合作的基礎，是信任。憑什麼取得別人的信任？憑藉著周人不空口說白話，他們習慣將所做的承諾用「子子孫孫永保用」的形式記錄、保存下來。出發去拓展封建時，結盟的條件要正式記錄下來。封建一層層分封，要正式記錄下來。到後來，國與國之間的任何交涉，好的壞的，也都要正式記錄下來。

所以，和史有關、保留過去記錄的知識，也很重要。

第三種關係是人與人的日常對待。宗法的根本是長時間不變的系譜記錄，然而宗法不能光靠這種長時記錄來維持。光是只有記錄，很容易就變成名義、名分，像今天我們可能還知道這個人是我的叔祖，卻不覺得和這位叔祖之間有任何明確的關係，也不知道如何對待他；對待自己的叔祖，和對待路上任何不認識的老先生不會有兩樣。

維持宗法，讓關係不斷有意義、有作用，要靠「禮」。禮的核心作用，就是創造親族關係的日常切身性。從出生到結婚到死亡，每年從開春到冬末過年，生活中一直不斷有禮，規範你什麼時候、什麼狀況下做什麼事。禮所規範的作為中，同時也就一而再、再而三地提醒、強化牽涉其間又彼此互動的人際關係。輩分和親疏安排，具體地融入生活裡，讓人不可能遺忘宗法關係，事實上是不可能活在宗法之外。

禮用來固定宗法關係，因而禮本身當然不能任意改動。要有專人負責管禮，他們是所有人相對關係行為的終極權威。禮的內容，也就成為另一種重要的知識。

06 宗法制的致命傷：擴大到無以為繼

宗法的基礎是親族，源於自然的出生身分。周人以人為的力量，將親族體系擴大為政治體系，將統治架構在這個基礎上。這套制度最大的問題，因而也在其自然無可阻擋的傾向：擴大與衍生。

人一個一個出生，一代一代出生，宗法系統隨之一直擴大、不斷衍生。自然的繁衍沒有止境，宗法與封建的安排卻有一定的限度。前面提過，封建一層層向下向外分封，大宗繼承原有的國，小宗則得分封出去建立新的國或封地，不斷地分封，很快就會遇到無處可封、也無法再分層的困擾了。

前面三代五代，每個小宗都還可以有出路，得到分封。然而時間一拉長，封建結構擴大到一定程度，就不可能無限地分封下去。到了一定程度，有些後代「別子」下降為庶人，更嚴重的，到了一定程度，森然的宗法制度開始解紐了。

幾代過去之後，會發生一些親戚高高在上當國君，另外一些親戚淪為一無所有的庶人的情況。社會地位的高下差距，真能不影響宗法上規範的行為法則？當國君的遇到淪為庶民的叔祖，還能給予他對待叔祖的恭敬態度？

幾代過去之後，會發生在親屬系譜上的叔祖說不定年紀比你還小的情況，這個比你還小的叔祖對你頤指氣使，你真受得了，還能用規定對待叔祖的方式敬重他？

這就是宗法難免隨著時間而逐漸解紐的原因，不管周人再怎麼仔細維護宗法系譜上的記錄與規矩，時間產生的繁衍效果，繁衍帶來的複雜性，必定使得宗法的想像秩序愈來愈難維持，愈來愈和現實脫離。

在想像規範上，一個從周初封建而來的國，國之中一層層再分封下去的三十個封地，每一個封地的領主都是國君的宗族親戚，而且彼此之間都有宗族親戚關係。因而封地與封地之間的關係，每一位領主與領主之間的關係，都應該依循宗法的規定，也都有明確的互動行為模式。

然而時日久遠之後，現實上，領主與領主之間沒有交情，彼此的親戚連結只剩下名目上的，甚至連名目上的關係都變得不那麼明確。於是封地與封地之間很容易就出現競爭，弱肉強食的原則凌駕了原本的宗法規定。

較強大的領主開始侵奪較弱小的鄰居，搶掠他的封地。以前不會發生這種事，因為不管誰強誰弱，鄰居之間有著宗法的拘束，連想都不可以想要算計自家親戚。現在宗法鬆脫了，利益的誘惑隨之升高，主導了人的行為決定。

07 周幽王時期為何「諸侯不至」？

東周就是宗法解紐過程中出現的新時代。在《論語》中，我們多次看到孔子及其弟子提到「季氏」，那是誰？那是原本魯國的一個封君世卿家族，在宗法解紐過程中，率先採取現實態度，侵吞其他封地，愈弄愈大，成了魯國境內最大最強的封君。其現實勢力甚至超越了魯國國君，造成魯國政治權力上的不安變數。

這樣的發展改變了國的組構。西周時，國是由幾十個分封的城大體獨立的、鬆散連結而組成的。到了東周，魯國境內出現像季氏這樣的勢力中心，擁有統納好幾座城，而且還不斷擴張中。

原先的宗法制度以周天子為中心，周天子是整個宗法系統的最中心也是最高層。實際上，周天子就是靠宗法制度來統治天下，甚至也是靠宗法制度來保衛自己。周天子直接控制統領的區域，是王畿，實質上不過就是一座大一點的城。但因為他所處的宗法中心位置，給予他能夠「號令天下」的權力，向所有封國諸侯要求資源與協助。這些諸侯很清楚自己的位置，對上，他們應該提供資源與服務，對下，他們就對世卿、大夫們要求資源與協助。

然而，隨著宗法解紐，隨著現實原則的抬頭，不一樣的政治體制與不一樣的權力模式於焉浮現。一位封君不再必然是這個大系統中固定位置上的一顆齒輪，還多了一層現實強弱的考量。他如果強，可以收拾國內的其他封地，擴張自己的領地；他如果弱，國內強大的其他封君，就會在擴張併吞的過程中威脅到他的地位，甚至他的存在。

此時，經營、處理封國內的現實事務，重要性遠超過經營和天子之間的關係。周天子絕對不是憑藉著自身擁有的武力來統治的。果真如此，周天子所在之處，不可能長期維持僻處西方。從宗周派武力去打擊、去平亂，有多少地方根本到不了。周天子是靠這一套系統來統治的。一個地方出問題，他就號令附近的諸侯，派出外交或軍事人員前往處理。有這樣一套系統，和周天子、和宗周的距離並不重要，隨處都有周天子能夠號令、動員的諸侯勢力，大家環環相扣，以系統來保障秩序。

因而，宗法解紐中受到最大傷害的，必然是周天子。他不再能夠確實保有這樣的動員效果，逐漸地也就喪失了諸侯對他的敬畏與服從。大家不再覺得因為你是最根源的「大宗」，我們就得對你無條件遵命。有人不遵命，有人擺出敷衍的態度，那麼離宗周愈遠的諸侯，也就愈加不在意周天子，反正你叫不動我左右的其他諸侯，能奈我何？

由這樣的背景，我們可以重新理解，從幽王到平王、從西周到東周這段關鍵時期發生的事。幽王和褒姒的故事重點在哪裡？在於「諸侯不至」的現象，而不在於褒姒究竟有多美，幽王到底有多喜歡她，非得討她歡心不可。這故事毋寧是後世用來解釋「諸侯不至」的一個簡化版本，將其實是政治結構上長時間大變化的結果，推給了單一個人的行為。

不管是不是真有褒姒，真有假造烽火傳令的事，「諸侯不至」真正關鍵的原因，也是長遠的歷史意義，是封建宗法的解紐。過去周天子與諸侯之間，大宗與小宗之間，有明確的責任和義務關係，諸侯不會也不敢忽視對周天子、對大宗的責任和義務。沒有盡到責任，是在宗法上不可原諒的過失，會引來整個系統的譴責乃至懲罰。而且作為諸侯不盡對天子的責任，小宗不服從大宗，同時也要冒著自己國中的世卿、大夫有樣學樣，不對你盡責、不服從你的巨大風險。那樣的責任、那樣的風險，是切身的、直接的。

顯然到周幽王的時代，在宗法原則之外有了現實利益原則，或現實強弱原則興起了。諸侯在自己的國中，逐漸不再依靠宗法關係來統治，轉變為依靠所控制的資源與武力。這麼一來，他們愈來愈不需要宗法，自然也就愈來愈不將對周天子的宗法責任當一回事了。

並不是犬戎突然變得壯大，而是相較於周天子能夠動用的資源和武力，犬戎的威脅日日升高。即便犬戎一直維持不變，現在他們也變得有辦法入侵宗周了。過去，犬戎靠近王畿，周天子烽火一舉，遠近的諸侯立即動員前來防衛，就阻卻了犬戎的進逼。顯然，犬戎並未具備能夠和這些諸侯抗衡的實力，所以幾百年來，和周人鄰接而相安無事。周人並未特別防範犬戎，有餘力時也不會刻意對付西邊，而是用來發展和鞏固東方及南方。

但是周天子日益衰弱，相對地犬戎就日益強大。遇上衝突事件，犬戎真正出擊後立刻發現，宗周不再是原來的宗周，現在只留著一層輝煌的表面，是隻紙老虎。紙老虎靠著外表嚇阻別人，一旦被看穿了，犬戎打進來，宗周就守不住了。

08 從王官學下降到諸子學的儒家

封建宗法的解紐，使得西周滅亡，進入東周時期。封建宗法的解紐，也造成諸子百家興起。對於這個時期的關鍵變化，到了漢代就形成固定的「百家」的概念，平行並列這些「家」。儒、墨、道、法、名、陰陽……，一家一家分開來看、分開來說明。

用這種方式理解這段歷史會產生一個盲點，使我們自然地認為這些「家」各自獨立，著重看到「家」內部的傳承沿革，而忽略了彼此之間的互動關聯。還有，不看各家的互動關聯，我們就不容易真正掌握「百家」的來歷，好像到了春秋時期，各家突然就從天而降，在中國繁榮興盛。「諸子百家」有其來歷，整理、看待其來歷，能讓我們從歷史中看到很不一樣的東西。例如，認真追索各家來歷，我們就會發現，儒家不能用這種方式，平行並列地和其他各家擺在一起。儒家的來歷遠早於其他各家，更重要的，儒家的來歷和西周原先就存在的貴族教育，有著緊密、特殊的關係。

歷來學者對於「儒」有各種不同的解釋。胡適認為「儒」是柔弱的意思，是別人用來總括描述儒家思想性質的，後來變成此一家派的正式名稱。錢穆則將「儒」追溯到「殷遺民」的身分與傳統，認為這個字最早是用來指稱掌管喪禮的專業。這些考證主張，至今並未有明確定論。然而，有一件事是相對在史料上明確顯現的：「儒」和「掌禮」——管理禮儀——有著密切關係。更進一步，儒家的理想是回復西周原有的體制，和原先的「王官學」有直接的傳承脈絡。

利用東周的豐富史料，我們能夠重建在西周時確切存在的一套王官學。王官學首先是一套少數人壟斷的知識學問，在貴族社會中有專人負責掌管，必須有一定身分才能接觸學習。這套知識最核心的部分是「禮」，最關鍵的人物是「禮官」。王官學存在的主要理由，就在為封建貴族提供適當的教育訓練，使得他們能清楚明白自己在宗法中的地位，內化這個位置應有的對應行為，也就是合於禮而行為、而生活。因而禮官必然具備雙重角色任務：一方面他們是知識的保守者，負責掌管這套傳統知識；另一方面他們也是教育者，負責將這套知識源源不斷地教給下一代的宗法成員。

一名禮官知道在特定的儀式中，每個人依照其身分位置該做什麼；同時他也要確保教會每個人在儀式裡，分毫不差地照著做。儒家源自於禮官，他們原先是貴族社會裡的傳統教育者，在封建宗法解紐中，從貴族官方的系統中流離而出，變形為「諸子」之中的一個家派。

封建宗法發展愈久，親族關係變得愈複雜，禮也就相應變得愈專業。親族關係單純時，大家都知道彼此的關係，也就很容易記得彼此對待的規範。但親戚愈多，親戚關係愈龐雜，就愈難依靠每個人的記憶來保存這些規範。輩分、直系、旁系有不一樣的原則，不同的儀式有不同的舉行頻率，牽涉到不同的成員。如果沒有這些儀式，龐雜的親族關係很容易就被遺忘、忽略了，但要忠實維持這些儀式，又超過了一般人正常生活的負擔，於是就需要將這套禮的知識專業化，交給專門的禮官處理。

人們愈來愈需要「禮官」來「執禮」，禮官的角色愈來愈專業，也就愈來愈將他們所擁有的知識教給一般人，於是造成大家對禮官的依賴愈來愈深。國君要出兵打仗，他懂得如何帶兵、如何布陣，但不知道該如何進行「戎禮」。出兵前該進行什麼樣的儀式，他必須找禮官。甚至一般人要結婚或家中長輩過世了，都很難自己安排相應的儀式，也還是要找禮官來負責。

於是，禮官作為知識保存者的角色愈來愈重要，但相對地，他們作為知識教育者的角色卻愈來愈艱難。因為這些知識複雜龐大到別人都學不來了，還有，這些知識龐大複雜到與日常生活脫節了，自成體系，一般人也不想學、不想知道了。禮繁複到變成專業知識，又和一般人的生活脫節，到這種地步，也就意味著封建宗法即將維持不住了。封建宗法解紐、進而瀕臨瓦解，受到最大打擊的，正是這群禮官。

他們曾經是這個社會上不可或缺的一份子，大家都要依賴他們的專業知識與技能，連國君都不例外。然而，他們的重要性幾乎完全建立在封建宗法制度上，一旦封建宗法不受重視了，他們的地位隨之急遽下降，他們的世界也幾乎整個隨之崩潰了。

春秋時期的史料記錄上，一個常見的關鍵字是「僭」。什麼是「僭」？簡單說，就是「不合禮」。不合禮的事照理說是不該發生的，但在這個時期卻到處發生、隨時發生。還有，若是不再講究禮，沒人記得禮到底是怎麼規定的，那也不會有「僭」的問題，不存在「僭」的現象了。到處都看到「僭」，就意味著中間的落差，一邊是有權力的行為者不再在意禮如何規定，不在意自己的做法合禮不合禮；但另一邊，卻有忘不掉禮、忘不掉自己該有的守禮責任的禮官，察覺並批判這些不合禮的種種現象。

顯然，將「僭」的行為記錄下來的，正是這些禮官。他們同時是文字記錄最主要的負責人。「僭」成了流行，「僭」的行為愈多，意味著封建宗法愈沒有約束力，別忘了，同時也就意味著這些禮官所掌握的知識與技能愈加貶值。他們的地位、價值和封建宗法規範緊緊相連，於是在這段時間中，他們經歷了快速、痛苦的淪落。

他們的夢想，當然是回復原來的禮。在日常生活中，他們看見的，卻是那些權力者、那些積極擴大疆域的新興國君所做的每一件事，幾乎都是違禮的。於是這群人，從某個角度看，是原先王官學的傳承者；從另一個角度看，又是抱持著和時代潮流相反的強烈意見的一群不合時宜的人。他們突出地成為東周變化環境中最早崛起的一個家派，就是後來所稱的「儒家」。

儒家的根本其實就是原來的王官學，只是這套當年壟斷性的權威知識，在新時代環境中失去了光環，逐漸被忽略、被遺忘，不再有權威的地位。如今，舊的王官學必須和新出現的其他思想觀念競爭，這套知識和能力於是下降為「諸子學」中的一支。

知識、真理，從西周時的單數形式，變化為東周時的複數形式。用英語文法來表達的話，王官學從原來的 the knowledge 變成了 one branch of the knowledge。

09 墨家與法家，站在回復禮的儒家對立面

以儒家和禮之間的關係為對照，我們就能清楚地相應拉出兩個脈絡來，一個是「墨家」，另一個是「法家」。

在所有的諸子家派中，儒家占有特別的地位，因為它的來歷截然不同於其他家派。儒家是從原來的王官學下降而來的，這套知識曾經是權威，帶著其過往的榮華風光。儒家始終堅持保守原有的禮，卻必須面對一項殘酷的事實：愈來愈難讓這套禮具備現實意義，因為愈來愈少人在意這

些禮。作為教育者，他們失去了受教者，誰願意學這些落伍了的禮，誰還願意嚴謹守禮呢？

孔子的地位就建立在提出了重要的解決主張。對於傳統的禮，孔子有實質上非常激烈、革命性的看法。他認為禮之所以崩壞，之所以和現實脫節，沒有人重視，一部分原因在於認知禮時，放錯了重點。很多人以為禮就是一條條禮儀規範，以為禮的教育就是教會小孩所有這些禮儀的細節，什麼場合該穿什麼、該做什麼、該說什麼。

孔子不同意。他對禮的檢討、反省，最重要的就是禮有其內在的精神，有其原則的依據，所有禮儀規定加在一起都還不是禮。習禮真正要學的不是繁複的禮節，而是整體的、大寫的「禮」的精神與道理。既有的禮儀、禮節會過時、會失效，但那大寫的「禮」不會，那是普遍的、永恆的。

孔子追求回復禮，不是複製禮的外在行為規範，而是之所以會訂出這些行為規範的原始精神與道理，對孔子而言，那是絕對不能遺忘、背棄的。那是人之所以能作為人活著的根本。

墨家也源自對禮的檢討、批判，然而其態度和儒家截然相反。孔子從內在於王官學傳統的立場提出他的反省意見，墨子卻從完全外於王官學、對王官學帶有敵意的立場發展批判。孔子和儒家憂心封建宗法的解紐崩壞，墨子和墨家卻視此為進步的機會。墨家絕對不想看到封建宗法復興，他們是這套體系的局外人，復興了對他們沒有任何好處。

而墨家之所以能成「家」，因為他們不是單純從自我身分與利益的角度提出看法，而是更深刻地從原則面批判封建宗法的根本問題。儒和墨之所以強烈對立，因為墨子不只反對傳統的禮，也反對孔子對禮提出的修正意見。對於外在的、傳統的禮的繁文縟節，墨子從「儉」的立場加以反對，認為「禮」和「樂」都是奢侈的排場，沒有實際作用，平白浪費。

對於孔子所揭櫫的禮的內在精神，墨子也完全不同意。墨子批判禮的根本是「分別」，對待爸爸和對待叔叔不一樣，對待叔叔和對待外甥不一樣，對待親戚和對待非親戚不一樣。這種「不一樣」本身就是最大的問題所在，製造了所有的紛亂。應該做的，墨子強烈主張，就是徹底從精神、原則上推翻禮，代之以不分別、對所有人一視同仁的「兼愛」。愛爸爸也愛叔叔，愛叔叔也愛外甥，愛親戚也愛所有不是親戚的人，沒有分別、沒有兩樣，就不會有爭執、不會有戰爭了。

墨家站在儒家的對立面，法家也站在儒家的對立面，只是關切的重點不一樣。儒家鼓吹回復封建宗法秩序，強烈反對破壞封建宗法的現實。那個時代最突出的政治現實，是國君、封君持續擴大領土與權力。他們打下一座城、併掉一個大夫封域，儒家一定是批判的：「不可以！這樣是不合禮，是違禮的行為！」

這一點，法家和儒家徹底相反，法家的出發點就是現實。活在當下，為什麼要管過去的禮怎麼規定？怎麼可能要逆轉變化，把人帶回到封建的過去？現實就是現實，現實是前提，需要的是解決現實問題，現實問題不可能用保守的舊方法來解決。不承認現實，就永遠找不到解決現實問題的辦法。

一邊是「歷史主義」的態度，過去封建時代曾經存在的就是合理標準；一邊是「現實主義」的態度，只有現實算數，現實是思考的起點。儒家和法家，在根本態度上就是無法相容的。

10 道家和陰陽，源於王官學的史和易

那道家呢？道家比較複雜，牽涉到莊子和老子兩種其實頗為不同的路數，後來被籠統放在一起了；更麻煩的是，牽涉到後世史料竄亂產生的致命錯誤，兩千年來將老子視為早於莊子，把《老子》思想當作是在春秋時期，和孔子同期，甚至還比孔子稍早。

經過從清末到民國多位學者的仔細考證，我們看清了，講到「老子」，有兩個年代很不一樣的歷史人物混為一談了。一個是時代比孔子稍早的老聃，一個是戰國時代的李耳。到司馬遷寫作《史記》時，這兩人已經被摻加在一起成了「老子」，也將寫成於戰國時代的《老子》往前推為春秋時的思想了。

《老子》成書不可能早於戰國時期，寫《老子》的人，和春秋時的老聃不會是同一人。老聃和王官學也有關係，屬於原來的史官這個系統。他們是封建宗法的記錄者，這樣的角色使他們進一步擴展成為歷史的思考者，成了歷史哲學家。對於規律、原則，他們比儒家來源的禮官看得更廣些，不只禮背後有一定的道理，所有人類行為背後都有共通的道理。因而光看禮的道理是不夠的，還要將禮也還原為人類行為的一種，總體地整理人類行為的總原理。

這套總原理，就是「道」。史官出身的老聃，對於「道」的鋪陳解釋取得了一定的名聲，但

似乎並未將他的看法落為文字。後來的李耳假托前面的老聃名義，寫了專門闡揚「道」的著作，許多人接受、相信那就是老聃的思想，甚至接受、相信那就是老聃自己撰述而遺留下來的著作。

莊子有不一樣的來歷。莊子的生平、思想，顯然受到南方楚文化的影響。在諸子中，莊子和王官學是關係相對最疏遠的。莊子也說「道」，他的「道」離開了人間範圍，觀察自然，恣意遊於自然，和周人原本以親族人事為核心的觀念相去甚遠。李耳襲用了莊子的觀念呈現「道」，於是兩人被放在一起成為「道家」，又把道家推前到老聃的時代。

還有值得一提的陰陽家。陰陽家源自王官學中的占卦之術及其相關概念。《易》被視為重要的儒家經典，但若是看《易．十翼》（即《易傳》），裡面有很大一部分是戰國時期以後才寫成的，而且和儒家關係不大，倒是清楚顯現了陰陽家的思想。也就是世界上所有的事物和現象都是彼此相關、互動的，所以我們才能用占卦預知、推斷。陰陽相生，五行互動，從中產生總納萬象的一套規律。

這樣的思想為什麼會進入儒家？不是因為和儒家的信念相吻合，而是因為源自於王官學中的「易學」，所以被儒家一併保存下來了。從這裡，我們可以最清楚看出儒家和王官學的密切關係，也就能體認陰陽家也是來自王官學的一支。

「子不語怪力亂神」，孔子明確地反對非人事、超越力量的說法，但後來的儒家卻一直和陰陽家牽扯不清。到西漢，還產生了將陰陽五行放進儒家體系中的「天人感應說」，簡直就是將儒家「陰陽家化」了。其中一個原因就在於陰陽家也來自王官學，從王官學的共同源頭看，儒和陰陽兩家本來就沒有那麼遠，在王官學的傳統經典《易》上面有著明確的交集。

11 封建宗法解紐，諸子百家興起

總括整理一下，西周的王官學有三個重要的支脈：禮學、史學和占卦學。封建宗法解紐後，這套獨占式的貴族知識守不住原本的地位，開始往外、往下散流。散流之後，就在不同情境下有不同的強調重點，從而發展出東周的「諸子學」。

諸子學中最早成形，因而也占據最核心位置的，就是從「禮學」中發展出的儒家。由禮官而變化為儒家，關鍵的轉折就在於將禮的重點由有形的禮儀移到無形的禮的精神。貫串繁複的禮儀，應該有一份統一的精神，一個「禮的本質」，掌握了這份本質精神，就能解決人與人之間的問題，在變動局勢中隨時找出對的規範來。這是儒家的基本主張。

這種「本質論」的思想傾向，不僅限於儒家，墨家也有，道家也有。墨家相信人的所有行為都服膺一個超越禮的、更廣泛的本質，那就是「兼愛」。無差等地一視同仁愛所有的人。禮反而違背、扭曲了這個大規則，製造了混亂與災難。如果能夠回歸「兼愛」，那就不會有戰爭，時代的根本問題就能得到解決。

源自於「史學」的道家相信，歷史變化消長可以整理出一定的規則來。而且整理出來的規則，和天地自然的運行隱然呼應。所以解決問題的辦法，就是學會這套規律，巧妙運用這套規律，以一種更高的智慧視角，俯視洞悉人事，就可以不陷入其中，超然遊心於外。

源自「占卦學」的陰陽家，將整個宇宙視為一個大系統，沒有任何東西是獨立存在的，也幾乎沒有任何兩種事物是沒有關聯的。萬物皆相連，於是我們就能從相連關係上認識、理解宇宙，而理解的同時，也就取得影響宇宙的能力。人可以影響物，物也可以影響人，在陰陽家的思想中，這兩個領域不是分隔開來的。於是我們就能夠藉由改變人的行為，影響改變物的狀態與性質；倒過來，也能夠藉由改變物的狀態與性質，來產生對人的影響。人與物統屬於同一套相生相剋的運作機制中，就開拓了許多操控變化的可能性。

「王官學」本來是一個大系統，到了「諸子學」變成了好幾家，而且這些新成立的家派彼此之間激烈競爭。他們的競爭大致在兩個領域中進行：一個是真理的層面，競爭誰對這個世界的解釋比較有道理，比較有說服力；另一個是實用的層面，競爭誰能對封建宗法瓦解的亂局，提出比較有效的解決方案來。激烈的競爭刺激了這些新家派快速進步，也促成了新家派發展出各自的重點。有的著力於提升解釋力，有的則著力於強調有效性。而且有的致力於說服統治者，有的趨近被統治者；有的從個人的處境著眼，有的則關注集體、社會狀態。

由此誕生了思想與學術的黃金年代。東周歷史上有兩個最突出的重點，一是巨大的社會動盪與變遷，另一則是思想、學術的百花齊放盛況。而這兩個重點，又是彼此關聯的。社會動盪、變遷鬆綁了王官學，推翻了王官學原有的一元權威，才會有諸子學的多元活力；還有，社會動盪造成的不安與痛苦，更是促使人們不斷試圖尋找答案與解決的強烈動力。

第七講

重新認識孔子（一）

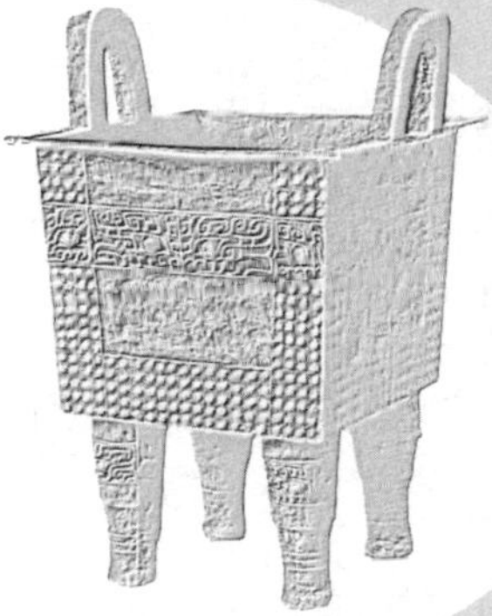

01 孔子與我的電影夢

我們這一代在臺灣長大的人，幾乎每一個都做過電影夢。不是想去演電影當明星，不，那太沒志氣了，而是想要當導演拍戲。我們看很多很多電影，電影是我們沉悶、封閉生活中最重要的出路。我們不太看臺灣拍的電影，因為對照輕易就能看到的美國好萊塢電影，臺灣電影真難看。但在好萊塢電影之外，我們還可以多花一點力氣找到義大利新寫實主義電影、法國新浪潮電影，於是我們又形成了批判好萊塢電影的標準，一邊看一邊知道：好萊塢還不夠好。

我們想拍的，是安東尼奧尼、費里尼、高達、楚浮……那樣的電影。我們深受「作者論」的吸引，甚至該說是毒害吧，念茲在茲總想著要拍一部，至少一部「自己的電影」。劇本是自己的，鏡頭畫面是自己，電影表現的情感與生命哲學也是自己的。

我最瘋狂想著「自己的電影」，是大學快畢業時。大四的寒假，本來有件重要的事，因為對電影的狂熱就被我擱在一邊了。那是預官考試。那個年代，大學畢業生自然取得預備軍官資格，當兵時可以掛少尉官，不過同樣是少尉，同樣是兩年服役，卻有比較累的和比較輕鬆的兩年少尉。一般公認，最累的是步兵少尉，最輕鬆的要嘛經理少尉，要嘛政戰少尉。但在那個仍然黨國不分的環境中，要有國民黨籍才有資格當政戰官，我死活不願入黨，當然就失去了這個可能。換句話說，要讓自己兩年役期中過得安全些、舒服些，我得更努力想辦法考好預官考試。

然而不幸地，寒假中，我在出租錄影帶店發現了香港連續劇，周潤發主演的《上海灘》，帶了前幾集回家，一看就著迷了。一集看完，迫不及待馬上要再看下一集，一口氣把二十五集都看完了。看連續劇已經夠花時間了，更糟的是看完之後的反應。真恨啊，人家香港連電視劇都能拍成這樣，遠遠高過臺灣電影的水準。如此又引發了創作電影的不切實際幻夢。

於是，在其他男同學都夜以繼日捧著軍訓課本猛啃時，我卻花了一整個寒假寫成了一部完整的電影劇本，從分場到對白到粗略的分鏡。忽忽如狂中，等於是自願放棄了預官考試。

後來兩年，服役中遇到各式各樣艱困折磨，最是疲累不堪時，我總是會想起這部害我陷入這般局面的劇本。而每一次，自己心中得到的結論都一樣，用這樣的代價換來完成那樣的劇本，嗯，不後悔。

我在那個冬天衝動急急寫完的電影劇本，標題是《孔子》。

02「結纓而死」的子路

劇本《孔子》在抽屜裡躺了三十年，不時想起時我還會拿出來翻翻看看，至今仍然對三十年前的自己竟然寫得出這樣的東西感到不可思議。年輕時候自己寫的電影開場，如今讀來仍然強悍有力。

電影的開場，是子路之死。那是多麼戲劇性、又多麼有畫面張力的一段故事！

歷史上，子路之死記錄在《左傳．哀公十五年》，那年發生了衛國之亂。亂事源頭是衛國太子蒯聵，他原先出亡，這時回到衛國，要建立自己的勢力，於是就去找他的外甥孔悝支持他，和他結盟。孔悝不肯，蒯聵就以武力挾持孔悝，脅迫他答應。

發生這件事時，子路正擔任孔悝的家臣；孔子另一名弟子高柴則在衛國任職。衛國陷入動盪中，高柴一看狀況不妙，就倉皇離開，出城時剛好遇到子路，子路本來不在衛國，這時急著要趕回去。相遇之際，高柴勸子路：「衛國大亂，你只是孔悝的家臣，別進去，這不是你能處理的，也不屬於你的責任。」子路沒聽從，他認定既然在身分上是孔悝的家臣，他就有義務必須介入。

子路進入衛國後，直接找上蒯聵，強勢地對蒯聵喊話：「你用這種手段挾持孔悝沒有用的。就算你殺孔悝，我也有辦法替他建立繼承者，絕對不會對你讓步，絕對不會和你結盟幫助你。」

接著，子路又衝動地公開臭罵蒯聵是個膽小鬼，只要放火燒他所在的地方，蒯聵就會嚇得屁滾尿流了。然後子路反過來威脅蒯聵，如果不放了孔悝，他就真要放火了。

遇到這樣的子路，蒯聵又氣又怕。於是他派了兩名力士，一個叫石乞，一個叫盂黶，去對付子路，「以戈投之」。在這場打鬥中，子路以一敵二，最終死於石乞和盂黶之手。然而，《左傳》中特別記錄：在打鬥過程中，子路的帽帶斷了，子路說：「君子死，冠不免。」於是結纓而死。意味著他死前做的最後一件事，就是將自己的帽帶重新綁好，從容而死。

子路死於和蒯聵的衝突，而死前他鄭重其事綁好帽帶，這個動作是有深意的。那不只是他自己對「禮」、對外在儀容的講究，更是做給蒯聵看，是對蒯聵的諷刺嘲弄。

要了解子路行為的意義，必須回溯蒯聵出亡的原因。蒯聵的父親是衛靈公，身邊有個寵妾「南子」，是那個時代有名的大美女。而南子又和宋陽私通，搞得大概除了衛靈公不知道（或不願知道）外，舉國皆知。蒯聵憤而計畫誅殺南子，卻失敗了，惹得衛靈公大怒，因而出亡。

南子也曾出現在《論語》中。《論語・雍也》：「子見南子，子路不說。夫子矢之曰：『予所否者，天厭之！天厭之！』」那是孔子初到衛國時，南子召了孔子，孔子就去面見這位大美女。子路對這件事情表達強烈的不滿。子路的不滿有兩個可能的原因。第一是通俗的解釋，就是對老師竟然那麼容易受到美色誘惑，急急地去見美女感到意外。老師不是還感慨「未見好德如好色者」嗎？為什麼遇到南子，自己也露出了「好色」的一面呢？

不過衡量當時孔子帶領弟子們到衛國的情況，其實還有另一個可能。子路反對的，是孔子去見當時以美色控制衛靈公，在衛國政治上足以呼風喚雨的南子。難道老師也依從現實，要用「走後門」的方式取得在衛國的影響力，這樣可以嗎？

對子路的批評，孔子反應強烈。他脫口而出的話，用現代語言來比擬接近於：「如果我真的像你想的那樣，讓天打雷劈把我打死算了！」而且還激動地講了兩次。

南子是衛國之亂的開端，蒯聵出亡後，先是和自己的父親衛靈公對抗；衛靈公死後，由蒯聵的兒子繼位，蒯聵不接受這樣的安排，硬要打回衛國來，又變成另一種難看的父子之爭。

這些當然都是明白「違禮」的行為。一個人不顧禮中最根本的規範，得罪自己的父親，又和自己的兒子反目成仇，為了和兒子爭被父親奪走的權力，還綁架了自己的外甥，那就是子路眼中看到的蒯聵。換句話說，子路會在他面前說那麼強硬、挑激的話，與其說是為了救孔悝，毋寧更是為了發洩內心無法掩飾的鄙夷。他深深地瞧不起蒯聵，寧死也不願意對蒯聵敷衍一句話。

甚至到了生死的最後關頭，子路都不忘表現他和蒯聵之間最根本的差異。他堅持守禮到最後一刻，依照禮，作為士，死時一定要整好儀容、戴好帽子，簡直是含笑地輕蔑蒯聵：就算你能派人殺了我，還是改變不了你卑劣違禮的事實，在這件事上，我依舊比你高得多，依舊鄙視你。

子路臨終時緊緊不放的嘲弄，一定把蒯聵激瘋了。蒯聵氣得在子路死後，發洩地將他的遺體剁成肉醬。

03 有血有肉、有脾氣有偏見的孔子

「子見南子」的記錄，鮮活地顯現了孔子的個性，以及他和弟子之間的關係。認真地讀《論語》，尤其是讀《論語》中所有和子路有關的段落，你不可能覺得孔子是個正經八百、單調無聊的人。《論語》裡的孔子不同於後來被扭曲了的傳統形象，不是一位高高在上的聖人，更不是一部「真理製造機」，而是個有血有肉、有脾氣也有偏見的人。

《論語．先進》中有一段：「子路、曾皙、冉有、公西華侍坐。子曰：『以吾一日長乎爾，毋吾以也。居則曰：「不吾知也！」如或知爾，則何以哉？』……」孔子和四名學生閒聊，特別跟他們說，別因為我是老師、是長輩，就不敢說真話。說真的，你們的志願到底是什麼？先不管現實上有沒有機會達成，你們最想實現、完成的是什麼？

老師一問，四人當中第一個回答的是子路。「子路率爾而對曰：『千乘之國，攝乎大國之間，加之以師旅，因之以饑饉，由也為之，比及三年，可使有勇，且知方也。』……」他說：如果有一個擁有千輛兵車的中型國家，夾在大國中間，受到戰爭與飢荒的壓力，只要國君懂得用我，三年的時間，我就能讓那裡的人民不畏懼大國，也不怕困厄，而且還「知方也」，能夠分辨是非、明白道理。

說到治理國家的目標，子路很自然地就先提到「可使有勇」，因為這是他最在乎的，也是他個性中最突出的特質。或許是看到了老師的臉色，想起這話是對著老師說的，才又趕緊加了一句「且知方也」。子路說完後，「夫子哂之」，老師笑了笑。

後來四名學生輪流說了自己的志願，散會後，曾皙卻留下來，特別問了老師：「夫子何哂由也？」為什麼子路說完，老師要笑他？孔子的回答是：「為國以禮，其言不讓，是故哂之。」因為孔子察覺到其中的一份矛盾，子路要治國，要讓人民「知方」，就必須灌輸人民禮的觀念，但子路自己多沒禮貌啊！絕對不會想到要讓別人先講話，搶著就講了，而且說話的口氣這麼堅決、這麼肯定，「不讓」，這樣能「為國以禮」嗎？

孔子並沒有否定子路的志願，他的笑源自對子路性格的深度了解，知道他的衝動「不讓」，會是他實踐夢想最大的障礙。孔子也沒有指責子路，他只是因為意識到這中間的矛盾而笑了起來。

另有一段，《論語．公冶長》記載：「子曰：『道不行，乘桴浮於海。從我者，其由與？』……」對於當時的世道，孔子陷入一種無可奈何的悲觀情緒中，有感而發：算了算了，沒有必要繼續努力了，不如漂流到海上去吧！孤身離去，大概也不會有人在意吧？恐怕也就只有子路會跟在我身邊吧！

「子路聞之喜。子曰：『由也，好勇過我，無所取材。』」有人將孔子的感嘆轉述給子路，子路聽了很高興，視為老師對他的高度了解與肯定，老師知道就算全天下都背棄他，有義氣的子路一定還在，哪管天涯海角。有一天孔子要解散這個團體，叫大家鳥獸散，子路也必定打死不走。

然後，子路「聞之喜」的反應又傳回孔子那裡。孔子忍不住又調侃了子路：你果然比我勇敢啊，我一說要流浪到海上，你就一副馬上出發的態度了。不急不急，我們連紮木筏的材料都還沒準備呢！

這裡，孔子的反應也是「哂之」，因為他太了解子路那種衝動的個性，說是風就是雨，而且有一種行動派的憨直，聽不懂比喻。老師說「乘桴浮於海」，是誇張表示對於現實的失望，對於在現實中不被重視的挫折，但聽在子路耳裡，就變成師徒二人真正要去航海的行動指示了。

《論語・公治長》中還有一段：「顏淵季路侍。子曰：『盍各言爾志？』……」老師身邊只有顏淵、子路兩名學生，孔子說：來吧，說說你們所嚮往的事吧！「子路曰：『願車馬，衣輕裘，與朋友共，敝之而無憾。』……」哈，當然又是子路先回答，不假思索，脫口而出：我要做個慷慨的人，好車好馬好衣服，朋友要用就拿去用，用壞了也絕不計較！

「顏淵曰：『願無伐善，無施勞。』子路曰：『願聞子之志。』……」然後顏淵也給了他的答案，有意思的是，顏淵說完之後，子路就大剌剌地對老師說：「也別老是考我們，那你呢？你的願望又是什麼？」孔子也就回答，希望能「老者安之，朋友信之，少者懷之」，做一個能提供老者安穩生活，能讓朋友信任，能保護孩子的人。這是孔子的氣度，和子路、顏淵不在一個層次上，但子路的真性情多可愛啊！

04 「哭子路於中庭」，是失控，更是真情

理解子路是這樣一個人，他的死就帶著格外濃烈的蒼涼悲劇性。子路和孔子之間的關係，其實介於師友之間，他是孔子弟子中年紀最長的，只小孔子九歲。意思是到魯哀公十五年蒯聵之亂發生時，孔子七十二歲，子路也六十三歲了！

在那裡和兩名「力士」拚鬥的，是個六十三歲的老人。但就算活到六十三歲，子路仍然如此衝動又如此決然，對自己所相信的毫無保留，毫無商量餘地。

《左傳．哀公十五年》中還提到，當孔子知道高柴從衛匆忙逃出，子路卻反向衝進衛國去時，他的反應是：「柴也其來，由也死矣。」顯然臉色慘白，痛呼：「完了完了，連高柴都選擇離開，子路這下死定了！」

會有這種反應，是因為孔子真正了解他的學生，每個學生是什麼個性，在什麼狀況下有什麼反應，他太清楚了。孔子對高柴的評估，是簡單的一個字「愚」，意思是他笨笨的，腦筋不會轉彎，是什麼就是什麼。這樣的人不會貪生怕死，這樣的人也不會見微知著，做精巧的推斷。高柴會離開衛國，肯定是衛國的情況已極度危急，以高柴之「魯」都知道這個地方待不得了，衝動的子路卻硬闖進入，怎麼得了！

那不是什麼聖人的神奇預感，毋寧是對人、對時局的理性判斷，再加上關切子路遭遇的感性深憂。孔子不幸而言中，子路真的死於衛國之亂。

《禮記．檀弓》裡有孔子接下來的反應。一開頭，第一句就說：「孔子哭子路於中庭。……」記得，這是《禮記》，是記錄禮、討論禮的文獻。「孔子哭子路於中庭」，這是不符合禮的。古文中的「哭」指的是大哭，而禮的作用，本來就是用來節制太過強烈的情緒，把人拉在一定的反應範圍中的。孔子不只「哭」，而且竟然在「中庭」裡哭，這是不折不扣的失控。

從禮的角度看是失控，但換個角度看，這也就是真情。尤其在孔子身上，一個一輩子習禮、強調禮的重要性的七十二歲老人，遇到了子路之死，他再也維持不了禮的節制外表，內在的悲慟超過了一切。

《論語．先進》中記錄了另一個類似的情景：「顏淵死，子哭之慟。從者曰：『子慟矣。』曰：『有慟乎？非夫人之為慟而誰為？』」顏淵死時，孔子也是大哭，也是哭得失控了，旁邊的人擔心，就用孔子最在意的事勸他：「你哭得過頭，違禮了。」「慟」的字意，用今天的白話說，不單純是「大哭」或「痛哭」，而是「沒有節制地哭」、「過度哀傷地哭」，而所謂節制、過度，當然都是以禮為標準的。

但看看孔子如何反應？他說：「有嗎？有過頭嗎？不為了這種人而失控、過頭，不然是要為其他什麼人嗎？」別懷疑，真真實實地，這裡的孔子就是在耍賴。他在生氣、在發洩，顏淵沒有了，我摯愛的人離開我了，你們還要我節制，還要來管我是不是傷心過度！我就是要這樣哭，因為這是顏淵，不是別人！

子路死時，孔子也是類似地真情流露，任性、耍賴地將禮的節制拋到一邊。得知訊息時，他在中庭就大哭了。尤有甚者，「有人弔者，而夫子拜之。」有人來弔唁，孔子敬拜答禮。這又是違禮的。《禮記》特別說「而夫子拜之」，孔子的身分是「夫子」，是長輩，子路是晚輩，直到今天，傳統式的喪禮上，如果死的是晚輩，人家來鞠躬，長輩是不能回拜答禮的，那是晚輩的事。

孔子不可能不懂這麼簡單的禮儀原則，但他不管，或者更精確地說，內在澎湃的悲痛使得他必須用這種違禮的行為，來凸顯子路的重要性。子路不是一般人，不是一般的晚輩，甚至不是一般的弟子，在激動情緒中，孔子拒絕用對待一般人的儀節來對待和他如此親近的子路。

《禮記》中繼續說：「既哭，進使者而問故。使者曰：『醢之矣。』遂命覆醢。」到這裡，我們更清楚事情的順序始末。使者來報子路的死訊，急切擔心的孔子在中庭就接待了使者，聽了消息之後，忍不住在中庭就大哭了。可能隨著使者來的人當場弔唁，安慰孔子，孔子竟違禮回拜。然後，他才將使者請進堂裡。這又是違禮的，但孔子太激動了，當下顧不得那麼多，好不容易情緒稍微平復，才能夠招待使者，並知道子路之死的來龍去脈。使者說到子路被砍成肉醬，孔子又激動地立即吩咐，從此之後，他再也不要看到肉醬了。

再提醒一次，那時孔子七十二歲，子路六十三歲。事情發生時，子路甚至人根本不在衛國，卻硬是衝動地闖進去。隻身沒有任何協助，單挑帶著武力挾持孔悝、甚至要帶著武力將國君位子搶回來的蒯聵，不只毫無懼色，說話的口氣比蒯聵還大。一個六十三歲的老人，別無憑恃，有的，就是他的堅毅個性，以及他的正義信念。這樣一個人，被兩名年輕的力士包圍攻擊，死在他們的兵器之下，還被砍成了肉醬。多麼戲劇性的一件事啊！

05 重弟子更甚於兒子

關於孔子，最可信的史料是《論語》，另外加上《左傳》和《禮記》的部分內容。從這些沒有被竄亂改寫的史料中，我們可以清楚看出，孔子一生最重要的事，他的成就、喜悅與打擊、哀痛，幾乎都是和弟子有關的。

相對地，孔子的家人，包括兒子孔鯉，在他的生命中並沒有那麼重要的地位。孔子十九歲生孔鯉，孔鯉得年五十，也就是說，在孔子六十九歲那年兒子死了。第二年，他的弟子顏淵死了；再兩年，他的另一個弟子子路死了。他生命晚年受到接連的打擊。

顏淵小孔子二十九歲，在孔子弟子中算是很小輩。顏淵的爸爸顏路也是孔子的學生，等於是兩代都跟隨孔子。顏淵只活了四十一歲就去世了。

孔子顯然很難接受顏淵之死，所以明知逾越了禮節，卻放任自己痛哭。《論語．先進》中記錄了後續的事蹟。顏淵死時，顏路還在，應該是看到老師那麼難過，為了安慰老師，顏路就去提議，讓孔子將顏淵當作自己的兒子下葬，給顏淵一個具備大夫身分的葬禮，把他的棺木放在馬車裡，連馬車帶棺木一起堂皇下葬。

這個提議孔子拒絕了。最主要的理由，孔子說：「才不才，亦各言其子也。鯉也死，有棺而無槨。」自己兒子孔鯉死了，孔子都沒有給他這麼堂皇的葬禮，沒有給他馬車下葬。雖然顏淵的才能比孔鯉高得多，但兒子沒有如此厚葬，再怎麼偏心也不能讓顏淵的葬禮和孔鯉的差那麼多。「才不才」，孔子承認自己偏心，但是偏心也要有限度。還有，孔子其實不是那麼相信厚葬，也不覺得厚葬顏淵就能給自己多帶來什麼撫慰。

《論語．先進》中的另一段說：「顏淵死，門人欲厚葬之。子曰：『不可。』門人厚葬之。子曰：『回也，視予猶父也，予不得視猶子也。』」後來，顏淵仍然以高於原本身分的方式下葬了，孔子傷心地感慨道：「顏淵把我看作父親，但我到底不是他父親，無法真正把他當作兒子。」這裡的感慨有兩重意思，一重是傷心顏淵不是真正自己的兒子，無法名正言順以大夫之禮下葬，他的「厚葬」是「僭禮」的。還有一重：因為不是父親，所以顏淵的葬禮就不是孔子所能決定的，提醒了他在身分上無法突破的藩籬。

他恨不得能做顏淵的父親，從實際關係上來說，顏淵對孔子的重要性，本來就遠遠超過孔鯉。《論語．先進》又有：「顏淵死。子曰：『噫，天喪予！天喪予！』」顏淵死了，孔子痛苦到呼天，說：「老天爺，你毀了我，你乾脆殺了我算了！」

《公羊傳．哀公十四年》還有一句類似的話：「子路死。子曰：『噫，天祝予！』」子路死時，孔子同樣痛苦呼天，說：「老天！我已經不是個活人了！」「祝」是對待死人的形式，意思是天已經將他當作一個死人了。

顏淵、子路之死，給孔子帶來多大的震撼！但相對地，翻遍史籍，我們看不到孔子對同樣比他早死的兒子有如此強烈的感情。要了解孔子，首先我們應該了解孔子的真感情、真信念，繼而一定要了解他和弟子之間的關係。這些人都是些什麼人，為什麼會聚集在孔子身邊，又為什麼會形成和孔子間如此緊密的關係？

06 封建動搖的見證人、受害者

要了解孔子，有一份必須小心應用的材料，就是《史記．孔子世家》。後世傳統上經常直接將〈孔子世家〉的說法當作史實，只以太史公司馬遷的這篇文章來認識孔子。司馬遷是個了不起的史家，而且極度尊崇孔子，特別將孔子的生平列入「世家」，而不是放進「列傳」裡，給了孔子一個歷史評斷上的貴族身分。不過別忘了，司馬遷的時代比孔子晚了四、五百年，而且寫〈孔子世家〉時，他所處的是漢代重新詮釋儒家，以現實需要重新認識孔子的環境，司馬遷不可能脫離這樣的背景來認識孔子、呈現孔子。

要盡量接近孔子的原貌，我們必須盡可能挖掘最接近孔子時代的材料。從材料的可信度看，由孔子弟子在他去世後不久就編撰的《論語》，無疑排名最前，然後就是《左傳》。產生於孔子的時代的這兩部作品，形成了一個標準，供我們用來比對時代較晚的史料。如果不牴觸《論語》、《左傳》，我們可以斟酌，納入考慮；但若是和《論語》、《左傳》明顯相左，那一定優先相信《論語》和《左傳》。

《史記．孔子世家》中記錄，孔子的先世是殷人之後。他的家世可以追溯到周初「三監之亂」後，周公將一部分的殷遺民移走，成立了宋，交由商紂王的兒子微子啟統領。微子啟開國後，傳了五世到宋湣公，湣公死後傳位給弟弟煬公，不久後湣公的二兒子殺了叔叔煬公，自立為國君，即宋厲公。

看到這樣的名字，宋「厲」公，我們就知道這人有問題。在歷史上留下的這些稱號，都是「諡號」，這又是周公訂定，對後世產生巨大影響作用的制度。諡號的基本原則，就是由後來的人來評定前人的功過，並永遠記錄下來。宋厲公活著的時候，不會知道我們今天會用這個名字稱呼他，那是他死後，失去所有控制權力之後，還活著的人給他的名字。這個名字，是依照他生前統治的風格、所作所為、成就與失敗，綜合評斷產生的。

諡號對中國的權力者是個提醒，也是個永遠排除不去的陰影。提醒他們，不管你的現實權力有多大，偏偏就有一件事不在你控制之內，那就是後人會如何記得你。甚至後人將用什麼名字記得你，都不是你能決定的。你活著時很了不起，大家都怕你，都不敢忤逆你；然而你死了，在你無能為力時，後人會給你一個評斷，永遠罵你。

在諡號的系統中，「厲」字就是罵人的，表示這是個亂來的國君。從宋煬公到宋厲公的變亂過程中，有一個人的身分很尷尬，那就是宋湣公的大兒子弗父何。如果宋湣公不是選擇將國君之位傳給弟弟，就應該是長子弗父何繼位才對。後來厲公殺了煬公，做了個樣子，請哥哥弗父何來當國君，弗父何不敢接受，於是厲公就不客氣地即位了。

這時弗父何怎麼辦？他是國君的大哥，在宗法原則上，比厲公更有資格當國君。他才是大宗，厲公是小宗。但厲公繼承了湣公的大宗之後，就任命弗父何為「世卿」，也就是另立一宗，讓他們世世代代傳下去。傳到了孔父嘉而「賜族賜姓」，讓他們這宗有了自己的國，有了自己的姓，從此之後，「孔」就變成他們的姓。

孔父嘉晚年時，和宋的另一個世卿，當時的權臣華父督起了嚴重衝突，竟然被華父督給殺了。從此，孔家在宋的處境顯然每況愈下，到了孔父嘉的曾孫孔防叔，在宋待不下去了，於是出亡到魯，從此定居在魯。

孔家在宋是世卿，到了魯之後，就降為一般的大夫。他們沒有了世襲的爵祿，只能在魯國朝廷中貢獻所能，換取俸祿。地位與待遇沒有保障，往往就一代一代往下降。

孔防叔是孔子的曾祖父，孔子是由宋遷魯的第四代。他們家族，正是封建制度動搖過程中的見證者、受害者。宋國由殷遺民建國，所以政治體系上保留了商人「兄終弟及」的傳統，沒有完全接受周人「父死子繼」的嫡長子繼承制。這種兄終弟及的做法，和封建宗法的大小宗制安排，有著根本的衝突，結果就釀成了孔子先世弗父何的尷尬處境，也開始了他們這宗的下降。

下降為世卿，至少還有世襲爵祿，然而隨著宗法約束進一步鬆動，又有了世卿侵奪世卿的情況，孔家又在其間受害，以致失去了在宋的世卿地位與世襲爵祿，遠赴魯後，再降為大夫。

隨著世代繁衍，宗法的成員開枝散葉，不可能每個人都有封地，都有爵祿，於是具備貴族血統，卻分不到太多貴族待遇的「士」也就愈來愈多。寄人籬下的孔家，到孔子這一代，就下降到只剩下「士」的身分了。

「士」分文、武。「國之大事，在祀與戎。」武士負責的是「戎」，也就是打仗時提供戰鬥服務；文士則負責「祀」，也就是出現在各式各樣的禮儀中，協助禮儀的進行。

07 「三十而立」，從掌禮成為老師

孔子的父親叔梁紇，是陬邑大夫，而且是個「力士」。陬邑附近有另一座城，叫偪陽，兩城

互相攻伐。有一次陬邑進襲偪陽，偪陽人在城門上做了一道機關——懸門，也就是在原來的城門裡面，再多一道會從上方落下來的門。正常狀況下看不到這道懸門，當陬邑的人攻破了城門，興奮地衝進去，懸門才會突然落下，將他們關起來。

那一次，偪陽懸門落下來時，幸賴陬邑這邊有一位「力士」，硬是及時頂住了沉重的懸門，讓陬邑的人能趕緊退出去，才沒有掉入偪陽人所設的陷阱裡。

孔子出生於西元前五五一年，生在一個「士」的家庭，父親是武士，所以從小受的就是傳統王官學的教育。到這個時代，士在列國間有明確的功能。武士負責打仗，那文士呢？文士是一群深入了解禮的專業人員，在紛爭頻仍的情況下，就轉型成為外交上的專才。

當時，封建宗法鬆動卻尚未瓦解，國與國之間的各種交往仍然以禮為基礎。然而外交的禮，慢慢地和其他的禮相區隔，愈來愈重要，也愈來愈凶險。國與國之間的兼併，武力打仗是一種手段，外交談判是另一種手段。武力威脅、戰場勝利究竟能為自己的國獲取什麼，就要在外交談判上決定。

有能力處理國與國的禮，實質操控外交程序的文士，在這個時代大獲重視。國君與傳統的世卿不見得都擅長處理這種事，於是有了援引文士專才來協助的必要。一部分沒落的貴族，不可能靠原來的宗法系統分到任何貴族的待遇與保障，就轉型以士的身分及條件，提供國君或大夫有用的服務，以換取待遇與地位。

孔家從宋奔魯，幾代下來，到孔子時，已經淪為低階的士。然而孔子在成長過程中，對禮特別感興趣，奠定了他作為一名有能力的「文士」的基礎。《論語・子罕》：「子聞之，曰：『大宰知我乎！吾少也賤，故多能鄙事。……』」孔子做過「委吏」，幫人家算帳；做過「承田」，幫人家管牛馬。這些都是「鄙事」，也就是士的訓練下的副產品，卻不是真正屬王官學的核心本事與工作。

《禮記・檀弓》中記錄孔子十七歲時母親去世，他主持母親的葬禮。下葬後，人家誤以為他就將母親永久葬定了，孔子糾正說：不可能，我還沒找到父親下葬的地方，怎能將母親葬定呢？我用的葬禮禮儀，是臨時的第一次葬，過了一定年歲後，要將殘存的屍骨挖出來，進行「二次葬」，那才是真正的永葬。

這則故事說明了兩件事：第一，母親去世時，孔子竟然已經不清楚父親的墓在哪裡了，因為父親死得很早。第二，那個時候確切理解葬禮的人已經不多了，他們無法從葬禮儀式本身看出來葬禮的性質到底是永久葬還是一次葬。葬禮需要有專門的知識才能主持進行，而孔子就是那種握有專門知識的人。

孔子早早就得到特殊的名聲，普遍地說，是「知禮者」，懂得傳統禮儀規範的人；更具體地說，是「知葬者」，尤其是能夠協助他人以正確合禮的方式將死者下葬。胡適一度認定儒家就是一群專門管葬禮的人，那是因為看到古代史料提到「儒」的，很多都和葬禮有關，而得到此一推斷。現在看來，比較精確的推論是，儒的特殊身分，是禮的掌握者，只不過在那個時代，和一般人有關又最複雜、需要專人協助的禮，是葬禮。儒的背景沒那麼狹隘，他們就是一群懂禮的文士，以自己對禮的理解為他人提供服務。

《論語・為政》：「子曰：『吾十有五而志於學……』」孔子十五歲下定決心專注學習的，是傳統的貴族之術，或說「儒術」，一套能夠提供他人服務的禮的專門知識與技能。然後「三十而立」，意味著到了三十歲時，他能夠依靠所學到的知識與技能養活自己，找到自己在這個社會上的立足之處。

孔子三十歲時，如何能夠「立」？簡單地說，就是成為一位老師，以教授學生得到新的身分與生活，也就是《論語・述而》中他說的：「自行束脩以上，吾未嘗無誨焉。」他靠學生提供的「束脩」得以自立。

08 孔子的開創：「有類才教」到「有教無類」

孔子三十歲時，確立成為一位老師。千萬別小看這件事，別以為三十歲當老師有什麼了不起的。從歷史的角度看，這件事再了不起、再重要不過了。

傳統上尊稱孔子為「至聖先師」，「先師」的本意，就是「第一位老師」、「最早出現的老師」，而這樣的稱號不同於「至聖」，是有明確歷史根據的，不是誇張浮泛的推崇。

在孔子之前有教育，但沒有專職的老師。一直到春秋時期都是貴族教育，貴族教育在貴族的系譜網絡中進行。前代的貴族將自己受過的訓練，不管是禮樂射御書數或詩書易禮樂春秋，傳給同屬貴族身分的下一代。這是封建宗法體制的一環。貴族教育是封閉的、壟斷的，內在於這套體制的人才能受教育，也是內在於這套體制的人才有辦法提供訓練傳承。

有資格教的人，教給有資格學的人，這中間的資格是以血緣身分來定義的。所以到了戰國的文獻中，我們都還能看到「父兄不能以移子弟」這樣的套語反覆出現，顯然是從過去普遍都由「父兄」來教「子弟」的教育習慣而來的。

孔子和他所教的人，沒有血緣關係。孔子的許多學生，甚至在原本的封建秩序中，不具備可以接受這套貴族教育的合格身分。孔子開創的角色，事實上是破壞封建秩序的，或者換個角度看，正是在封建秩序動搖的春秋時期，才給了孔子這樣一個空間，違背了舊體制規範，將原本封閉、壟斷的貴族教育內容，拿出來「有教無類」提供給更多的人。而這些無法從父兄親族紐帶中獲取教育訓練的人，跟隨孔子，成了他的「弟子」、「門人」。

孔子立志於普及貴族教育，他不只成為第一位老師，而且從一開始就將老師這個身分、這項工作，建立為一份理想。原先只能在貴族間流傳的知識與技能，孔子拿來開放給所有人。必須有內在強大的叛逆性，才可能創造如此激烈的變革。

他實質上叛逆了西周體制最核心的原則。周人的傳統以血緣判別為前提，一切都先問出身、親族關係，怎樣的出身決定你有怎樣的地位，怎樣的親族關係決定你和別人該如何彼此對待。孔子最崇拜的是周公；他念茲在茲的理想是恢復周禮，即周公制定的社會秩序，所以他努力將自己所知道的、所能掌握的禮教給弟子們。然而這樣的工作有著內在的根本矛盾——很簡單，如果真的能逆轉時間，回到周公的時代、周公的制度，那麼首先被取消、不存在也不能存在的，就是孔子這種「老師」的角色。

禮的根本，和孔子的「有教無類」就是牴觸的。禮的開端就是分類，判別宗法中的身分位置，由此規範人的行為。傳統的周禮是先確定「類」才能「教」，只有確定屬於貴族這類的人，才有資格受教。

孔子聽到子路的志願時笑了笑，治理國家的關鍵在禮，子路自己如此大剌剌不節制，要如何讓一國知禮呢？不過換個角度，同樣的矛盾不也發生在孔子自己身上？我們也可以「哂之」，欸，孔先生，你的志願是復興禮，但你自己不也大剌剌、不節制地破壞了封建宗法的原則，禮的基礎嗎？

在封建宗法中，沒有「老師」存在的空間。幸好孔子不可能真正實現他的理想，那個時代不允許他實現理想。在那個環境中，他創造的新角色，他帶來的創造性破壞，才更能適應新時代的需求。

09 孔子的開創：學如何像樣地做一個人

為什麼會有學生「自行束脩以上」，去跟孔子學習？而且還不是一個兩個，有名有姓可以查考的，就至少有七十弟子。後來流傳的誇張說法，甚至是「三千弟子」，這些人從哪裡來的？這些人看到的，是從孔子這裡學到貴族教育中的知識與技術，可以用來服務國君與公卿大夫。那個時代，有愈來愈高的人才需求，舊有的貴族身分使得人才來源不足，孔子的弟子恰好因應了這份需求。

不過，孔子教的，不單純只是一套有用的知識與技術。孔子堅持：他所教的固然有用，卻不是因為有用才教、才學。這套知識與技術有其內在的根本價值，自身是珍貴的目的，不是用來換取俸祿的手段。

孔門中要分別「君子儒」和「小人儒」。《論語・泰伯》：「子曰：『三年學，不至於穀，不易得也。』」學了三年，不在意也不求要拿學到的去換取俸祿，多麼難得啊！難得之處就在將自己所學的視為目的，而不是手段。這就是「君子儒」和「小人儒」的區別。也可以用後來《荀子》的說法做解釋，小人儒學的是「為人之學」，一邊學一邊計較，學這有什麼用，學會了可以用在哪裡、換來什麼；君子儒則是「為己之學」，是發自內在看重知識的價值。

《論語》裡留下了眾多記錄，討論「出處」。「出」是去服務公卿，拿我會的去賣給願意買的人；「處」則是留著不賣，不服務不伺候。孔門師生間不斷探問：這工作能做嗎？這工作值得做嗎？

「出處」不只是弟子要面對的問題，也是孔子自身的大問題。孔子了不起之處，就在這種原則的統一性。遇到有國君要用他，有公卿大夫要召他，他一樣要對自己、對弟子交代清楚，為什麼「出」或為什麼選擇「處」。而且弟子也會對他的決定有所質疑，像子路那樣個性衝動的，根本經常就直接批評老師做了不對的決定。

《論語．陽貨》中有這一段：「公山弗擾以費畔，召，子欲往。子路不說，曰：『末之也已，何必公山氏之之也。』子曰：『夫召我者，而豈徒哉？如有用我者，吾其為東周乎！』」

公山弗擾以自己的封地「費」為根據，反抗魯國的世卿，找孔子協助。孔子要去，子路直接就開罵，而且罵得很難聽：「你有淪落到這種程度，連公山氏那種地方都要去嗎？」而孔子耐心地解釋：「你只看找我去的人，難道我會都照他的想法做嗎？」意思是，我沒有自己的企圖嗎？「有人用我，我就要以這樣的機會，做出對恢復周天子地位有利的事啊！」意思是他要利用公山弗擾削弱魯世卿的力量，抑制他們對魯國國君的侵凌，恢復魯國的上下秩序。孔子有他自己的目的，不是要去滿足公山弗擾的野心。

毫無疑問，所有弟子中最受孔子肯定的是顏淵。而顏淵最大的特色，是一輩子從來沒有「出」過，他沒有賣過自己身上的任何知識、任何本事。顏淵沒靠自己的本事換過任何現實的利益，卻被孔子視為最好的學生，孔子對他的稱讚，是「賢哉回也！一簞食，一瓢飲，在陋巷。人不堪其憂，回也不改其樂。賢哉回也！」（《論語．雍也》）住得很差，吃得很少，喝的是白水，別人會為之意志消沉的狀況，顏淵卻仍然過得很自在、很快樂。因為顏淵的「樂」不是來自這些外在的生活待遇，而是內在的「好學」，從不斷的學習成長中得到不懈的動能。

孔子弟子中有外在成就的比比皆是，例如子貢、冉有都是。孔子之學後來能夠擴大流傳，子貢有很大的貢獻。但子貢、冉有都經常被老師指責，不曾給他們像顏淵那麼高的肯定，因為他們的「學」是有目的的，顏淵的「學」卻是無目的的，純粹的「好學」。

顯然，「學」不是為了習得一套技術，不是為了有用。那孔子要弟子「學」的是什麼？因為孔子重禮，後來理所當然認為是要學禮儀規範，要學道德。但孔子的本意可能更接近「學人格」，學如何像樣地做一個人，學如何分辨人格的價值高低，學與人格有關的評斷標準及其背後的邏輯道理。

君子儒是「為己之學」，藉由「學」讓自己變得更完整、更豐富。道德只是其中的一部分。道德，尤其是內在的道德感與道德信念，可以改變人，讓人脫開粗野本能，變得更文明、更好。但絕對不只是道德，例如音樂，也在學的範圍內。《論語．述而》：「子在齊聞韶，三月不知肉味。」聽到那麼美好的音樂，音樂進入自己的感官中，一下子蓋過了其他享受，使人得以體會原來有如此美好的東西。另外，透過音樂，孔子能夠察知奏樂者的心情，那就不只是靠本能的感受而已，還添加了主觀的領略努力，將音樂和人、和人格密切結合在一起，成其為「學」。

孔子重新定義了「學」，標舉了「學」的重要性，「學」從此成為中國歷史、中國文化中淵遠流長的固定主題。為自己而學，以學作為目的而非手段，不是要學了什麼去換什麼，而是體驗、享受、珍惜「學」所帶來的豐富與完整，這是孔子提出、孔子堅持的核心概念。顏淵在孔子心中地位那麼高，正因為他是這個概念最純粹的體現者。

10 孔子的開創：知禮，更要追究禮之本

孔子也重新定義了「禮」。儒家和西周王官學有直接的傳承聯繫，儒家所信奉的，就是王官學原有的禮樂射御書數、詩書易禮樂春秋。然而從王官學到儒家，還是在孔子手中進行了關鍵的轉化。

王官學中的禮，就是依附在封建宗法上的一套禮儀規矩。王官學中學的禮，就是要熟悉這些繁複的禮儀，懂得什麼樣的場合裡，不同宗法身分的人應該按照怎樣的禮儀行事。祭祀時有什麼程序，用什麼音樂；盟會時誰開場說話、說什麼；宴客時誰坐哪裡，客人說什麼主人說什麼……，這些是禮，也就是「禮家」要懂、要協助維持的規矩。

孔子是靠掌握這種「禮」而成名起家的，但後來他不將重點放在瑣碎的規矩上。《論語・衛靈公》：「衛靈公問陳於孔子。孔子對曰：『俎豆之事，則嘗聞之矣；軍旅之事，未之學也。』明日遂行。」「俎豆之事」指的就是禮的種種規矩，是孔子的專門，但衛靈公有興趣的不是禮，而是如何打仗。孔子客氣地回應：「打仗的事，我沒學過。」事實上表達了對衛靈公的無法認同，心裡老想著打仗，搶奪別人的封地，當然是破壞封建宗法的，是違背禮的，所以孔子也就不跟衛靈公耗時間，立即離開了。

孔子知禮，但他更進一步要追究「禮之本」：不是禮的具體儀節，而是禮的根本精神。他會直接說「祭神如神在」，意思是在祭禮中，我們假裝認定神在，被祭拜的人的靈魂還在，可以接受我們的祭拜。這話背後，是他強烈的人本立場，祭禮不是真的為了死去的人進行的，祭禮的作用針對的其實是活著的人，是要讓我們不要輕易忘記過去，忘記曾經存在的人。「子不語怪力亂神」，孔子根本不相信人死後的靈魂，更不相信神鬼可以介入、操控人間事務，他總是以人的本位來理解禮，說得更徹底些，人的本位就是禮的基礎，也是禮之所以存在的理由。

在孔子手中，禮失去了所有的神祕色彩，失去了任何和超越世界溝通、影響神鬼的作用。還有，禮表面的多樣繁複程序，也被他擺到第二層去了，真正重要的，是統納涵蓋所有禮的一套根本原理。換句話說，他將禮予以「哲學化」，給了禮一套統一的、根本的邏輯道理。禮是要講理的，沒有「理」的「禮」，是不值得遵守的。孔子堅決反對以被動的方式，盲目地遵從禮的規定，卻不追究弄清楚為什麼有這樣的禮節，這樣的禮節是為了對人發揮怎樣的作用。

和後來的形象大不相同，原始的、真正的孔子怎麼會讓「禮教吃人」呢？禮是為了人而存在的，絕不能反過來變成人為了禮而活著，這明明就是孔子劃時代的突破態度，也是他將禮從原本王官學中解離出來的新詮釋，連這一點都沒弄清楚，沒有資格談論孔子——不管是贊成或批判。

另外，孔子也將禮「政治化」了。禮的主要作用之一，是安排人與人之間的關係，也就是在個人以上組構團體、社會的方式。禮創造了理想的集體秩序，讓人可以安全安心地生活在群體中，不必覺得手足無措，不用擔心會有不預期的傷害，人人都依照禮來行事，就能創造出最好的社會。這不就是政治的最高目標嗎？

禮原來依附在封建宗法制度中，孔子將之獨立出來，變成普遍的政治理想與原則。不管封建宗法如何改變，人不能沒有禮的精神，不能沒有人與人集體互動的內在規範。具體的禮節可以隨時代改變，但孔子堅持的是，我們不能放棄「禮」規範並融洽人與人群體關係的這層作用。因為如果沒有禮，那就只剩下懲罰性的、強迫性的「法」，一切都基於外在的壓迫，那會是一種很可怕、很痛苦的生活。

孔子清楚地解釋了「禮」存在的價值，「禮」內化了人與人和平、文明相處所需的秩序感，和「法」形成強烈的對比。沒有禮，要嘛社會倒退回人間叢林，每個人都成為潛在的搶奪威脅，大家都活得惶惑不安；要嘛社會秩序光靠懲罰性的法來維繫，人人都是法的囚犯，不可能自在，不可能擁有自主的成就感。

11 關鍵時代

了不起的開創者

孔子是位了不起的開創者，在春秋的關鍵歷史時代，至少開創了三件前所未有且留下深遠影響的事物。第一，他創造了「老師」這個社會身分；第二，他改變了「學」的意義，開創了以「學」為目的而非手段的價值；第三，他將既有的「禮」徹底哲學化和政治化，在他手中，禮有了嶄新的面貌。

能如此開創，怎麼可能是個謹小慎微的人？要在歷史上造成如此強大的衝擊，他必然有著極其強大的內在生命力量，還有，他必然帶著一份巨大的叛逆性格。不只如此，他還得有強悍且堅持的邏輯頭腦。他不斷思考如何理解人的現象，如何找出使得各個現象間不矛盾的安排，現實的安排與道理上的安排。從這三項特質去了解，我們比較有機會認識歷史上那個真實活過的孔子，而不是後世層層疊疊為他塑造的形象。

這樣的一個具備活潑生命力的孔子，也能給我們帶來更多的刺激與啟發。看看他和學生之間的互動吧，我們能不羨慕，能不比較？別說師生了，在現代的所有人際關係中，我們誰能和親人、和朋友有這種多元、豐富又真誠的聯繫？真正的生死與共，不斷交換關於生命根本理想的看法，並肩發展評斷這個社會的公平正義標準——你曾經跟誰如此相交相識過了？

第八講

重新認識孔子（二）

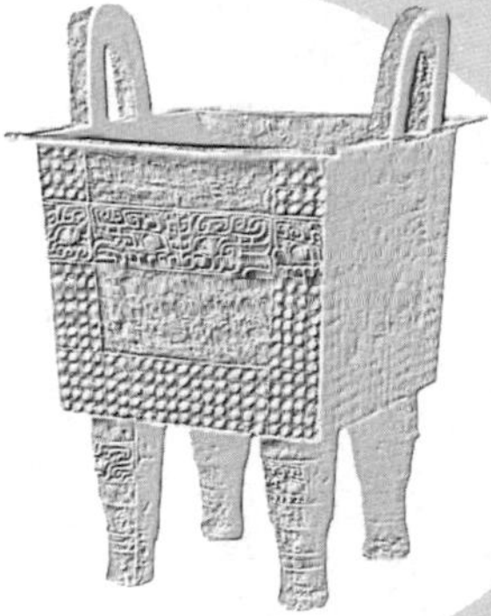

01 諸侯自利的上下連鎖反應

孔子出生於西元前五五一年，距西周結束平王東遷，大約兩百年時間。這兩百年的變化，一言以蔽之，就是周天子的地位持續地下降，與此同步的，是封建宗法制度的鬆動到逐步瓦解。

孔子說：「吾其為東周乎！」這裡的「東周」，指的就是周天子所在的成周。他的想法，應該放在「為東周」的根本目的架構中來理解。從西周到東周，封建宗法持續解紐，連帶地，原本的「城」也變質了。

封建宗法在地理上，是以一座一座相對自主的「城」連結起來的。周天子所在的城是最高層的網絡中心，周邊圍著諸侯所建的城，城與城之間有著由禮所規範的種種直接互動。每一位諸侯所在的城，又是第二層的中心，周邊圍著由世卿封地建立的城，同樣地，這一層的城與城之間也有著由禮所規範的各種聯繫活動。再往下，世卿的城周邊圍著大夫的封地，有些大夫的城又圍著更次一級大夫的小城，如此一層層架構起封建秩序來。

城與城之間有著明確的關係，不是由地理或貿易力量決定的，而是由城主與城主之間的宗法關係決定的。然而進入東周之後，宗法愈來愈維繫不住，連帶地，城與城之間原本固定、明確的關係也開始動搖，其他非宗法的因素一步步改變、改造了這份關係。

最直接也最強烈的因素，是經濟與軍事的力量。封建宗法的底層產生愈來愈多游離的「士」，於是一座富庶的城，可以吸引較多的「士」移居並提供其或文或武的專業協助，進而也就取得占領更大土地、甚至搶奪其他城的機會。於是幾位最大的諸侯持續擴張勢力，脫離了分層封建的模式，轉型為疆域國家，占有一定的領土，而且還不斷擴大領土的範圍。

到孔子出生時，這種「疆域國家化」的傾向已經明確建立了，那正是春秋時期最主要的特徵。在原有的封建制度背景上，疆域國家勃興，於是引出了兩項重大矛盾。

其一，疆域國家是既成現實，舊的封建宗法失去了政治組織上的功能，然而那一整套規矩卻沒那麼容易被遺忘。封建宗法規矩仍然構成貴族教育的核心內容，於是這些人所學習的原則、規範，必然和政治、社會發展的現實日益脫節。

諸侯王室的武力與權力愈來愈大，年年持續征伐擴張，將本來分層封建的獨立的城打下來，變成直接統治疆域內的一部分，但這種新的做法、新的權力，在封建宗法的系統中找不到合法的著落。換句話說，從禮的角度看，這些國君的所作所為都是破壞秩序的錯事，而且擴張得愈大、愈強盛的國，錯得愈嚴重。

政治上的「實然」和「應然」彼此脫離了。現實上產生了翻天覆地的變化，在道理上卻因為王官學的強大傳統，一直維持原有的封建宗法原則。一直要到法家的興起，才徹底揚棄王官學及其抱守的封建宗法原則，完全從承認現實，解釋、安排現實的角度，找出合理化的說法來。

還有第二項矛盾。封建宗法是一套分層結構，講究的是上下關係，諸侯壯大擴張，違背了原有的上下安排。往上，他們不再嚴格遵守對周天子的種種義務，專心發展自身的經濟與武力；往下，他們侵奪進而取消了許多世卿、大夫封地的獨立性，將之納入自己的管轄範圍內。但因為封建的上下關係是層層相扣的，於是在這過程中，不可能只有諸侯這個層級受到影響。

諸侯可以不尊重周天子，不遵守對周天子的義務，那世卿或大夫自然一樣可以不尊重國君，不遵守對國君的義務。諸侯可以向下侵奪世卿，又如何阻止世卿有樣學樣向下侵奪大夫，占領大夫的封地？

諸侯自利的做法產生連鎖反應，回頭危害到本身的地位。例如孔子所在的魯國，到西元前第六世紀末，就發生了「三家專政」的問題，也就是三個強大的世卿不斷擴權，實質上掌握了魯國國政。

封建宗法維繫不住，卻沒有其他規範給予諸侯特殊的地位，於是上上下下有野心的人，都有了可以不顧原有封建宗法身分，積極尋求擴大權力的機會。在野心的驅策下，人會做出許多極端的、破壞性的行為來，造成集體生活上的困擾與不安。要如何節制這樣的現象？這是孔子那個時代具體而迫切的大問題。

02 孔子的終極效忠對象：傳統周文化

封建宗法制度中，你的出生就決定了你的位置，同時決定了你和其他人的關係。如此固定的關係模式，不太會因為個人的性格或能力而有所不同。換句話說，在這個系統中，個人性格或能力的差異，沒有太大的作用。

但是到了春秋時期，身分位置的約束大幅降低，同樣都是世卿的出生身分，一個積極有野心的人，比沒有野心的人能擁有更大的空間；一個有能力的人，也就比沒有能力的人可以取得更多的利益與權力。那是一個鼓勵競爭、甚至鼓勵爭奪的環境，當然也是一個騷動不安、很容易產生衝突的環境。

孔子出生時，齊、魯、晉、楚幾個大國都已成為明確的疆域國家，而且持續進行著對外的征戰擴張。到孔子成長、開始活躍時，這幾個國的征戰又從對外延展到對內。對外，要吞併別國的領土；對內，幾個世卿又彼此競爭，要干預甚至控制國政。

這樣的時代背景，直接影響了人才的養成與運用。原本王官學的貴族教育，是依照封建宗法需要而設計訂定的，主要目的就是教育貴族子弟學會所有的規範，依照這些規範行事，也依照這些規範評斷所有的人際現象。那樣的教育必然是抹煞個性的，要用禮盡量將每個人都形塑成同一個模樣。

這樣的教育性質，無法符合春秋時期新環境的需要。新的環境需要的，是一個貴族子弟要有基本的權力意識，至少能保護自身的利益。作為一個世卿子弟，你得保護自家利益，向上阻卻國君的壓迫，向下防堵大夫的僭越。貴族不能光是只學禮、只學規範，現在他們需要更有用的能力訓練。

其中的一種核心能力，是組織、連結的能力。在新的環境中，一個貴族不能傻傻地待在自己原有的位置上，一旦如此，很快地，那個位置就會被從上或從下而來的力量給侵奪了。他們得積極增加自身的實力，被動地防止別人欺壓，主動地搶奪別人的資源與地位。增加自身實力最好、最有效的方法，就是拉攏有能力的文士或武士在身邊，形成能夠發揮作用的團隊。

是在這樣的環境中，孔子才會由習禮的出身，能夠「三十而立」，成為一位「老師」。他沒有固定的大夫封地，也不屬於特定的哪個大夫家或世卿家，他的角色是訓練國君、世卿或大夫會需要的人才。疆域國家形成後，開始有了人才不受出身限制的流動空間，也才開啟了孔子這種角色存在的可能性。

孔子的時代中，魯國一邊上升、一邊沉淪。從疆域國家對外的角度看，魯國是個大國，國勢還在持續壯大中；但是換從對內的角度看，季孫氏、孟孫氏、叔孫氏這三家世卿嚴重侵奪了魯國君的權力。西元前五一七年，甚至還發生三家聯手打敗魯昭公的事件，國君壓制不了底下日益強大的大夫。

在這種情況下，無論對內或對外，無論國君或大夫，都迫切需要人才來面對激烈的競爭。各方大張旗鼓想盡辦法拉攏人才，也就愈來愈不在乎人才的出身與來處。人才也就擺脫了出身與來處帶來的效忠要求，可以相對地自由選擇要幫助誰、要效忠誰。

所以當公山弗擾要召孔子前去幫忙時，面對弟子子路的不滿質疑，孔子會特別強調「吾其為東周」的立場。那是他自我認定的終極效忠對象。

孔子的家世，前面提過，是宋國的貴族，流亡到魯國後就定居在此。魯國陷入國君與世卿的爭奪中，別人當然會問：那你站在哪一邊？他的回答就是「吾其為東周」，魯國君和世卿都不是他的效忠目標，他真正認同的是周天子所在的「東周」。

可以更進一步說，他效忠的，甚至也不是周天子，而是周天子所代表的傳統周文化。他要告訴子路的是：我怎麼可能認同像公山弗擾這樣一個大夫呢？我會願意去幫助公山弗擾，是因為他可以牽制狂傲僭越的「三家」世卿，恢復魯國君的尊嚴與地位。恢復魯國君的地位，也不是為了魯國君本身，而是這樣才符合原有周文化中的封建宗法規矩，讓這個時代回到上下各得其分的軌道上。

這是孔子自我設定的終極關懷。

03 君君，臣臣，父父，子子

孔子的父親在他三歲時去世，十七歲時母親也去世了，到將母親下葬時，他已經在魯國取得了「知禮者」的名聲與能力。他做過許多事，然後藉由知禮者的名聲而有了參與政治的機會。孔子的兒子叫鯉，據說命名是源於魯昭公賜贈了一條鯉魚給他，果真如此，那意味著兒子出生時，孔子就已經有資格參加國君主持的典禮，和國君互動了。

參與政治的過程並不順利，更不愉快。關鍵在於孔子「知禮」，而當時魯國到處所見的，卻都是違禮、僭禮的做法。《論語．八佾》：「子入大廟，每事問。或曰：『孰謂鄹人之子知禮乎？入大廟，每事問。』子聞之曰：『是禮也？』」進入舉辦重要儀式的太廟，孔子這也問那也問，有人就嘲笑他：「這也不知道那也不知道，怎麼會有『知禮』的名號呢？」聽到這樣的嘲諷，孔子感慨地表白：「東問西問，是在問『這樣合於禮嗎？』」正因為知禮，所以看到太廟裡樣樣都沒做對，才會以提問的方式含蓄批評啊！

這種現實，使得孔子在三十歲時決定離開魯國的政治圈，確立了做一個「老師」的方向。在孔子的眼中，魯國的國政應該是每況愈下吧！「三家」愈來愈囂張，愈來愈不將魯昭公看在眼裡。魯昭公二十五年時，季孫氏刻意挑釁，故意讓一場重要儀式的日期和魯國君的儀式日期衝突，明白地逼迫魯國重臣、大夫必須選邊站，是要參加昭公那邊，還是到季孫氏這邊來。結果，只有兩位大夫去了昭公那邊，其他的，全都乖乖到季孫氏的場子裡表示效忠。

此事惹得昭公大怒，尋隙攻打季孫氏。季孫氏當然不讓步，連結了孟孫氏、叔孫氏，三家聯手打敗了昭公，逼迫昭公出亡齊國，魯國大亂。

那一年，孔子三十五歲，也在紛亂中離開魯國，隨昭公去了齊國。齊國當時的國君是景公，他的處境顯然也沒比魯昭公好到哪裡去。齊國有強大的世卿「陳子」，勢力直迫國君，表面上維持對景公的尊敬，實質上將國政都握在自己手裡。另外，齊景公又因為對兒子偏心，遲遲不願將他不那麼喜歡的嫡長子立為太子。

《論語．顏淵》：「齊景公問政於孔子。孔子對曰：『君君，臣臣，父父，子子。』公曰：『善哉！信如君不君，臣不臣，父不父，子不子，雖有粟，吾得而食諸？』」孔子這八個字的簡單回答，是有特殊背景的，特別針對當時齊國的情況告誡景公，要有像樣的國政，你得讓臣子做臣子的事，不要僭越國君的地位；還有，父親要盡到禮的規範中該盡到的責任，讓做兒子的也都能有兒子的模樣。齊景公當然知道孔子的意思，所以回應：「是啊，如果君臣父子不按照位分行事，那就算有飯擺到桌上，我也都吃不下去啊！」

孔子給了精確的政治建議，但或許就是太精確了吧，直指齊景公的關鍵問題，景公做不到，也就不願用孔子。於是孔子又離開齊國，回到魯國。前面我們看到世卿對抗國君，甚至逼國君出亡，到了魯定公的時期，風水輪流轉，換成了世卿底下的大夫違逆、對抗世卿。

04 局勢對孔子的考驗：以下犯上幫不幫？

魯定公五年，西元前五〇五年，發生了季氏家的大夫陽貨挾持季桓子的事件。

《論語．陽貨》：「陽貨欲見孔子，孔子不見，歸孔子豚。孔子時其亡也，而往拜之，遇諸塗。謂孔子曰：『來！予與爾言。』曰：『懷其寶而迷其邦，可謂仁乎？』曰：『不可。』『好從事而亟失時，可謂知乎？』曰：『不可。』『日月逝矣，歲不我與。』孔子曰：『諾。吾將仕矣。』」這是《論語》中很重要的一段記錄，因為記的是發生在孔子身上的糗事，連這樣的事《論語》都忠實記載，無所避忌，可見《論語》所反映出的孔子確切可信。

陽貨占據了季氏的大權，就想找孔子幫忙，孔子知道他的用意，不願見他。陽貨利用孔子知禮、守禮的個性，送了大禮給孔子，依禮孔子非得回拜致謝不可。孔子於是耍詐，故意挑了明知陽貨不在的時候回拜，還是避開不和陽貨見面。然而多倒楣啊，偏偏就在路上遇到了陽貨。

陽貨是地位比孔子高的大夫，《論語》裡也忠實記錄了他對孔子不太客氣的態度：「來，我有話要跟你說。」說什麼呢？「一個擁有能力的人，不把能力拿出來，卻坐視邦國迷失方向，這樣算是有仁心的人嗎？」孔子乖乖地回答：「不可以這樣。」陽貨又問：「平常積極任事，卻老是不懂得如何把握時機，時機在眼前卻任其失去，這樣算是有智慧的人嗎？」孔子也乖乖地回答：「不可以這樣。」陽貨再說：「時機稍縱即逝，歲月不會停下來等人的！」孔子回應：「好，我會來幫你做事的。」

陽貨為什麼找上孔子？因為孔子名聲在外，不只是他有能力，身邊圍著一群也有能力的弟子，更重要的，是他長期反對「三家」，所以陽貨要拉攏孔子對付季桓子。

孔子在路上迫於情勢，不得不敷衍答應陽貨，但一直到兩年後「三家」集結反撲趕走了陽貨，他都沒有真正「出」。靠著另外兩家孟孫氏與叔孫氏的協助，季桓子擺脫了陽貨，但接著輪到叔孫氏家出現了強勢大夫公山弗擾，公山弗擾權力上升威脅叔孫家的過程中，也找上了孔子。孔子一度動心，被子路強烈質疑，所以才留下「吾其為東周」的解釋。

孔子與子路的師生對話，清楚顯示了局勢對孔子的考驗。站在禮的立場，他痛恨「三家」囂張地僭越魯國君應有的地位與權力，樂於見到「三家」受到打擊。然而能夠打擊「三家」的力量，卻不是來自有為的魯國君，而是有樣學樣的大夫，他們用世卿對待國君的模式來對待世卿，以下犯上僭越「三家」的地位與權力。看得近一點，陽貨或公山弗擾都能夠削弱「三家」，也就都有助於讓魯國君免於受「三家」控制；但看遠一點，這些人和「三家」不都是同一種人，都是禮的破壞者？

幫還是不幫？要不要參加陽貨或公山弗擾的陣營？不是那麼容易的決定，《論語》的記錄表明了孔子的猶豫與掙扎。

05 孔子的外交成就：夾谷之會

到了魯定公九年，「三家」受形勢所迫，收束氣焰降低衝突，向魯國君和底下的大夫們讓步。讓步的姿態之一，就是讓魯定公出面任命孔子為中都宰，進而又升為司空、大司寇。短時間內，孔子在魯國官場上的職位快速上升，管轄的事務也快速增加。

孔子擔任大司寇時，參與了「夾谷之會」。魯定公和齊景公在齊境內的夾谷見面會談。此會是由齊國方面主動的，是齊在壯大國力過程中，要確保和魯國合作的方式，目標是在會中正式成「盟」——要魯國承諾之後齊國若有戰爭，魯國一定會站在齊國這邊，發兵相助。

夾谷之會中，「孔子相」，意思是孔子是主要的「相禮者」，魯國這邊由孔子負責「盟會之禮」的程序安排。齊人知道魯國由孔子負責後，提防警戒之心隨之升高。因為孔子知禮的聲名遠播，齊人擔心孔子搬出他們不懂的禮的道理，擾亂他們原本的設想，無法達成逼迫魯定公結「盟」的目的。

齊人於是想了一個方法，故意製造混亂，讓此會無法中規中矩地進行。他們事先安排了夾谷附近的群眾，要他們突襲會場抗議騷動，然後齊國這邊就可以說：「唉呀，別講究那麼多『禮』的細節了，我們趕快講一講就定案了，不然拖下去不知外面那些人會出什麼亂子！」齊國軍力本來就強過魯國，魯定公沒什麼籌碼拒絕齊國，齊人估量像孔子這樣死摳摳講禮的人，一定很保守、很膽小，可以嚇唬他服從。

但他們錯了，大錯特錯。一來，孔子不是膽小之人；二來，孔子不是笨蛋。外面騷亂一起，孔子就立即看穿齊人的把戲，直接指責對方：「兩國國君進行高峰會議，你們卻找這些人來搗蛋，這算什麼待客之道？」孔子反而找到了堅持禮的原則的機會，訓斥齊景公：「再不懂禮的國君，都應該知道盟會之禮有最基本的原則，『盟』是諸侯與諸侯之間最高層次的互動，不得受其他低階人士的干預；此外，『盟』必須在和平狀態下完成，不能以武力威逼。如果今天的事傳出去，人家知道齊國連這樣的原則都不遵守，其他諸侯將來誰還願意聽你的？」

孔子言詞犀利，繼續對齊景公說：「這種事會招來神明懲罰，傷害自己的德行，又對他人失禮，我想一定不會是您做的。」當下訓得齊景公沒有別的方法反應，趕緊順著孔子給他的下臺階表示：這種事當然不是他下令做的。孔子畢竟還是靠著「知禮」，以禮的權威逆轉了局勢，逼著齊人尷尬地驅走外面的群眾。

平息此事後，齊人掀開此會的底牌，拿出了要魯定公答應的「盟」。內容是從此以後，如果齊國派軍隊出境，也就是有對外的戰爭，魯國就必須派三百乘的兵力參與。如果魯國不派兵，就等於是背盟，齊國就可以要求其他諸侯譴責魯國，也可能出兵攻打魯國。

看到齊國拿出的條件，孔子就叫魯定公不要出面，自己也不出面，派了大夫去對齊國提出相對的要求——只要齊國先將「汶陽之田」還給魯國，這個盟約就生效。汶陽之田包括三座城，本是陽貨的封地，季孫氏反撲趕走了陽貨，陽貨出亡投奔齊國，齊出兵幫助陽貨，就順便把汶陽之田占走了。

孔子為魯國提出了盟約的相對條件，只要齊國將趁魯國亂危占走的鄆、歡、龜陰三城歸還魯國，盟約就成立。這個條件，仍然是建立在禮的基礎上，巧妙運用了齊國表面的盟約理由，反將齊國一軍。魯國為什麼要答應隨齊國出兵？當然不是為了滿足齊國的野心和任性，至少表面上的理由是齊國現在擔負了維繫各國秩序的責任，如果有誰違背盟約、不守規矩、破壞和平，齊國就化身為國際警察前往打擊。正是在這個原則下，才會有魯國如果同意盟約卻沒隨齊國出兵，就會面臨齊國聯合他國攻擊的懲罰。

孔子給魯定公的策略是，低調卻堅決地提醒齊國：我們很願意幫助你進行國際警察的任務，但我們同時得先報個案，你們自己在「汶陽之田」一事上就沒守規矩、就犯了案。要我們，乃至於要諸侯們承認你們的警察身分，你們最好先解決這件事，不然誰相信你們握有了集體武力，不會拿來圖利自己，占走別人的土地呢？

這樣的提醒提議，讓齊國很難拒絕，於是原本齊國設計來逼魯國就範的「夾谷之會」，意外地逆轉讓齊國碰了一鼻子灰，還不得不歸還原本占有的鄆、歡、龜陰三城，這是孔子了不起的外交成就。

06 從「墮三都」到「子畏於匡」

夾谷之會後，魯定公十二年，孔子又有一項重要的政治活動，這次是內政上的，那就是主張並執行「墮三都」。這是什麼？「三都」指的是屬於「三家」世卿的三座大城，「墮」就是拆掉這三座城僭越增築的部分，回復其原來的規模。「墮三都」完全符合孔子「君君臣臣」的基本信念，「三家」的城在規模與建置上，不可以超越魯國君所在的都城，一國之內應該只有一「都」，不可以讓「三家」的根據地都變成都，要將這三座城降等回原來的地位。

「墮三都」直接打擊「三家」的權力，但「三家」之中，季孫氏和叔孫氏兩家卻都同意這個做法。為什麼？因為這兩家的「都」，也就是他們宗廟所在的城，都落入底下的大夫手中了，根本不是他們控制得了的。「墮三都」非但無害於他們的權力，還能幫助他們裁抑囂張的大夫。

然而兩家同意，卻還有孟孫氏一家不答應，而且是抵死不從。孟孫氏的「都」因為靠近齊國邊界，另有防禦上的意義，如果被「墮」了，可能危及孟孫氏所控有的整個區域。因為孟孫氏的堅持，「墮三都」政策無法執行，為了貫徹「墮三都」，魯定公下令以武力逼迫孟孫氏服從。

這是個嚴重的誤判。季孫氏、叔孫氏從自我利益考量，願意支持「墮三都」，同樣從自我利益考量，他們不會支持攻打孟孫氏。這兩大勢力袖手旁觀，魯定公根本募集不到足夠的兵力去攻打孟孫氏。國君下令出兵，卻打了敗仗，這樣的結果也就注定終結了孔子在魯國的政治前途。

魯定公十三年，西元前四九七年，孔子從魯國離開，去到衛國，見了衛靈公，並在衛國收了一個新的學生，就是子貢。接著孔子離開衛國，要去陳國，卻在途中發生「子畏於匡」的事件。《論語．子罕》：「子畏於匡。曰：『文王既沒，文不在茲乎？天之將喪斯文也，後死者不得與於斯文也；天之未喪斯文也，匡人其如予何？』」另外，《論語．先進》有：「子畏於匡，顏淵後。子曰：『吾以女為死矣！』曰：『子在，回何敢死？』」

前面一段記錄中，孔子既感慨又自我安慰地說：「從文王死去之後，周代的文化傳統不就落在我身上嗎？如果上天真的要讓周文化傳統喪失滅亡，就不會讓我接觸並擁有這份文化傳統，既然上天沒有要讓周文化傳統滅亡，匡人又能拿我怎麼樣呢？」後面一段則記錄了過程中顏淵和孔子走散了，後來才出現，孔子激動地對顏淵說：「我還以為你死了，再也看不到你了！」顏淵帶著幽默感平撫老師的心情，說：「不用擔心，老師還在，我怎麼敢先死呢！」

兩段簡短的記錄，鮮明地顯示當時的情況多麼危急，以至於孔子都沒有把握自己和學生們能夠活著離開那裡。事情的始末是，孔子一行人經過匡的時候，被誤認為是魯國的陽虎，陽虎曾經苛待匡人，匡人恨他入骨，偏偏孔子長得很像陽虎，匡人以為陽虎竟然敢回到匡來，就將孔子團團圍住，困了好幾天，孔子弟子還因此都走散了。

這件事後來靠著向衛國求救，才得以解圍。孔子幾年中在衛國、陳國之間多次往返，另外一次又不巧遇上陳國的動亂，公叔氏帶領蒲人反叛陳國國君，亂中卻出現了孔子這一幫外人，就被蒲人團團圍住。孔子的一名弟子公良孺，帶著五輛兵車隨身護衛，就和蒲人打殺起來，打得非常激烈，終於將蒲人嚇退了，孔子才得以從東門離開。

孔子「周遊列國」可不是輕鬆的觀光旅行，還有，他帶的弟子中，並不都是一群知書達禮的文士而已。延續周代「士」的傳統，孔子教出來的有文士，也有像公良孺這樣的武士。

孔子之所以要「周遊列國」，是因為「隳三都」的失敗，使得他在魯國待不下去了。於是他就帶著學生——文士、武士們出亡，看看有沒有其他的國君或世卿需要他們的專業服務。

07 君子是，寧可餓死也不出賣人格底線

孔子從魯國去到衛國，衛靈公特別問他：「你在魯國得到的是怎樣的待遇？」孔子回答：「奉粟六萬。」衛靈公就比照這個價碼，請孔子和弟子們留下來。然而此時衛國的情況很複雜，發生了衛靈公寵信南子導致太子蒯聵不平的嚴重紛爭，蒯聵意圖襲殺南子不成，倉皇出亡。

衛是個小國，地理上又夾在齊、晉兩大國之間，衛靈公親晉，於是蒯聵出事後就投奔齊國。有一天，衛靈公向孔子問起「軍旅之事」，孔子不願回答，隨後孔子就快速離開了衛國。孔子反

感的，不只是衛靈公對打仗產生興趣，更重要的是，孔子看出以衛國當時的狀況，衛靈公竟然還想以武力來解決問題，何其愚蠢，又何其危險！

危險在於旁邊的晉與齊，實力都遠高過衛國，打起仗來衛國絕對得不到任何好處；愚蠢在於衛靈公始終弄不懂衛國真正的問題，是他自己製造出來的，把和兒子之間的關係弄成那樣，不解決可以解決的，卻動腦筋想以武力對抗齊國。

離開衛國之後，孔子和弟子們一度「在陳絕糧」，找不到國君願意提供生活所需，就餓肚子了。

《論語．衛靈公》：「在陳絕糧，從者病，莫能興。子路慍見曰：『君子亦有窮乎？』子曰：『君子固窮，小人窮斯濫矣。』」情況嚴重到大家都躺下病倒了。子路氣沖沖地去見老師，發洩心中的義憤：這是什麼樣的時代，為什麼好人得到的卻是如此的惡報？我們不是君子嗎？我們所做的不都是合於義理的事嗎？為什麼會倒楣至此？

那樣的「慍」，反映出子路直率的個性，而孔子回答子路、安慰子路的話語，也反映出孔子衷心的信仰，以及這份信仰帶來的偉大力量。

子路問的是：君子也會這麼倒楣嗎？孔子回答他的卻是：再怎麼倒楣，君子就是君子，不會因為外在環境的順利或挫折，改變了君子的身分、君子的堅持。人都有遭遇上的起起落落，絕對不是當了君子就保障一生順遂，更不可以為了追求不會餓肚子才選擇當個君子。君子不管遇到什麼狀況，不會改變他的自尊、他的氣概、他的操守，是在這點上和一般人、庸俗的人確切地區分開來。一般人遇到困難，為了有東西吃，為了活下去的一口飯，什麼都願意做，什麼都能賣。君子寧可餓死，也不出賣自己的人格底線。

還好有人及時伸出援手，孔子和弟子們才沒有餓死在這裡。幫忙的人是葉公，就是「葉公好龍」故事裡的那個葉公。他將孔子一行接到他的封地上，讓他們得以溫飽。

《論語．子路》：「葉公問政。子曰：『近者說（悅），遠者來。』」這段話記錄的，就是孔子對葉公表達感激。面對葉公的請教，孔子回答說：「善政、良政重要的標準，是在你周圍的人很高興有你當鄰居，離你遠的人會不辭辛勞到你這裡來。」句子裡的「遠者」，指的就是孔子自己和弟子。我們大老遠都願意來到你這裡，顯然你已經建立了善政、良政的名聲。

08 無法明知天下大亂而無所作為

周遊列國期間，孔子在南方遇到一些奇怪的人，給了他不一樣的意見與評價。

《論語．微子》：「楚狂接輿歌而過孔子曰：『鳳兮！鳳兮！何德之衰？往者不可諫，來者猶可追。已而，已而！今之從政者殆而！』孔子下，欲與之言。趨而辟之，不得與之言。」

有個「狂人」經過孔子的門口或孔子的車，大叫說：「可惜啊，可惜啊！這麼像樣的一個人才，卻沉淪落魄成這樣？你怎麼會不知道現在都是些什麼樣的人在從政，幹嘛自甘墮落跟人家在裡面攪和？過去的沒辦法挽回了，未來還可以不用再葬送進去吧！」聽到他這樣說，孔子趕緊從堂中或車上下來，真誠地想向他解釋自己的立場，但那人已揚長而去，根本不願聽孔子說。

《論語．微子》還說：「長沮、桀溺耦而耕。孔子過之，使子路問津焉。長沮曰：『夫執輿者為誰？』子路曰：『為孔丘。』曰：『是魯孔丘與？』曰：『是也。』曰：『是知津矣。』問於桀溺。桀溺曰：『子為誰？』曰：『為仲由。』曰：『是魯孔丘之徒與？』對曰：『然。』曰：『滔滔者天下皆是也，而誰以易之？且而與其從辟人之士也，豈若從辟世之士哉？』耰而不輟。子路行以告。夫子憮然曰：『鳥獸不可與同群，吾非斯人之徒與而誰與？天下有道，丘不與易也。』」

孔子在路上要找渡口，看到有兩個人並肩拉著犁在耕田，就派子路去問路。子路先問其中的長沮，長沮問他：「你是替誰駕車的？」「替我老師孔丘。」「就是那個魯國的孔丘？」「是啊！」知道子路是為魯國孔丘來問路，長沮竟然回答：「這個人不會迷路，他是知道渡口在哪裡的人，不必來問我。」子路八成傻眼了吧？明明就是老師找不到渡口，才要我來問的啊！

不得已，子路又去問桀溺。此人也一樣不乾脆回答，問：「那你又是誰？」「我是仲由子路。」「是那個魯孔丘的弟子子路？」「就是。」然後桀溺就訓了子路一頓：「你們不知道全天下的人都一樣嗎？一天到晚跑來跑去，想要找到不一樣的國君、不一樣的大夫，怎麼可能找得到？與其找不跟別人一樣的人，不如找跟整個世界都不一樣的人吧！」說完就和長沮兩人繼續犁田，不理會子路了。

子路也真倒楣，問了兩人，還是沒問到渡口在哪裡。後來他大概找了其他人問路吧，問清楚後回到孔子身邊，就將剛剛遇到長沮、桀溺的怪事講給老師聽。孔子聽完了，動容感慨地說：「唉呀，人不可能和鳥獸在一起，總希望能和自己的同類共處。他們是我的同類，如果現在天下不是那麼亂，我一定會選擇跟他們在一起，過他們那樣的生活。」

顯然，孔子完全理解長沮、桀溺那種「避世」的態度，也有一定程度的認同，但他身上有著他們沒有的使命感，就是無法明知天下大亂而無所作為。他並不是狂妄地以為靠自己的力量能夠讓天下不亂，而是無法忍受被動地、逃避地接受天下大亂的事實，不試圖予以改變。

另外一段故事也在《論語．微子》：「子路從而後，遇丈人，以杖荷蓧。子路問曰：『子見夫子乎？』丈人曰：『四體不勤，五穀不分。孰為夫子？』植其杖而芸。子路拱而立。止子路宿，殺雞為黍而食之，見其二子焉。明日，子路行以告。子曰：『隱者也。』使子路反見之。至則行矣。子路曰：『不仕無義。長幼之節，不可廢也；君臣之義，如之何其廢之？欲潔其身，而亂大倫。君子之仕也，行其義也。道之不行，已知之矣。』」

又是子路陪著老師在外，走著走著子路跟丟了，他看到路邊有位老人家，就過去問：「有沒有看到我的老師從這裡經過？」老人家沒好臉色地回應子路：「什麼老師不老師的？那種從來不勞動身體，也分不清五穀種類的，算什麼老師？」然後就不理人，繼續在田裡工作。被莫名其妙訓了一句，子路倒是依舊保持恭敬，還是禮貌地站在那裡。大概是被子路的態度感動了吧，天色又晚了，老人家就收留子路到家裡住一晚，還準備了豐盛的晚餐招待子路，並介紹兩個兒子和子路認識。

天亮後，子路追上了老師，把昨夜的經歷說給老師聽。孔子感動地說：「這不是一般人啊，你遇到有特殊智慧的隱士了！趕快回去找他。」子路回到昨夜留宿的地方，老人家已經出門，子路只好將孔子交代他的話，說給老人家的兒子聽。孔子鄭重其事地要對老人家解釋：「我之所以孜孜矻矻做這些事，是為了保存倫常之『義』。父子長幼之間不能沒有一定的行為規範，那難道君臣之間就可以沒有嗎？潔身自好不做事不沾惹，結果就只能坐視君臣間的『大倫』淪喪。君子從事政治不是為了利益與地位，就只是因為這是對的、該做的。至於做這樣的事也無法挽回大局，我早就知道，沒有任何幻想啊！」

孔子要子路轉達的話，有背景、有深意。老人家為什麼留宿子路？不就是因為看到子路懂得「長幼之節」，被莫名其妙搶白一頓，卻依然維持對待長者應有的禮貌嗎？在家裡為什麼要叫兩個兒子來和子路相見？不就是因為子路長於他們，要教兒子守「長幼之節」嗎？老人家自己如此看重長幼之節，明白規範人倫的禮的價值，自也能理解孔子的用心與堅持。家裡不能沒有禮，那難道國政上君臣之間就可以沒有禮嗎？孔子要做的，不過是盡己之力，保存政治上的「大倫」，並非天真地以為這個時代還有救啊！

一而再、再而三，孔子都表明了，在現實的衡量上，他其實和這些「隱士」同樣悲觀，根本不覺得時局有可能好轉。但不一樣的是，他內在的責任感遠大過現實的估算，無論如何他必須有所努力，無法像他們一樣「避世」，看不到、不在乎時代與社會的敗壞。這也就是孔子「知其不可而為之」的悲壯態度。

09 名不正言不順，時代的龐大悲劇

孔子在葉公那裡待了一陣了，到西元前四八八年又回到衛國。這時衛靈公去世了，由衛靈公的孫子即位。國君位子不傳兒而傳孫，就是因為兒子蒯聵與父親反目成仇，出亡在外。衛國此時的新局面變成：新君衛孝公（又稱衛出公）即位，而他的親生父親，原來的衛國太子蒯聵則流亡於齊，沒有放棄要藉齊國的力量對付自己的兒子；而兒子這邊也延續衛靈公的策略，拉攏另外一邊的大國晉，用以牽制、甚至壓迫蒯聵。

《論語．子路》：「子路曰：『衛君待子而為政，子將奚先？』子曰：『必也正名乎！』子路曰：『有是哉，子之迂也！奚其正？』子曰：『野哉由也！君子於其所不知，蓋闕如也。名不正，則言不順；言不順，則事不成；事不成，則禮樂不興；禮樂不興，則刑罰不中；刑罰不中，則民無所措手足。故君子名之必可言也，言之必可行也。君子於其言，無所苟而已矣。』」

面對這樣的情況，子路問孔子：「我們到衛國去，衛國國君如果願意給你治國的權力，第一件事要做什麼？」孔子回答：「一定要先『正名』！」聽到這個答案，子路受不了爆發了：「這是什麼東西啊？老師你真是不切實際，正什麼正？」《論語》不只記錄了子路反對的意見，甚至將子路那種不耐煩、接近不屑的口氣都寫下來了。

子路口氣不好，老師也就不客氣地直接罵他：「你真粗野啊，就不能學得文雅一點嗎？對於自己不懂的，就別亂發言！」然後羅列了一串政治因果的連環作用：名正—言順—事成—禮樂興—刑罰中—民安。強調「正名」是必要的開端。

值得特別注意的是，孔子這話是有特定時空條件的，他看到衛國的亂局，認定只有「正名」，什麼樣的「名」就該有什麼樣的「身分」，才能有解決的可能。本來是父親當國君，兒子在外反對父親；現在變成兒子當國君，父親在外算計兒子。這樣像話嗎？父子三代弄到父不父、子不子，如此的國君能得到臣下乃至於國人的尊重嗎？他們說的話，別人會認真當一回事嗎？父子君臣關係錯亂，這樣的國家要如何治理？

知道了後來發生的事，尤其是子路竟然因衛國父子相爭之亂而死，回頭看這段對話，令人格外感慨。這不是孔子的神靈預感，而是那個時代無所不在的龐大悲劇，子路以為「迂」的，卻是對抗時代持續毀壞，並同時毀壞許多人生命潮流唯一的辦法。但的確，這種辦法很「迂」，看起來不直接，也無法立即有效，還得花很長的時間從根柢改變起，最終子路就被那無法改變的混亂捲進去，以致不得善終。

做兒子的衛出公仰賴晉國的支持得以在位，但後來晉國內部有事，做父親的蒯聵就趁機帶著齊兵打回衛國，換成他的兒子出亡（所以後來諡號為「出公」）。兩人的位置與角色倒過來了，然而衛國的緊張與動亂卻依舊，換成了兒子在外隨時伺機奪取父親的地位與權力。

10 讓孔子之名布揚天下的《論語》

衛國大亂之際，孔子回到魯國，那是西元前四八四年，那年他六十八歲。回到魯國後，又收了幾名重要的弟子，其中一個是冉有，另外一個是曾參。

《論語．先進》：「子曰：『先進於禮樂，野人也；後進於禮樂，君子也。如用之，則吾從先進。』」晚年時他感慨，早期的弟子比較草莽，後期的弟子比較文雅，但如果要「用」，他還是比較喜歡和早期的弟子在一起。其中一個理由，應該是早期的弟子因為「野」，比較直率也比較忠心，沒那麼多心眼，沒那麼多表面文章。

回到魯國時，孔子的名氣更大了，連帶地，這時期人家也就更看重他的弟子。所以晚期的弟子有的在政治地位上甚至高過孔子，像是冉有，就是孔子弟子中政治發展最成功的一個。他一度實質執掌季孫氏家的政治事務，但也因為這樣，在《論語》裡留下最多被老師責罵的記錄。《論語．先進》：「季氏富於周公，而求也為之聚斂而附益之。子曰：『非吾徒也。小子鳴鼓而攻之，可也。』」孔子當年在魯國時，努力裁抑「三家」的野心，維持魯國君的地位不受侵奪，然而弟子冉有卻幫「三家」中的季孫氏大肆擴張財富與權力，氣得孔子對其他弟子宣布和冉有劃清界線。

孔子之怒，一部分的原因來自像冉有這樣的「後進」，的確比前一代的「先進」弟子世故、圓滑；但另一部分的原因也是時局進一步改變，本來的封建上下秩序更不受尊重，冉有他們這一代更難使力去堅守舊規矩了。

另一名大有世俗成就的弟子，是子貢。《史記．貨殖列傳》中說：「子貢結駟連騎，束帛之幣以聘享諸侯，所至，國君無不分庭與之抗禮。夫使孔子名布揚天下者，子貢先後之也。」子貢經商成功，獲致大富，在那個日益現實的時代，他的財富為他換來了超高的地位，所到之處，甚至可以和國君平起平坐。也是靠著子貢的財富與地位，得以讓老師孔子的名聲「布揚天下」。

真正最有效將孔子之名布揚天下的，畢竟要數孔子死後不久就編撰成書的《論語》。《論語》成書很早，而且成書之後很快就流傳開來，對於我們兩千多年後要認識孔子真是件幸運的事。孔子是什麼樣的人，到了戰國時期，已經有了基本、不容任意竄改的面貌。

《論語》流傳得早、流傳得廣，在有人想對《論語》內容動手動腳之前，其主要內容已經深入人心並固定下來了。換句話說，我們現在看到的這本《論語》，大致保留了西元前第五世紀時編輯形成的原貌，成功抗拒了兩千多年的修改變亂。

《論語》不是一本大書，字數並不多，然而在有限的篇幅中，竟然多次出現「重文」，完全一樣的字句，這裡出現一次，那裡又出現一次。會有這種現象，最有可能就是當初輯錄時沒有注意到，不小心讓同樣內容多抄錄了一遍。這麼明顯的錯誤，照理很容易被發現，也很容易改正，卻到今天都還留在書中，一定是因為《論語》早早取得了崇高地位，阻卻了任何想要修改的做法。連這麼基本的錯誤都沒改，《論語》被重編增刪的機率顯然不高。

還有，雖然經過上千年的解釋努力，《論語》的篇章次序究竟有什麼統一的安排，從來沒有得到可信的答案。看起來，《論語》真的就是弟子們在第一時間將各人筆記聚集在一起，誰都無法壟斷編輯權力，因而保留了相對凌亂的面貌。這樣的凌亂反而讓我們放心——畢竟若是經過有意識的改動、偽造，首先會被改動的理應就是表面的凌亂，會被偽造的理應就是一套更明確的次序邏輯。

《論語》可信的另一項證明，是書中呈現了絕對不完美的孔子，保留了孔子的脾氣、孔子的衝動，尤其是孔子所受到的種種打擊與挫折。那是一個活生生的「人」，不是以意念先行，靠教條造出來的「聖人」。

11 孔子之樂，樂於知道自己能做什麼

孔子是位歷史人物，意味著他活在一個特定的時代，他所做的、所說的，和那個時代的處境、遭遇分不開來。這也意味著他一生經歷不同時期、不同狀況，他所做的、所說的，必然是因應這些不同時期、不同狀況而發的。孔子本來就沒打算要讓自己說的每一句話都被當作普遍的真理來看待。他真正了不起的地方，在於不同時期、不同狀況下說了那麼多話，而背後依循著一套我們可以推斷、可以理解，也可以認同的道理與原則。

孔子的一生並不順遂，他選了一條「少有人跡」的道路。三十歲之前，未曾在魯國有什麼可稱道的成就，三十歲突破性地成了第一位「老師」，然後到將近五十歲才出仕，從中都宰、司空到大司寇，但也沒有幾年他就開始「周遊列國」，東奔西走，偶爾才遇到願意收留他、聽聽他意見的國君，其他時間都顛沛流離於路途。十四年後回到魯國，因為學生愈來愈有名了，藉此得以有較為安穩的生活，但又遭逢兒子和重要弟子的死亡打擊。

孔子死後，靠著子貢、子夏、曾子、有若這幾名弟子的努力投入，《論語》編成了，又快速地流傳了，奠定「儒家」的地位。「儒家」就是「孔門」，而且隨著儒家的壯大，甚至進一步把原本王官學中的傳統內容都變成儒家的經典和教訓了。

孔子生活多艱，但《論語》裡卻留下許多他「樂」的記錄。宋代大儒周敦頤當年教程顥、程頤兩兄弟時，其中一個重要的啟示，就是要他們「尋仲尼顏子樂處所樂何事」，看看孔子、顏淵在樂什麼，因何而樂？

《論語》全書第一段話是：「學而時習之，不亦說乎？有朋自遠方來，不亦樂乎？人不知而不慍，不亦君子乎？」三句中有兩句直接說「樂」，學與習是「樂」，難得一見的朋友來是「樂」。第三句事實上也在說「樂」，只是換了方向說，告訴弟子要做個君子就要修養自己，別老覺得懷才不遇，別浪費時間和力氣怨怒別人不了解你。

另外，《論語．述而》中有：「葉公問孔子於子路，子路不對。子曰：『女奚不曰，其為人也，發憤忘食，樂以忘憂，不知老之將至云爾。』」葉公私下問子路：「孔子究竟是個怎樣的人？」子路不知該如何回答。孔子知道了，就跟子路說，你應該告訴他，你這個老師專注於一件事時，會連該吃飯了都會忘掉，整個人投入其中，當然更忘掉了所有憂慮，連自己老了都可以一併忘了。這一年，孔子六十三歲，是真的老了，但他仍然維持著「不知老之將至」的活潑態度。

他在樂什麼？如果能夠了解「子之樂」，我們就能進入那樣一個特別的內在世界。《論語．公冶長》：「子貢曰：『夫子之文章，可得而聞也。夫子之言性與天道，不可得而聞也。』」子貢特別指出，孔子不太說「性」與「天道」。這是什麼？在先秦思想概念中，「性」指的是人的天賦，與生俱來的部分；「天道」指的是人力所無法控制、無法扭轉的局勢。

為什麼孔子不談「性」與「天道」？因為那不在我們個人努力與改造範圍內，而孔子在意的，尤其是他的教育所關注的，是人如何改造自我，如何讓自己變成一個更好的、更豐富的人。性是你改變不了的，天道是你控制不了的，人只能被動地接受性和天道，對孔子來說，這兩樣東西就和教育、修養、自我精進完成無關，不管這兩個觀念在那個時代多麼流行，都不在他的關心範圍內。

孔子之樂，樂於知道自己是誰、知道自己能做什麼、知道自己做了能做且應該做的事。孔子如何稱讚顏淵？孔子特別稱許他「不貳過」，犯過的錯誤不會再犯第二遍。「不貳過」算得上了不起的成就嗎？從孔子的根本價值上看，很了不起，也很重要。我們會因為無知而犯錯，會因為外在環境的影響而犯錯，沒有人不犯錯，但關鍵在於，一旦你知道這是錯的，你自己認定這是不該發生的，你能夠讓自己「不貳過」嗎？

第一次犯錯，往往有我們自己無法控制的因素，然而一旦知其為「錯」，卻還「貳過」，那就徹徹底底是個人的責任了。在孔子的理念中，分辨什麼是「人」的責任很重要。有「天」，有「人」，「天」比「人」大，「天」是外在的力量，不會因我們的主觀意志與努力而改變，「人」則是我們自己可以控制、可以做到的。孔子念茲在茲要分辨出「人」的部分，也就是我們沒有藉口推給別人、推給環境的責任。

孔子說：「知其不可而為之。」為什麼要這樣，明明知道做不成，還是得去做？「知其不可」是外在環境，是別人，是所有你控制不了的因素，阻礙、甚至取消了你個人擁有的那一點點力量。但因為這樣，知道「不可」，我們就放棄不做了嗎？孔子說不行，這是兩回事，做自己認定該做的事，用自己相信的準則做人，是我們身為一個人的根本，關係的是自己的責任，其本身是目的，不單是為了換來什麼樣結果的手段。因此，就算明知換不來那樣的結果，我還是不能不為了對自己交代而去做對的事。

《論語．述而》：「子曰：『仁遠乎哉？我欲仁，斯仁至矣！』」仁有那麼簡單，我要仁，仁就在這裡？這話是什麼意思？孔子這句話的關鍵在「欲」字。窮究到底，在人生中，有什麼是我們自己可以完全、徹底控制，不需要依賴任何外在條件配合的嗎？換個方式說，有什麼是自我的絕對責任，完全、徹底規避不了，找不出任何推諉藉口的嗎？

有，那就是「欲」，就是自己起心動念要做對的事，要遵照原則道理活著的意志。這純粹是你自己就能做到，而且誰也影響不了你，誰也沒辦法進到你內心將這個「欲」給奪走。孔子也說過：「三軍可奪帥也，匹夫不可奪志也。」（《論語．子罕》）再大的軍力，沒有辦法保證一定會贏，不可能絕對保護指揮官不被擄走，但相對地，任何一個人的內在意志，比有三軍保護的指揮官更穩固，誰能進到你心中奪走你的意志呢？

誰也阻止不了你做個有原則的人，下定決心做對的事，或下定決心「不貳過」，絕對不犯已經明白的錯誤。一個人立意要行仁，要以仁的原則待人接物，其仁能帶來什麼樣的效果，很大一部分不在自己控制之內，但請記得：「我欲仁」這件事完全不干別人的事，只和你自己有關，這份仁心是絕對屬於你自己的。

12 詩之教、禮之教，追求內在的自主

「尋仲尼顏子樂處所樂何事」，一個簡單的答案，那「樂」在於理解並掌握自己所能控制的事。沒有要去控制他人，也不依賴外在的結果來證明自己，要追求的是內在的自主。理解了「樂」的性質，我們就能進一步明白孔子的「詩之教」與「禮之教」。

孔子有一個名叫陳亢的弟子，在《論語》中前後只出現過三次，卻每次都說奇怪的話、做奇怪的事。《論語．季氏》：「陳亢問於伯魚曰：『子亦有異聞乎？』對曰：『未也。嘗獨立，鯉趨而過庭。曰：「學詩乎？」對曰：「未也。」「不學詩，無以言。」鯉退而學詩。他日又獨立，鯉趨而過庭。曰：「學禮乎？」對曰：「未也。」「不學禮，無以立。」鯉退而學禮。聞斯二者。』陳亢退而喜曰：『問一得三，聞詩，聞禮，又聞君子之遠其子也。』」

陳亢去問孔子的兒子孔鯉（伯魚），好奇作為老師的兒子，孔鯉有沒有得到特別的教導。孔鯉說：沒有吧，我大多都是和其他學生一起聽父親教導。有一次父親一個人在，旁邊沒有其他學生，我快步從庭中走過，被父親叫住，問我：「你學《詩》了嗎？」我回答：「還沒。」父親就說：「不學《詩》，就不懂得如何適切運用語言。」聽了之後，我就開始學《詩》。另一次他又一個人，也是把我叫住，問：「你學《禮》了嗎？」我回答：「還沒。」他就說：「不學《禮》，

就不懂得如何立身處世。」所以我就開始學《禮》。父親單獨只對我一個人說的，我記得的就只有這些。

陳亢聽了高興得很，覺得自己真的賺到了：才提了一個問題，就學到三件重要的事──知道「詩」和「禮」的重要，還知道了像孔子這樣的君子不會私心偏愛自己的兒子。

還有一段是陳亢和子貢的對話，出現在《論語．子張》：「陳子禽謂子貢曰：『子為恭也，仲尼豈賢於子乎？』子貢曰：『君子一言以為知，一言以為不知，言不可不慎也。夫子之不可及也，猶天之不可階而升也。夫子之得邦家者，所謂立之斯立，道之斯行，綏之斯來，動之斯和。其生也榮，其死也哀，如之何其可及也。』」

孔子死後，因為子貢在政商兩界獲致的成就，陳亢在子貢面前稱讚說：「你太謙虛了，仲尼哪有比你厲害？」這馬屁拍到馬腿上了，被子貢嚴正地訓了一頓：「請你說話謹慎一點，說錯一句話就會顯現出人的無知。拿我和老師比？老師和我們之間有著絕然的差距，就像不是拿個梯子就能爬到天上去一樣。」

回到孔子說的「不讀詩，無以言」，那不只是表面說話、溝通的訓練而已，更重要的是藉由學會如何適當表達來豐富自己。「詩之教」的核心不是去學詩人的語言，毋寧是學詩中所呈現的豐沛感情，因而反射地讓自己能夠想得更多、感受更多。

那又為什麼學「禮」？「不學禮，無以立」中的禮，不是外在的禮儀規矩，不是我們一般認知的看到老師、校長要鞠躬問好，沒做到的話要扣操行成績。「操行」是什麼？是操之在我的行為。學禮，學的是一套管轄自我行為的信念，尤其在那個封建宗法崩壞的時代，學禮只能回溯禮的精神，弄清楚為什麼人與人之間需要這些規範。把禮學好，你才能從信念中訂定自己的行為準則，由此得到一種建立了生活秩序的「樂」。你知道自己過的不是混亂、渾噩的生活，而是有秩序、有意義的生活，因而得到衷心的「樂」。

從禮的原則中，我們明白了「朋友之義」，決定了自己對待朋友的根本方式，雖然你無法要求朋友用同樣的方式對待你，就算朋友待你不義，在最挫折、最悲鬱的打擊中，你至少仍然保有對得起自己的安慰。朋友怎麼對你，不是你能控制的，但始終相信「朋友之義」，堅守自己所相信的原則，卻絕對在你掌握之中。你不是單純為了朋友而信守義，更重要的是為了自己，在近乎悲壯的情境中，你仍然擁有不違背信念的「道德之樂」，能夠向自己交代的安心。

13 孔子信仰的禮，是合宜優雅的高貴氣度

當人們狂呼「打倒孔家店」，指控「禮教殺人」時，他們所批判、攻擊的禮教，其實根本就不是《論語》中孔子所認定、所教的禮。那個禮不是禮貌、禮節或禮數，很難用白話中文的詞語

來代替，反而是英文中有一個字庶乎近之：decent 或 decency。

這不是個冷僻艱澀的字，雖然常常出現、常常遇見，卻幾乎無法找到貼切的中文能夠予以對譯。勉強將字意解釋為「合宜」吧！說一個人 decent，意味著他不會做什麼粗野、奸猾、欺瞞的事，也就是說他總是行為「合宜」。

不過，decent 有「合宜」無法包納的其他意義。第一，decent 意味著這合宜行為不勉強，不是出於功利考量或外力脅迫，所以才做的。因此 decent 有時候也被譯成「優雅」。怎麼會有優雅在其中？那是接近孔子說的「從心所欲不踰矩」，舉手投足就自然合宜，所以給人優雅的舒服。

其次，decent 一方面是基本的人格條件，因而我的老友、臺灣學者錢永祥將之譯成「做人基本道理」；可是另一方面，decent 卻也是近乎高貴的稱許評價。怎麼會既基本又高貴？因為 decent 的質地內在有人之所以為人、大家共同同意必具的成分，然而真要落實這成分卻絕非容易，於是構成了高貴成就。

孔子的禮，就是要追求人因為理解、因為信念而內化了規矩，隨而散發出的一種氣質、一種氣度。是的，一種值得安心信任的優雅高貴。

《論語．顏淵》：「子曰：『足食。足兵。民信之矣。』子貢曰：『必不得已而去，於斯三者何先？』曰：『去兵。』子貢曰：『必不得已而去，於斯二者何先？』曰：『去食。自古皆有死，民無信不立。』」孔子列出了一個國成立的三大要素，但聰明的弟子子貢堅持要弄清楚這三項要素的排名。孔子這樣排：第一是「民信」，然後是「食」，然後才是「兵」。

這意味孔子主張人民餓死了都必須信任政府嗎？當然不是。孔子著重的方向不在此，他真正表達的是自己有多看重「信」這件事，即人與人之間的彼此信任。當代英國社會學家齊格蒙．鮑曼（Zygmunt Bauman, 1925-2017）的名言：「沒有了信任，我們連早上起床的勇氣都沒有。」可以拿來當作孔子思想的註腳。人能過集體生活，靠的就是彼此信任，對於別人會做什麼、不會做什麼，有基本不須擔心的把握，而禮就是這種把握的來源與保障。

因為有了孔子，「禮」與「倫常」從原來的封建宗法具體規範，轉型為一套抽象的思考與原則，因而在中國文明組構中占據了最核心的位置。要看清楚此後的中國文明特質，我們不可能忽略孔子、繞過孔子。

第九講

重讀《老子》

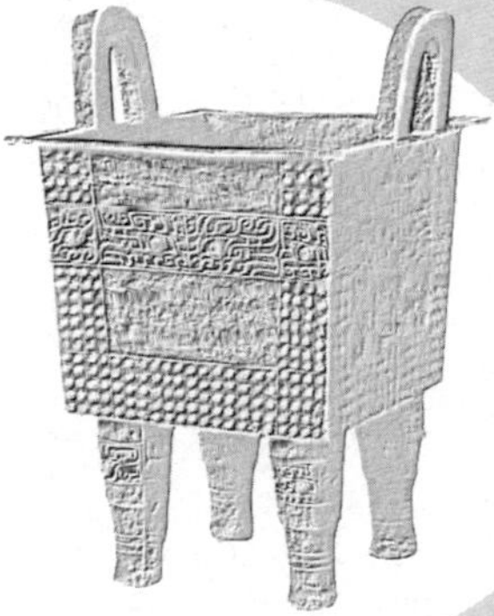

01 老道、莊道、陰陽道

從西周到東周的巨變，重組了中國文明的價值結構，也就是後來中國人看待自己、看待社會、看待世界、看待宇宙的方式。新浮現的價值結構中，很重要的一塊是由孔子開創的儒家，以及同時期發展出來的另一塊：道家。從這個時期開始，往後中國人的價值系統中，出現了長久的儒道並列互動，時而互補、時而衝突的現象。

儒的起源溯自孔子，孔子之後而分流，但始終以孔子之教為依歸，相對清楚。道卻不然，不但起源不明，而且後來的流變產生許多混淆。在歷史中，道家大致有三個不同的支脈，都以「道」為名，但強調、著重的思想內涵卻大不相同。

其中一支是「道教」，或可稱之為「陰陽道教」。這支從漢代以降在中國民間小傳統中扮演了極為重要的角色。但若追索回到春秋戰國的脈絡裡，這一支真正的信仰源頭與其說是道家，毋寧還比較接近陰陽家，應該放在陰陽家的變化發展中來理解。

陰陽道教之外，另外有一支可以稱之為「老道」，就是以《老子》為主的道家。再一支則是「莊道」，即以《莊子》為主的道家。前者在歷史上有個更響亮的名稱叫「黃老」，拉了黃帝來和老子作伴。後者在歷史上有時也稱「老莊」，名稱中有「老」，實際上是以《莊子》的理念來詮釋《老子》。

這三支都是道家，都相信大自然有一套規律，人不能違背這套規律。知識與行為的開端，是掌握這套龐大的規律，而「道」就是這套規律的總稱。

然而在這樣的共通基礎之上，三派對待「道」有著很不一樣的態度。陰陽道教由「陰陽感應」、「五行相生相剋」而發展出人可以介入改變道的法則。一直到今天，民間信仰裡主張一個人如果命中缺水，可以、應該給他一個帶水字邊的名字，就是以人為來補自然，以人為來改變自然。陰陽道家著重的，是人藉由理解、分析自然秩序的構成，找到對自己最有利的因應方式。

那「莊道」和「老道」這兩支呢？讓我試著用《莊子．秋水》裡的兩段故事來說明。

《莊子．秋水》中有一段故事，說惠子（惠施）在梁為相，莊子到梁要去見惠子。有人跟惠子說：「莊子來，是要取代你為相。」惠子擔心了，就派人在梁國境內三天三夜大搜莊子的行蹤，但沒能找到莊子。

莊子自己按照計畫來見惠子，見了面後對惠子說：「南方有一種叫鵷雛的鳥，你知道嗎？這種鳥從南海起飛，一路飛向北海，沿路只停棲在梧桐木上，只吃竹子的果實，只喝甘美的泉水。在鵷雛飛行的路上，有一隻貓頭鷹撿到腐爛的老鼠屍體，發現鵷雛從牠頭上飛過，就抬起頭看著鵷雛，威脅地發出『嚇！』的聲音。唉，現在你就是為了護住你的梁國，而要『嚇！』我嗎？」

《莊子．秋水》的另一段故事則說：莊子在濮水邊釣魚，楚王要來拜訪他，先派兩位大夫前行轉達：「希望將楚國的國政託付給您。」莊子手裡拿著釣竿，頭都沒有轉過來就說：「我聽說你們楚國有一隻神龜，已經死了三千年，楚王特別把牠小心翼翼地包好藏在小竹箱裡，供奉在廟堂上。你們覺得這隻龜比較喜歡死了留下骨頭得到尊貴待遇，還是寧可活著在泥裡搖尾巴呢？」兩位大夫回答：「應該是活著在泥裡搖尾巴吧！」莊子就說：「那就去吧，別煩我，我還要在泥裡搖尾巴呢！」

這是莊子對待政治權力的基本態度。別人努力想爭取、隨時擔心失去的，看在他眼中，那是「腐鼠」，根本不值一顧，遑論搶奪或保護。權力以及權力帶來的地位，在他看來只是窒息一個人的自然活潑生命，把他桎梏在一個不是由他自己決定，也必然違背他本性的牢籠裡。

老子就不是這樣看權力的。老子和莊子都以道為本，都相信有一套自然的規律在所有現象變化之後，為其真宰；也都相信最重要的就是明瞭道的存在，追索道的規律。但兩人的相同之處，也就到此為止。

在莊子，明白了道，就能洞視我們執守的許多價值，其實源自於狹窄的自我中心眼光，我們就能看清楚不是所有人、所有動物都想要「腐鼠」，就可以不必陷入那些外在的標準，自在地活著。

在老子，了解了道，是為了將道運用在處世與安排權力上。相較於不了解道的人，了解道的人可以更有效地取得權力、運用權力、保有權力。

莊子了解了道，就必然有避世的態度。世俗的權力、享受、安逸，一般人汲汲營營計較的，其實不過就是貓頭鷹嘴裡咬的一隻臭掉的老鼠，我們幹嘛跟著人家去計較、去爭奪呢？老子了解了道，則採取了一種弔詭的態度：取得權力、保有權力最好的方法，就是好像沒有權力，好像不在乎權力一樣。

02 論列諸子，老莊有別

《莊子．天下》論列戰國諸子，是將莊子和老子分別處理的。「芴漠無形，變化無常，死與生與？天地並與？神明往與？芒乎何之？忽乎何適？萬物畢羅，莫足以歸。古之道術有在於是者，莊周聞其風而悅之。」恍惚曖昧沒有固定的形狀，沒有規律的不斷變化，這是生？還是死？是和天地並存？還是隨著神明而來去？茫然看不出要去哪裡？倏忽匆忙看不出又去到了哪裡？所有的事物統統各自羅列，沒有辦法歸類整理。

這是莊周學問和思想的來歷。看《莊子．天下》的寫法，讓人想起《楚辭．天問》，一連串的問題，而不是任何具體、堅實的主張。應該說，和〈天問〉一樣，莊子的學說，問比答更重要，有些根本的問題是不能回答的。一旦回答了，答案就必然將原本「無形」的強解為「有形」，也就將原本「無常」的改寫成「有常」。

所以莊子表達其意見，「以謬悠之說，荒唐之言，無端崖之辭，時恣縱而不儻，不以觭見之也。」間接迂迴、無稽悠遠、大而無當、四處晃遊，不偏在任何一邊，才不會逆反了自己的本心本意，把無形講成有形，把無常固定為有常。

還有，「以天下為沉濁，不可與莊語；以卮言為曼衍，以重言為真，以寓言為廣。獨與天地精神往來，而不敖倪於萬物。不譴是非，以與世俗處。」莊子沒有真的要和同時代的人對話，沒有要教他們什麼。他不說正經的話，隨機發揮漫漶展開，有時重複別人說的話來證明道理，有時用寓言來開拓道理的範圍。他真正的思考友伴是開闊無涯的天地精神，但也不輕視萬物。不否定世俗的是非，混居其間。

老子則不然。《莊子．天下》的說法是：「以本為精，以物為粗，以有積為不足，澹然獨與神明居。古之道術有在於是者，關尹、老聃聞其風而說之。建之以常無有，主之以太一，以濡弱謙下為表，以空虛不毀萬物為實。」

老子認為本源道理是精微的，萬物實體不過是這種本源道理的粗糙顯現（所以不能執著於物體本身，要依照本源道理行事），認為有所積存反而是不足的，最好的方式是棄絕一切，獨自與不受物體拘限的神明共處。古代有強調這方面的思想，吸引了關尹、老子，以「無」、「常」、「有」三個觀念為基礎，以「太一」為其主導原則，主張表面上應該濡弱謙下（效法水），實質上則保持空虛狀態，不破壞既有的萬物。

老子這一派主張存在之物不值得我們耗費心神去追求，在物的背後有「本」，那才是真正重要的。「本」的規律，是弔詭的辯證。表面上愈富有的，實質上愈窮。所以最堅強、最能成功的，反而是最軟、最弱、最謙下，看起來沒有權力也不堅持的那種人。整個世界最寶貴的，不是任何一項具體的東西，而是什麼都沒有的「空虛」，因為「空虛」才可以包納萬物。

03 《史記》對於老子的一筆糊塗帳

《史記》是部偉大的著作，值得我們認真研讀、理解，但這不等同於要相信《史記》中的每一句話，將太史公書中所寫的都奉為史實。

很不幸地，《史記．老子韓非列傳》中寫老子的部分，就是一筆糟糕的糊塗帳。

司馬遷的史官職務是從父親司馬談那裡繼承來的。司馬談的著作今天只剩下一篇〈論六家要旨〉留在《史記．太史公自序》裡。〈論六家要旨〉中司馬談如此說道家：「道家使人精神專一，動合無形，贍足萬物。其為術也，因陰陽之大順，采儒墨之善，撮名法之要，與時遷移，應物變化。」道家集合了陰陽家、儒家、墨家、名家、法家五家的精華優點，光這句話，司馬談就已經表明了自己的思想立場，他是個道家，而且是從道家的立場出發來整理、評斷「六家要旨」的。

更進一步，在司馬談的六家源流分析上，明顯斷定這種「使人精神專一，動合無形，贍足萬物」的道家思想是相對後起的，所以能集前面其他各家的優點。然而司馬遷沒有採納父親的這項主張，在《史記．老子韓非列傳》中，將老子的思想寫成六家之中最先、最早的。

《史記》中寫老子，一開始說老子姓李名耳，字聃，是「周守藏室之史」，然後就講了孔子「問禮於老子」的故事。這件事在戰國的文獻上出現過好幾次，《禮記》、《莊子》中都有記錄。依照這些記載，老子年長於孔子，是當時有名的智者。

但是講完孔子問禮於老子後，司馬遷突然筆鋒一轉，說：「或曰：老萊子亦楚人也，著書十五篇，言道家之用，與孔子同時云。」意思是：也有人說（有資料記錄）老子是老萊子，也是楚人，寫的書不是上下篇的《道德經》，而是另外的十五篇著作；也不比孔子年長，而是和孔子約莫同時、同代。

如此附筆表現出司馬遷的誠實態度，他看到過另外有老子是「老萊子」說法的史料，更重要的，他對老子早於孔子、孔子曾經問禮於老子這件事，沒有充分的把握。司馬遷的存疑態度，一部分應該來自他對《論語》、對孔子的了解。

關於孔子事蹟，最可信的材料是由他弟子編撰的《論語》，但《論語》中完全沒有提到孔子到周去向老子問禮的事。還有，依照戰國文獻，孔子見老子這件事發生在孔子五十歲時，但《論語．為政》中記錄了孔子的自述：「吾十有五而志於學，三十而立，四十而不惑，五十而知天命，六十而耳順，七十而從心所欲不踰矩。」五十歲都到「知天命」了，怎麼會因為對「道之要」感到困惑而求教於老子？

前面講孔子時，引用過《論語．微子》上的一段故事：「子路從而後，遇丈人，以杖荷蓧。子路問曰：『子見夫子乎？』丈人曰：『四體不勤，五穀不分。孰為夫子？』植其杖而芸。子路拱而立。止子路宿，殺雞為黍而食之，見其二子焉。明日，子路行以告。子曰：『隱者也。』使子路反見之。至則行矣。子路曰：『不仕無義。長幼之節，不可廢也；君臣之義，如之何其廢之？欲潔其身，而亂大倫。君子之仕也，行其義也。道之不行，已知之矣。』」

這段故事的關鍵在於老翁「以杖荷蓧」，而「老萊子」名字中間這個「萊」字，就是「鋤草」的意思。顯然，司馬遷認為很有可能這位挑著除草工具的老翁就是「老萊子」，後世於是將孔子和這位隱士的相遇對話敷衍為「孔子向老子問禮」的故事。換句話說，司馬遷明白《論語》裡記錄了許多孔子周遊過程中遭遇隱士被質疑、被嘲諷的事蹟，認為「孔子問禮於老子」的說法，可能是從這些事蹟中托化出來，不見得真有孔子刻意跑到周，去找這位「守藏室之史」挨訓的事。

說完了老子也可能是老萊子之後，司馬遷又記錄：秦獻公時，有一位周的太史叫「儋」，到了秦國，預言秦國在依附於周之下五百年後，會脫離周而獨立，再過七十年，秦會出現統治天下的霸主。「儋」的發音和「聃」一樣，又都是周太史，所以史料上就將這兩個名字視為同一人。

司馬遷拿不定主意該不該接受這個說法。他的猶豫很容易理解。秦獻公時周太史到秦，這是孔子死後一百二十九年的事。比孔子年長或和孔子約莫同年的老子，會在孔子死後一百二十九年去見秦獻公?不得已，司馬遷用補注的口氣加了一段話，說：老子大約活了一百六十多歲，也有人說他活了兩百多歲，因為他修道，所以特別長壽。沒辦法，老子就算活了一百六十多歲，都不夠既當孔子的老師，又能去見秦獻公。要那樣，非得兩百多歲不可！

老子會入秦，依照《史記．老子韓非列傳》上下文看，是因為他「居周久之，見周之衰，乃遂去。」的確，他當周太史當了一百多年，是真夠久了，終於不想再幹。要出中原入秦，過關時在關上遇見一個守關的人，那人看他打算出關一去不回，又知道他是個有大智慧的人，於是勉強他將寶貴的想法寫下來，如此才有了我們後來看到的《道德經》五千言。

這段也還是一筆糊塗帳。後來注《史記》的人以訛傳訛，說老子過的關是函谷關，但秦獻公時，函谷關根本還不存在。還有，「關尹」在許多戰國文獻上出現過，包括前面引用的《莊子》，但都是將關尹當作一個人，一位思想人物，沒有像《史記》這樣將關尹照字面解釋為「守關的人」的。依照出現較早的戰國史料看，關尹活躍於戰國時期，和老子大約同時發展「道」的概念。

《史記》中講老子的部分，最後是一段老子（李耳）後人的世系流傳。李耳的兒子李宗是魏國的將軍。孫子李注，曾孫李宮，李宮的玄孫李假曾經在漢文帝時為官。李假的兒子李解則當了膠西王劉卬的太傅，所以住在齊。李假、李解的時代，就和司馬遷很接近了。

這個世系記錄也不太對勁。首先，魏獨立成為封國，發生於「三家分晉」，那是西元前四〇三年，離孔子去世已經超過七十年。老子的兒子要在魏為將，要嘛他得是老子一百多歲之後才生的，要不這個李宗也得跟他爸爸一樣長壽活過百歲。就算老子和孔子同年吧，從老子出生到漢文帝的時代大約四百年，但依照世系表，這四百年間，老子家總共只傳了八代。一般正常三十年傳一代，他們家平均起來卻是近五十年才傳一代，很怪吧？

04 邊陲發跡，從隱者文化蛻變的道家

這筆糊塗帳，怎麼算？

一種態度，傳統的態度，就不去算。反正抓住了老子和孔子大約同時期，理所當然將《老子》視為出於春秋時代，是和《論語》同樣悠遠的古文獻。

另外一種態度，歷史研究實事求是的態度，則是從司馬遷的記錄中，先判別其不同的可信程度。最可信的顯然是最接近司馬遷時代，擔任過膠西王太傅的李解。李解是李耳的八世孫，倒推回去，李耳的年代應該是西元前第三世紀左右，也就是戰國中期到後期。這個時間的推算，又剛好配合得上從《老子》書中文本得到的證據。

錢穆先生在他寫的四篇關於老子年代的考據文章中，清楚列舉了《老子》行文出現的戰國名

物與詞語，具體否定了《老子》成書於春秋時代的可能。而且《老子》直白陳述道理的風格，不只和《論語》大有差距，甚至也不像《孟子》、《莊子》那樣帶有雄辯意味，更接近《荀子》或《韓非子》。

外部證據與內部證據配合來看，第一，《老子》的作者應是戰國時期的人；第二，《老子》成書很可能晚於《莊子・內篇》，到戰國後期了。這位「李耳」至遲到漢初司馬遷時，其生平年籍已經和另外一位歷史人物「老聃」混為一談了。

擔任周太史，時代和孔子接近的老聃，比寫《老子》的李耳早了將近三百年。但不知有了怎樣的過程，或許就是源自《老子》這個書名吧，李耳就被當成老聃了。《老子》這本書的年代，相應就被往前錯置了三百年。

老聃和李耳，一前一後，真正的連結是古代南方的「隱者文化」，早在孔子的時代，南方就有了強烈不認同周主流價值的這項傳統。孔子是徹徹底底封建宗法文化的產物，出生、成長於封建宗法的核心區域，因而面對封建秩序敗壞、瓦解時，他的態度是「知其不可而為之」，一定要盡力回復、維持舊有的封建禮法。

《史記・老子韓非列傳》中說，李耳是「楚苦縣厲鄉曲仁里人也」。春秋時代沒有楚苦縣，戰國才有。西元前四七九年，陳國被楚國所併，後來稱之為「苦縣」的這個地方原本屬陳國，此時才為楚所有。這又是《老子》作者不可能和孔子同時的另一條旁證。

無論陳國或楚國，相對於黃河流域的中原各國，都是「南方」。

南方，尤其是楚，地理上位處邊陲，沒有那麼深遠的封建根基，更重要的，早在西周建立之前，就有了自身大不相同的文化傳統，當然不會有像魯人孔子那種對封建宗法的情感，更不會有一定要衛護封建宗法的熱情。對孔子而言，他不忍心看到自己信奉的宗廟傾頹，寧可以肉身扮演最後一根支柱。但對許多封建宗法邊緣地帶的人而言，他們關心的，往往只是這樣一座大廟倒下來，會如何壓到我、傷及我而已。

《論語》中記錄了孔子在南方遇到了長沮、桀溺、楚狂接輿，受到反覆的嘲弄。這些人都是「隱者」，會嘲弄孔子，一點都不意外。他們的生命情調、他們的價值選擇，和孔子大異其趣。

隱者之所以成為隱者，在於他們採取一種和封建宗法傾頹帶來的亂世保持距離的態度。他們早早看穿了這套封建宗法已經是夕陽落日，無可挽回，他們的智慧運用在如何在亂世中自保，不只不受傷害，最好還能保持平靜自在。

這些南方隱者或智者也不是舊有王官學的追隨者，不像孔子將詩書易禮樂春秋視為不可移易、不可拋棄的真理基礎。他們不依賴在西周王官學經典上說話，所以未曾留下什麼著作，只流傳了片段的記錄，凸顯他們和主流價值間的衝突。

這些人，他們背後的「隱者文化」，應該就是道家的遠源。他們沒有參與東周中心地區正在發展的，從王官學蛻化為諸子學的過程。這個過程的主角是儒，始於孔子，他的門人如何分派流衍，留下了相對詳細、明確的記錄。從邊陲發跡、從隱者文化蛻變出來的道家，相形之下，就找不到清楚的歷史背景與變化脈絡了。

05 《老子》成書年代的五種考證角度

如果不能盡信《史記》，又如何考索《老子》成書的時代？

有清一代發展的「考據學」，到民國加入了胡適所說的「科學方法」——其實就是理性歸納——還有更激烈的「疑古」風潮，打造出一套細膩的機制，多面向地重新檢驗文本的時代背景。普遍使用的一種方法是考據文本中出現的專有名詞。專有名詞的成立若有確切的時間點，用到這個專有名詞的文獻，成書時間當然就晚於這個時間點。

另一種方法是考察字詞使用的變化。例如傅斯年先生的著作《性命古訓辨證》，將古文獻中出現「性」、「命」的段落拿出來仔細排列比對，看出這兩個字、這兩個觀念在歷史時間中變化的基本軌跡。反過來，我們就能用這套整理好的資料當座標，考察包含「性」、「命」的文獻，從文中這兩字的意思去推斷文獻的時代。

「道」這個字和「性」、「命」一樣，都是春秋戰國文獻中經常出現。但隨著時間其實有著微妙而明確意義變化的字。「道」字出現在孔子的時代，帶有高度的具體性，通常指的是「人之道」，是人際事務道理的總稱。到了《莊子》，道的意義擴大了，用來指稱不只人之道，而是人和自然所有現象的共通原則，人屬於自然的一部分，自然之道同時也就包納了人的現象。

《老子》的道接近《莊子》，卻又更抽象化。道不再只是一個方便的統合總稱，道有了神祕、無法描述、人無法充分掌握的本體。這樣的用法貫穿了戰國後期的各家文獻，包括《荀子》、《韓非子》，一直到《呂氏春秋》。整理了「道」字意義的流變，我們也就很難相信《老子》會是和孔子同時代的文獻了。

第三種方法是考察文本中出現的事物與觀念，比對它們出現成立的時代。例如從春秋到戰國，改變最大的一個領域是戰爭。戰爭的形式，戰爭中動用的器具，乃至於戰爭的觀念，快速而激烈地發展。拿東周的戰爭史作為背景，對照《孫子》和《老子》，我們就會知道《老子》的戰爭指涉與觀念明顯是戰國式的，不太可能出現於春秋時期。

還有第四種考據的方法，是察看、比對行文風格。文法的運用，表現論證的手法，一般都有時代的特殊性。《莊子》和《孟子》在主張上天差地別，但兩本書共同展現了那個時代清楚的「雄辯」個性。戰國時代是個雄辯時代，蘇秦、張儀那些縱橫家當然是靠著一張嘴善言雄辯，穿梭於各國之間興風作浪，但雄辯絕對不是縱橫家的專利，甚至不是縱橫家發明的。應該倒過來看：一個傳統信念快速瓦解的社會，迫切需要尋找新的處世行為原則，一時之間湧現眾多不同的主張，嘈雜紛亂地爭著要說服迷惘困惑的世人。在那樣的多元言論環境中，主張要被聽到，需要特殊的技巧；主張要被接受，更需要特殊的技巧。

「雄辯」就是在這種時代背景中產生的說話技巧。早從春秋時期開始，墨家率先意識到說話、論辯技巧的重要性，在他們的家派知識中有了「墨辯」，那是一套很講究的說話、論辯方法論。進入戰國時期，言論更加熱鬧混亂，進而出現了專門探索語言規則，玩弄論辯盲點的名家。說話，不再是一件直覺、自然的事，正式成為一門技術、一種本事。

縱橫家是將這種技術、本事特別用在國與國外交策略上的人。與縱橫家約莫同時代的孟子、莊子，則將同樣的技術、本事用來溝通並傳遞價值判斷。莊子向一般人傳遞超越人世的廣大精神宇宙，孟子溝通的主要對象則是國君，傳遞的價值信念是儒家的人道主義。

《孟子》和《荀子》形成清楚的對比，不只是傳統上認知的「性善論」和「性惡論」的對比而已。更重要的是文風，說話方式的對比。孟、荀同屬儒家，兩人有許多同樣的基本信念，兩人的書中也說了許多類似的道理，然而不管再怎麼類似、接近的道理，由孟子說來，就是和荀子說來，給我們很不一樣的感受。

不是來自內容的差異，毋寧是風格、乃至於人格的差異。孟子的雄辯風格，部分來自時代影響。孟子出生於西元前三七二年，荀子出生於西元前三一三年，雖然只相去六十年左右，但所處的時代氣氛已有根本的變化。孟子的時代仍是百家爭鳴、言論互激、一切處於未定的情況，從國君到小民，大家都焦慮地尋訪對現實戰亂不安的解決之道。到了荀子的時代，前面的長期多元激盪開始收束整合了。荀子本身整合了儒家和法家，荀子的學生韓非更進一步整合了法家和道家。

換句話說，孟子身在言論的戰場上，強敵環伺，必須隨時打緊精神不斷戰鬥；到荀子時，戰場已經初步清理了，只剩下幾個還站著的強者，不再必然戰鬥，轉而想著如何重整彼此關係，找出停戰的辦法來。

而很明顯地，《老子》那種平鋪直敘的「真理式」發言風格，不推理、不辯論，就只把結論拿出來，更接近《荀子》而不像雄辯時代的《孟子》或《莊子》。

還有第五種更難更專業的，是語音學上的考訂。《老子》大部分的文句是押韻的，「韻」來自語言的習慣，什麼字唸什麼音，語言會隨時代而改變，韻當然也就跟著改變。有一門古韻學，從《詩經》以下，藉由蒐羅所有押韻文句，來整理、分析古韻的變化。將《老子》放入古韻的規律中考察，也可以發現其用字押韻的方式，在時代上比較晚。

從這麼多不同角度進行的考證，顯示《老子》晚於《莊子》的，遠遠超過《老子》早於《莊子》。

06 道：萬物的起源，是「常」，是「一」

用這種方式在歷史長流中重新擺放《老子》的位置，提醒我們兩件事：第一，《莊子》和《老子》有著很不一樣的精神境界，很不一樣的人生觀照，不能隨便混為一談，尤其不能隨便「以老解莊」或「以莊解老」。第二，《老子》成書於戰國時期，而非春秋，那是一種久居亂世看透世局變化的洞見，教人如何在失序的社會裡活下去。

《老子》書中最核心的概念，是「道」。第二十五章：「有物混成，先天地生。寂兮寥兮，獨立而不改，周行而不殆，可以為天下母。吾不知其名，字之曰道。強為之名曰大。大曰逝，逝曰遠，遠曰反。」

形容在萬物生成之前，有一樣東西就已存在，一個獨立的本體，從不變動，那是萬物的始源。一切之始、萬物之先，我們當然不可能知道它叫什麼名字，勉強用「道」來稱呼它。也沒有辦法確切地形容它，只能勉強說它極其廣大，是最大的東西，至大無外。它的廣大在於不斷變動，始終持續在擴大，愈走愈遠，卻又無所不在，不管走到多遠，都還會回來，都還一直包納著我們近身所有的一切。既遠又近，我們離不開它的範圍，卻又不可能在同一個層次上接近。

第十六章：「致虛極，守靜篤。萬物並作，吾以觀復。」道最大的特色，是內在空無一物，本身不變動，卻從中生出所有萬物來。我們觀察、理解萬物，從而明白、歸納道的規律。道不是物，甚至不是現象，而是一套規則規律的抽象集合。如果從有形的角度看，那麼道是「至虛極」，沒有任何形體可供掌握。同樣地從有形的角度看，道自身也沒有任何現象變化，是「守靜篤」，因為道也不是現象。我們如何知覺道的存在？從萬物、現象的變化規則中，管轄「變」的不變規則，也就是「復」，那才是道。

第十六章接著說：「夫物芸芸，各復歸其根。歸根曰靜，是曰復命。復命曰常，知常曰明。」各種事物最終都要回到根本。不是說變回原來的樣子，而是萬變不離其宗，逃離不了變化規則本身。「變」的背後，遵從的是不變的法則，那是變化的根，是永遠拉住萬物與現象的終極力量。法則本身是「靜」的，是不動的，回到這樣的根本規則上，那就是「常」，而我們最需要的智慧，甚至可以說唯一的智慧，就是了解「常」。

「常」不是「經常」，而是「總是」，不是often，是always。所有的變化背後，都有總是不變的規律。面對這個世界，我們應該分辨清楚，看起來紛紜繁雜的變化相對都不重要，重要在於找出管轄、規範紛紜繁雜的總是不變。「不知常，妄作凶。」不能理解「常」的道理就想要做什麼，那一定是危險的壞事。因為你無法掌握因果規律，你不知道做了這件事會帶來什麼樣的結果，會啟動怎樣的連鎖反應，多危險，多可怕！

道是個集合總稱，由一切變化規律所構成，統納了所有事物變化的道理，因而有時《老子》會改用「一」來表示「道」，強調道的唯一性、完整性，沒有任何規律不在道之內。因為包納了一切規律，所以道當然只能有一個，不可能有複數的道。

第四十二章：「道生一，一生二，二生三，三生萬物。」這話其實沒有什麼神祕的，不過就在形容道是始源，是一切規則的總和。在邏輯原理上，所有的一切都離不開道，由道而有萬物。

第三十九章：「昔之得一者：天得一以清；地得一以寧；神得一以靈；谷得一以盈；萬物得一以生；侯王得一以為天下貞。」道是不能違背的「常理」，在常理運作下，才有正常的天地宇宙，如果想讓人世間也能正常寧定，做領導的別無選擇，只能想辦法得到此「一」，總和、唯一的本體。

07 自然：管轄變的不變法則

《老子》第二十五章：「人法地，地法天，天法道，道法自然。」戰國時期的文獻中出現的「自然」二字，指的不是我們今天說的大自然，而是字面上的意思，本來如此，也就是「順其自然」的自然，沒有人為介入、改變，依照其本有的規律而發生的，叫做「自然」。

「道」是什麼？在這裡《老子》又換個方式強調：道就是自然，就是事物自身內在的道理和規律，就是一種客觀的自主秩序。這種秩序或規律，因為是自主的，不是誰設計出來的，也不是誰控制得了的，所以才超越一切，成其不動的本體地位，所以是「獨立而不改」的。

那麼「道」如何影響我們的人生？統納的道，有其辯證的完整性，這是我們應該特別注意的。《老子》第二章：「有無相生，難易相成，長短相較，高下相傾，音聲相和，前後相隨。」一切都是對偶、辯證存在的。對應「無」，才會有「有」；對應「易」，才會有「難」；對應「下」，才會有「高」。就好像有聲音才會有回聲，同時有回聲就必然有本源的聲音一樣，倆倆並存，不可能單獨分離。

當我們說《老子》的道理好「難」，就必然意味著我們心中有其他書、其他道理相對「簡單」的比較。當我們說「這杯子好大」，一定是心中認定有其他的杯子比較小。這些都是彼此配對的，也就都是相對的。相對於易而有難，相對於小而有大。

接著《老子》就提醒：「自然」的基本機制就在「高者抑之，下者舉之；有餘者損之，不足者補之。天之道，損有餘而補不足。」「自然」是循環的，在相對之間來回變動，自然有一個動力，管轄「變」的「不變」法則——高的不可能一直變高，到一定程度就被壓下來；多的不可能一直增多，到一定程度就會減少。「自然」是一套平衡律。

察覺了自然的規律、通則，我們的看法與選擇就會很不一樣。

第四十章：「返者，道之動。弱者，道之用。」道的基本方向就是「拉回來」。高的高到一定程度，會被反向拉低；低的低到一定程度，會被反向拉高。因應這樣的根本機制，我們可以有什麼樣的自主選擇？最好的選擇就是刻意將自己維持在「弱」的位置上，那是處世、應世最合理的方式。

第五章：「天地不仁，以萬物為芻狗。……天地之間，其猶橐籥乎？虛而不屈，動而愈出。」天地、自然是沒有感情的，就是一套固定的機制。這套機制是自動的，不只是不受感情影響，更重要的是沒有感情的。西周的王官學主張，「天」長養萬物，所以本質上是「仁」的，《老子》直截了當地反駁：不，「天地不仁」，既長養也摧毀，「天」不是為我們而存在，不會配合我們的主觀期待，而是一套有來必有往、有去必有返的自動機制。

08 生存之道：一切都朝反方向發展

徹底掌握了「天」或「自然」或「道」的運作，我們才能做出對的因應選擇，才能找到方法「利用」這套機制，產生對自己最安全、最有利的結果。這種因應選擇的智慧叫做「微明」。

第三十六章：「將欲歙之，必固張之；將欲弱之，必固強之；將欲廢之，必固興之；將欲奪之，必固與之。是謂微明。」為什麼是「微明」？因為從表面上看起來不合理，不像是「明」，要繞了彎才迂曲顯現其「明」，透徹聰明之處。

《老子》的「微明」，就是邏輯上的「弔詭」，paradox，似非而是的論證。對想要削弱的，故意去助長；想要廢除的，故意大張旗鼓去提倡；想要奪走的，故意先給予。表面看，這太荒唐，沒道理了！你的手段和你的目的不是剛好相反嗎？這樣的手段怎麼可能達到那樣的目的？

「微明」的關鍵就在看出表面荒唐的，放入道的運作中，反而才最能達到欲求的效果。對一個你討厭的人，你去請教老子：「我該如何對付他、除掉他？」老子的回答是：「你就每天恭維他、敬愛他、崇拜他。」你的第一個反應必定是：「這在胡說八道什麼！」但老子有他幽微迂迴的道理——用這種方式把他捧高，捧得更高更高，到了一定程度，道的不變運作原則就會讓他摔下來。你打擊他不見得能讓他掉下來，因為你用的是自己有限的力量，追求的是人事不確定的結果，但如果倒過來一直捧他，最終是道而不是你的力量在作用。道是明確的、必然的，與其依賴自己不可靠的力量，何不更聰明些，善用道的法則呢？

如此我們才能理解「弱者，道之用」、「柔弱勝剛強」。在道的變化法則中，弱的必然會變強，倒過來，強的一定會變弱，所以我寧可處於柔弱得以變剛強的狀態，而不要剛強而必然要沒落、淪喪。只要維持自己不要剛強超過一個程度，就能躲過道的逆轉力量，被往下壓「返」到柔弱。只要維持自己不要高到超過一個程度，反而可以不被無可抗拒的道打落谷底。

第四十二章：「強梁者不得其死，吾將以為教父。」深記：最剛強的人，最終都沒有好下場，以此作為一切教訓的本源，無論如何都不要忘記這件事，以及這件事背後的基本法則。

第二十二章：「曲則全，枉則直，窪則盈，敝則新，少則得，多則惑。」所有的一切都朝相反方向發展，句子裡的「則」就是連結現實與未來動向。現實是「曲」，未來就會朝「全」發展；現實是「枉」，是歪的，未來就會朝「直」發展；現實是欠缺的，未來就會朝滿盈發展；現實是破舊的，未來就會朝更新發展。現在少的不可能再少了，就必然有所得而變多；現在多的，則會由多中生出困惑，不可能珍惜多、保持多而開始變少。

第四十五章：「大成若缺，其用不弊。大盈若沖，其用不窮。大直若屈，大巧若拙，大辯若訥。」真的多不是多的狀態，而是比多少一點，沒有多到會開始變少，才是可以維持、保留的多。所以，真正的「巧」反而是看起來「拙」，才不會引來「巧」的反面副作用；真正有說服力的言詞，是讓人家覺得你不太會說話，不會引來對於「辯」的反感與不信任。

09 處世之道：不敢為天下先

《老子》總是以辯證相反的方向來理解人世，所以「知其雄，守其雌，為天下谿。……知其白，守其黑，為天下式。……知其榮，守其辱，為天下谷。」（第二十八章）什麼是處世的智慧？我明白什麼是光榮的，於是故意讓自己居於屈辱的地位，在最低的地方，「為天下谷」，不要爬到山上去。並不是因為你是個弱者，贏不了人家，那是你聰明的選擇，「知其雄，守其雌」，「知其白，守其黑」，因為你知道在高位具權力維持不了多久，不去做這種會被打下來的事。

第二十四章：「企者不立；跨者不行；自見者不明；自是者不彰；自伐者無功；自矜者不長。其在道也，曰：餘食贅行。物或惡之，故有道者不處。」自己看自己永遠看不清楚，相信自己是對的就反而無法彰顯道理讓別人接受，一天到晚誇耀自己的功勞只會阻礙別人認知、承認你的成就，驕傲於自己的身分也就失去了增加影響力的機會。這就是站上高處的缺點。從道的原理看，最糟的就是「有餘」，滿出來必定惹來討厭、抵拒，甚至仇恨，對自己一點好處都沒有，必須想盡辦法避免。

第九章：「持而盈之，不如其已；揣而梲之，不可長保。金玉滿堂，莫之能守；富貴而驕，自遺其咎。功成身退，天之道也。」道的機制一定是成功了、到頂了就開始沒落，這叫做「功成身退」，和後來成語的意思不太一樣。《老子》是用來描述必然的變化現象，往上爬的過程，你自己志得意滿，錯覺以為可以一直上一直上，但那是不可能的，到一定程度，或許你都沒有自覺，「天」已經將你朝下拉了。

因而聚積東西把房子填滿，不如把東西丟掉。愈是貴重有價值的，愈是守不住；炫耀自己的財富與地位，將給自己惹來破壞傷害。因為「天之道」就是會把上面的人拉下來的。

第十五章：「古之善為士者，微妙玄通，深不可識。夫唯不可識，故強為之容。豫兮若冬涉川，猶兮若畏四鄰，儼兮其若客，渙兮若冰之將釋，敦兮其若樸，曠兮其若谷，渾兮其若濁。……保此道者不欲盈，夫唯不盈，故能蔽不新成。」

依循這種「微明」，厲害的人所作所為和世俗一般人大不相同，讓人感到高深莫測。這種人沒有辦法用世俗一般的看法來描述，只能勉強將他們的模樣刻畫出來。他們隨時小心翼翼，做好萬全準備，絕不衝動莽撞。看起來畏畏縮縮、猶豫不決，連周遭的鄰居都不敢信任。處於任何環境都嚴陣以待，像是作客一樣，絲毫不敢放鬆。反應很慢，什麼都願意接受，似乎什麼都搞不懂。這種人才是真正的厲害角色。

第六十七章：「我有三寶，持而保之。一曰慈，二曰儉，三曰不敢為天下先。慈故能勇；儉故能廣；不敢為天下先，故能成器長。」最重要的祕訣是「不敢為天下先」，別跑在太前面，冒出頭來引人注目。引人注目就成了別人要打擊的對象，躲在後面反而才能長久保有自己手上的。「慈」和「儉」幫助你降低和別人之間的競爭，別要那麼多，可以給人家的就給，「慈」和「儉」

不是出於利他的動機，而是讓自己能「持而保之」的手段，這樣反而對自己最好。

第六十三章：「為無為，事無事，味無味。大小多少，報怨以德。」保持低調，盡量別讓人注意到你。做不會引人注意的事，吃沒有特別味道的東西。不計較、不比較大小多少，所以別人得罪你了也就放過。為什麼要「味無味」？要小心地節制自己的欲望，還有，要小心保護自己感官的敏感度。

相關的是第十二章：「五色令人目盲，五音令人耳聾，五味令人口爽，馳騁畋獵令人心發狂，難得之貨令人行妨。」看了太多炫麗的顏色與形象，聽了豐富變化的聲音，吃了酸甜苦辣的食物，都會改變我們的感官，必須有更強更大的刺激才能滿足。奔馬打獵，追求貴重難得之物，則放縱了我們的欲望，收不回來了。

第六十三章接著又說：「為大於其細。天下難事，必作於易；天下大事，必作於細。是以聖人終不為大，故能成其大。」只有將難做的事看得簡單，將大事拆分成小事，才能成就難事、大事。一開頭就覺得自己很了不起，做的是別人做不到的難事、大事的，一定完成不了。真正了不起的是連對自己都不興奮炫耀做難事、做大事，反而才能成功。

那聖人是怎麼成功的？第五十一章：「道生之，德畜之，物形之，勢成之。是以萬物莫不尊道而貴德。道之尊，德之貴，夫莫之命而常自然。故道生之，德畜之，長之育之，亭之毒之，養之覆之。生而不有，為而不恃，長而不宰，是謂玄德。」

聖人讓自然來作用，順著道的原理來進行，而不是自己去做。聖人懂得觀察、分析時勢與變化，找到一種方式，將自己和要做的事放在對的位置上，通常就是一個「卑」的位置，這樣的位置自然的動向是朝上變化的，於是道的作用就替你完成了你所要的。道管轄萬物，但沒有主觀意志，是純粹的變化規律，我們也該學習、模仿道，取消主觀意志，順從固定的變化規律。

10 與儒家恰恰相反的「聖人」

《老子》第八十一章：「聖人不積，既以為人己愈有，既以與人己愈多。天之道，利而不害；聖人之道，為而不爭。」這就是《老子》的處世之道，因而《老子》文中所說的「聖人」，也就是最擅長處世的人。

對《老子》來說，「與人」不是要做慈善事業，將自己擁有的捐出去給別人。「與人」是出於一種對道的洞識之後而選擇的策略。將擁有的緊緊抱住，道的運作中就會讓你抱不住，使你喪失你擁有的。於是相反地，你應該「不積」，將有的散發出去，也是依照道的規律，沒有的會變有，你給的愈多愈慷慨，自己反而可以一直得到更多。

因而《老子》的「道」有其曖昧性質。一方面，道是絕對的規律；但另一方面，人，至少是聰明的聖人，卻又可以藉由了解道、利用道而給自己帶來好處。其中當然有一份狡詐，更有一種功利主義的態度。了解道，是為了得到算計把握，算好道的運行軌跡，相應找好自己的位置和自己的態度。如此當宇宙、世界都在道的規律中變化時，你就能操控道的變化帶給你的影響。「知雄守雌」、「知白守黑」，既然明白道如何運作，於是就在道要帶來下沉壓力前，巧妙地先讓自己躲到底下去，等待道的循環變化，將我抬上去。抬到一定程度，還沒到高處時，又趕快自己躲下去，這種方式能得來最安全又最有利的人生。

因而在《老子》的眼中，這世界主要分成兩種人——了解道的和不了解道的。從這種分辨中，《老子》改寫了原本「聖人」的定義。《老子》書中提到聖人，有時也會用舊意思，例如第十九章說：「絕聖棄智，民利百倍；絕仁棄義，民復孝慈；絕巧棄利，盜賊無有。」這裡的「聖」用的就是王官學裡的舊義，指的是道德完美而且為人民製造出最大福祉的人。

但《老子》真正推崇的，當然不是這種「聖」，而是另一種「聖人」——和他一樣洞察道的法則，因而得以找到最好的處世方法的人。這樣的聖人和儒家孔子所形容的聖人剛好相反，是「聖人不仁，以百姓為芻狗」。聖人太聰明了，看穿了動機和結果之間的必然差異，於是選擇依循道的自然，不勉強去照顧百姓，甚至不偏愛人，將人看得和其他萬物一樣，將百姓置放在自然變化之流中，不偏愛不強求，反而能得到更好的結果。

孔子談「聖人」、談「聖賢」，前提是聖人或聖賢的原則是人人可學的。孔子的「有教無類」不只是不分身分都願意教，而且是願意將同樣的教育內容與教育目標施行在所有學生身上。

沒有人不能學做聖人。到了孟子，這種態度就更清楚，孟子主張「性善」，意味著我們每個人內在都有「成聖」的基本條件。不管現實中你再怎麼糟糕，都不必放棄成為聖賢的機會。

到了王陽明，又有了「成色分兩」說。「成色」指的是我們每個人內在的「善性良知」，成分都是一樣的「九九純金」。聖人的良知是九九純金，你我的良知也是，沒有絲毫差別。你我和聖人的差別不在「成色」，而在「分兩」。聖人有比我們豐富的良知，或說聖人將他的良知開拓擴充到比我們多得多。

儒家的立場，一貫是挖掘出人內在美好的「聖賢之質」，使人不斷變得愈來愈像聖賢。儒家的理想，是建立一個「滿街都是聖人」的社會，或至少是努力不斷讓現實社會趨近於那樣的狀態。因而，每個人都可能成為聖人，對儒家來說，不只是可以想像的，還是應該堅持的目標。

在這點上，《老子》完全不同。《老子》的「聖人」厲害之處，正在於他看到了其他人看不到的，領悟了別人領悟不了的。當大家都相信要往上爬，要為自己多爭多搶一些利益時，唯獨聖人看出這種做法落入道的絕對變化法則中，只會給自己帶來災禍，所以他反其道而行，採取「不爭」的態度，舉世皆爭，於是不爭的人反而才能「有」。

換句話說，這套智慧是建立在其他人的執迷或愚蠢上的。必須有舉世滔滔的「不明者」盲目地在道中流轉，才會相對有「明者」、有「聖人」，可以利用這種局勢選擇相反的策略，得到自己所要的。如果每個人都「明」，每個人都用這種方式處世，這套道理就發揮不了作用了。因而《老子》的世界觀，是建立在道的弔詭性、反常識的前提上，假定了一般人、大部分人沒辦法理解道，只能渾渾噩噩地活在道的擺弄中，同樣也就假定了只有極少數人能得到這套知識，能成為洞澈的聖人。

11 權謀的《老子》，逍遙的《莊子》

《老子》的整套論理，依循著「手段—目的」的連結而成立。一般人看到這樣的目的，用那樣的手段去追求；《老子》告訴我們，別笨了，在「道」的作用下，那樣的手段到達不了這樣的目的。真懷抱著這樣的目的，你得迂迴繞圈，甚至依循道的規則而朝看起來相反的方向，反而才到得了。

這點《莊子》和《老子》截然不同。《莊子》追求的是覺悟本身，而不是要拿這樣的覺悟去幹什麼。看清楚「道」是怎麼一回事，掃除了阻擋我們領悟道的種種拘執、障礙，對莊子來說，本身就是目的、就是成就，甚至就是享受。他不問：那然後呢？他沒有用這套領悟運用在為人處世的權謀上。

《莊子》書中有一個饒富趣味的故事，說莊子將死，弟子們圍著他，莊子特別吩咐：「天、星辰、大自然陪伴我就夠了，千萬不要幫我準備棺槨。」弟子們不答應，說：「不行啊，沒有棺槨的話，在野地裡鳥獸會將你的屍體吃掉。」莊子就笑說：「你們為什麼那麼不公平呢？沒有棺槨，會有鳥獸來吃；那有棺槨呢？還不是被蟲吃掉！為什麼你們要奪走鳥獸的食物，保留給蟲呢？」

這是莊子的態度，認識「道」，所以將自己也化身為自然的一部分，一體公平地看待萬物。莊子選擇的是精神上的解脫自由，從各式各樣「不齊」的計較中解脫，走向一種徹底不計較、將自我中心都解消的「齊物」境界。物各付物，既然我不是為他物而生，為什麼他物要為我而生呢？尊重萬物的自體，用這種方式活著，是為「消遙」。

《老子》的精巧智慧，迂迴弔詭的算計，如何「消遙」？漢代道家的主流是「黃老」，也就是一種政治上、權力上的道家，然而到了漢末魏晉，「黃老」一轉而為「老莊」，變成個人的道家。由黃老而老莊，部分原因就在於受到儒家價值的影響，愈來愈多人對《老子》的權謀算計感到不安，於是拉了《莊子》進來，沖淡並轉移了《老子》權謀的部分。

魏晉時期出現了《老子》王弼注本，王弼大量援引《莊子》，乃至於佛家的概念來解釋《老子》、補充《老子》，成功地將《老子》朝《莊子》的方向拉近一大步，多了本體觀察與描述，相對降低了應用算計的成分，決定了後人閱讀《老子》的基本方式。

12 反對國君「有為」的「無為」主張

回到戰國的歷史脈絡，原始的《老子》是不折不扣的「亂世之書」，還有，《老子》明明白白是給國君而不是一般人的策略指導。

第三十一章：「夫佳兵者，不祥之器，物或惡之，故有道者不處。」好的兵器都是不祥的東西。這裡「佳」和「不祥」明確對比，使得一件兵器「佳」的理由，也正是使得它「不祥」的因素。「不祥」正來自於兵器的「佳」，兵器有多「佳」，它就有多「不祥」。兵器是破壞性的、毀滅性的，其「不祥」就在威脅、傷害其對象，所以「有道者」不會想要和兵器在一起。

「君子居則貴左，用兵則貴右。兵者不祥之器，非君子之器，不得已而用之，恬淡為上。」證據就在君子平日起居以左為貴，但要動用兵器打仗時，卻倒過來以右為貴，很明顯，君子和兵器處於相反的位置，兵器不是「君子之器」，而是「不祥之器」。周朝禮儀中，和活人有關的，左邊的位子比較高、比較重要；相對地，和死人有關的，喪祭之類，則倒過來，右邊的位子比較高、比較重要。這是周人安排分別生死領域的原則，老子提醒我們：顯然戰爭是歸類在「死」的那一類，不是「生」。

日本的禮俗保留了這種嚴格的左右分野。到日本溫泉旅館裡換穿浴衣，不管你慣用右手或左手，一定要穿成左上右衽，如果反了，變成右上左衽，那件衣服就不再是浴衣，而是穿在死人身上的壽衣了。左和右、生和死，緊密對應。

兵器、戰爭不是生活的一部分，不是活人領域的正常行為，只有萬不得已的情況才動用，所以應該盡量少用、盡量減省（「恬淡」）。能不打仗就不打仗，能少用幾件兵器就別用那麼多，數量、規模、頻率都是愈減愈好。

「勝而不美，而美之者，是樂殺人。夫樂殺人者，則不可以得志於天下矣。」動用兵器就算打勝戰了，都不是好事。讚揚戰爭，視戰勝為好事的人，本質上等同於以殺人為樂。喜歡殺人的人，不可能得到天下民心，也就不可能遂行其意志。

這點上，老子和孟子的態度一致。《孟子．梁惠王》中，孟子就明白地對梁惠王說「不嗜殺人者能一之」。在大家打仗打成一團、各國殺紅眼的時候，反而只有不喜歡殺人、不以殺人為樂、不以戰勝為「美」的人，才能統一天下。更進一步說，老子和孟子反映了戰國中後期同樣的普遍心情。各國彼此征戰打得太多太慘了，人民受不了，必然厭戰，渴望和平。

「吉事尚左，凶事尚右。偏將軍居左，上將軍居右。言以喪禮處之。」這是對左右禮儀進一步解釋：禮中，喜事左高於右，凶事右高於左。而在軍事儀式上，地位較低的偏將軍在左，地位較高的上將軍卻在右，表示是以喪禮的態度來對待戰爭的。

「殺人之眾，以哀悲泣之。戰勝，以喪禮處之。」戰爭一定要殺人，打勝仗一定要殺很多很多人，依照道理，殺了那麼多人，當然該用哀傷悲涼的心情面對，該哭泣而不該興奮大樂。這就是為什麼戰爭就算打贏了，禮儀上仍然用喪禮的方式來安排。

這一章很重要，因為明白凸顯了《老子》思想及主張的背景。其核心概念「無為」，是因應戰國紛爭而產生的。反覆規範國君要「無為」，強調要「無為」才能「無不為」，正因為那個時代的國君都汲汲營營要「有為」，抱持野心擴張對人民的控制，動員人民去打仗，不停歇地追求更大的國土、更多的財富。

人民累了，社會想休息了。《老子》將這種心情轉化為人生哲學與處世道理，逆轉過來伸張自然無為，巧妙弔詭地宣說：回復自然狀態，用減法而不要用加法，反而才能得到更多權力，更安全保有權力，更有效運用權力。

將《老子》所言視為一套超越時空、放諸四海皆準的真理，令人不安。因為其中有太多明顯反智、反文化的主張。讓一般人都吃得飽飽的，什麼都不想，當然是反智的態度。要求「損之又損」，棄絕文采、財貨，當然是反文化的心態。

但若是將《老子》放回戰國中後期的亂世背景中，我們看到的、理解的會很不一樣。其實那是拿來對應非常、極端人間狀況的一套智慧。那個時代，權勢者欲望高漲無所節制，而一般百姓小民無力對抗被驅使去滿足權勢者的這些欲望。《老子》巧妙地找到一種方式，試圖對這種潮流踩煞車。

他用了一種比國君更權威的口氣，同時卻又採取一種站在教國君運用權力的態度。他沒有要反對國君，只是他比真正的國君更了解如何當國君，以這個立場批判他們運用權力的現實方式。

他還用了一種令人眩惑、「正言若反」的弔詭論證風格，來表達要求國君不再「進」、不再增長野心，倒過來應該「退」、應該儉省的主張，因為如果不是這種口氣、這種論辯風格，面對欲望高漲的戰國國君，這些話是不可能有人願意聽的。

13 《老子》是不折不扣的亂世之書

回到一開頭，對於《老子》成書年代的討論。為什麼要先說明「莊在老前」，《莊子》成書早於《老子》的考據看法？因為如何斷《老子》的時代，對於我們了解《老子》太重要了！

除了第三十一章，《老子》書中少有與戰爭的連結，加上過去將年代斷在和孔子大約同時的春秋時期，人們就自然地假定老子和孔子一樣，是在討論、規範普遍的處世法則及治國道理。忽略了老子面對、因應戰國亂世，用「無為」來對治那個局勢的用心，輕易地將老子的觀念運用在正常、太平社會中，那就變成一套不折不扣反智、反文化的政治哲學了。

純粹從統治上看，君王最容易接受的，不幸的是往往也真的最有效的《老子》信條，是維持人民「無知無欲」，在統治上最有利、最方便。後來的歷史發展很清楚：帝國形成的過程中，

《老子》被和講究全面權術的《韓非子》扣在一起。漢武帝時，司馬遷寫的仍然是〈老子韓非列傳〉。漢代思想中，老子和黃帝擺在一起成為「黃老」，強調「無為清靜」，那是帝王家的統治指導原則，與一般人無關。要到漢末大亂，社會解紐，魏晉以降，《老子》才改而和《莊子》結合，成為「老莊」。

「莊在老前」，時代弄對了，我們就明白，老子的時代比莊子更嚴峻，征戰殺伐延續得更久了，國與國的你死我活局面更僵硬了。老子是在這樣的時代，提出了非常狀態下的非常主張。他的時代，不只周朝禮制早已徹底崩壞，而且似乎除了以武力兼併分出輸贏之外，沒有其他可信可行的規則。老子沒有要為未來設計一套可長可久的文明方案，而是要對應眼前，說服君王停止積極爭奪，轉而用減法、無為來行使權力，如此至少能夠降低變亂，給人一點通往平靜的亮光。

《老子》學說有其現實性。從這種現實性上理解《老子》，一方面我們對書中內容及這位作者，會有更深的同情；另一方面也就能避免將老子說的一些道理無限上綱，當作是處理人事、處理權力的最高指導原則。

沒辦法，這是我的價值偏見，我總認為真要用《老子》的學說來組織社會、運作權力，那必然是文明的災難。恢復其歷史背景，還原第三十一章的現實考量，明白了他對治當時現實問題的智慧，我們可以有更好的自我檢擇和判斷，拿老子的時代和我們自己的時代參照對應，有所信有所不信，有所遵循有所揚棄。

《老子》並沒有立即說服戰國君王，這套學說確實發揮作用，要再等上百年。等到秦國將武力征伐原則發揮到極致，統一六國，然後又有秦末再亂，一直到漢初，社會、人民迫切需要休息，漢代皇帝相信了「黃老」，部分實現了「無為政治」，終於結束幾百年的殘酷動盪，也才奠定了漢朝的統治基礎。

第十講

重讀《莊子》

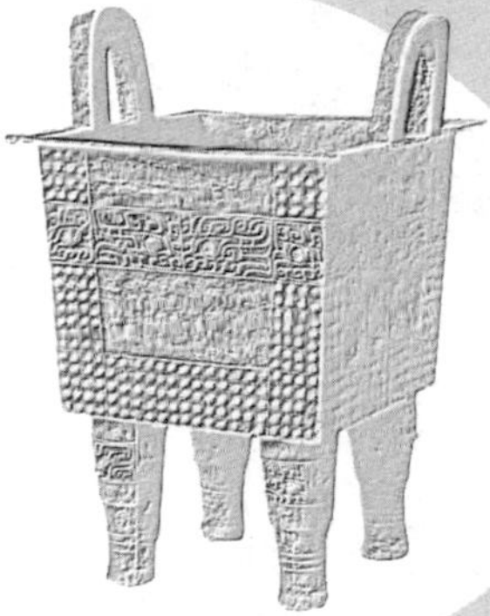

01 「應然」和「實然」的決裂

《論語．顏淵》中，齊景公問政，孔子給了有名的八字簡潔回答：「君君，臣臣，父父，子子。」文法上簡潔，四組兩個字兩個字重複，第一個字當動詞，第二個字則是名詞，若換成用白話講，就要講得很囉唆——「做國君的像個國君，做臣子的像個臣子，做父親的像個父親，做兒子的像個兒子。」

此外，意思上也很簡潔，簡潔到甚至八個字都嫌多，或換個方向看，八個字能涵蓋的還超過字面意思。孔子提出的是「各歸其位」的道理，是什麼樣的身分就依照那樣的身分行事。不只是君臣父子，所有的身分都一樣，都該按照身分的規範作為。

能用如此簡潔的文法，給出如此簡潔的答案，背後有個重要的時代背景——那是一個普遍「君不君，臣不臣，父不父，子不子」的時代。大家都能夠感覺到，原先身分規範的「應然」和當下行為的「實然」，不再是同一回事了，而且中間的差距愈拉愈大。

這是春秋戰國時期的大問題——「名」與「實」之間的分離。叫爸爸的，看起來不像爸爸，做的事情也不是我們覺得爸爸該做的；叫兒子的，看起來不像兒子，做的事情也不是一般同意兒子可以做的。從這樣的行為混亂上，更進一步，產生了那個時代普遍對於「名」與「實」的困惑與省思。

「叫什麼就是什麼」，是我們對於「名」與「實」的根本認定。叫做「桌子」的，就是張桌子；叫做「杯子」的，就是個杯子。有其「實」方有其「名」，「名」和「實」一直在一起，這是我們使用語言並以語言來知覺世界的根本原則。名所指涉的「位分」，又是封建宗法最要緊的一環。

封建宗法的核心，是用親屬關係來決定人與人應有的互動行為。在封建宗法中，沒有單純的兩人互動；如何互動，甚至為何要互動，都是由這兩人在封建宗法中的相對地位決定的。我要知道的不是你是誰、叫什麼名字，而是你和我是什麼關係，最容易讓我掌握你和我關係的，則是：我該如何稱呼你？

叔叔、舅舅、表弟、堂姊、伯公、姑婆、姨婆……，每一個稱呼，同時也就帶著一種互動模式。針對這樣的稱呼，決定什麼可以做、什麼不可以做、什麼必須做、什麼不一定要做。任何兩人或兩人以上，都是在這龐大卻緊密的宗法關係中互動的。

封建宗法維持正常運作時，沒有「君君，臣臣，父父，子子」這種句子，就只是單純的「君臣父子」，叫什麼就是什麼，沒有「叫什麼就該是什麼」的問題。孔子會說「君君，臣臣，父父，子子」，因為現實上不再是如此埋所當然的「叫什麼就是什麼」，有了名與實的分離斷裂。

02 不知該相信什麼的錯亂困境

封建宗法中，對於「君」有一套固定的應然規定，現實的每位國君就該依照這套規定行事處身。孔子說：「久矣吾不復夢見周公！」（《論語．述而》）為什麼要「夢見周公」？因為孔子念茲在茲要回復周公那個時代的狀態。什麼樣的狀態？「名」與「實」嚴謹合而為一的理想狀態。

在衛國時，孔子就說「必也正名乎」。「正名」的意思也一樣，你有什麼樣的關係稱呼，就應該依照那個「名」來行為；倒過來，你有什麼樣的關係位置，我們就用精確的名稱叫你。這是孔子面對「名實分離」問題所提出的解答，最直接也最簡單的解答，認定「名實分離」就是錯的，想辦法結束「名實分離」的不正常現象，堅持「名實合一」的原有理想。

不只有孔子感受到「名實分離」的時代新課題，也不是每個人都選擇以回歸「名實合一」為解決之道。比孔子更現實、更認真對待「名實分離」現象的一代，出現了名家，他們和孔子最大的不同，在於沒有那麼深刻的宗法記憶，以及對禮的信念。他們出生成長時，禮就已經只剩表象了，孔子還看到、還珍惜禮的尊嚴，他們卻只看到、只記得禮的虛偽。

所以他們採取的態度，當然就和孔子大相逕庭。他們的前提是認知並承認，「名」和「實」本來就不是同樣的東西。名是偶然的，約定俗成的，並不是本質上有什麼必然，因而當我們看到名、聽到名，就假定「名」的背後有必然的、不變的「實」與之相應，那是錯覺，甚至是誤解。「桌子」不過是我們對一樣東西約定俗成的稱呼，我們也可以稱它為「杯子」或「狗」。「桌子」這個名字，和被稱為「桌子」的那樣東西，彼此之間沒有必然關係。換個角度看，當我說「桌子」時，並不表示就有一種東西和「桌子」這個名字必然呼應存在。

對名家，或說這種「唯名主義者」（Nominalists）來說，孔子的態度是不折不扣的錯誤，誤將「名」和「實」混同了，看到「名」就以為一定有「實」。名是名，實是實，名和實的連結是方便的、偶然的，因而名和實之間的關係本來就是會變動的，沒有道理堅持某一種名、實關係就是絕對的、不可變的。

名家一度是流行的智識運動（an intellectual movement）。在這個運動潮流中聚集了一群最聰明的人，他們以各種方式挑戰常識上「名實合一」的錯覺，凸顯「名」與「實」的分離，進而提醒：相信「名實合一」是使人受騙、看不清楚真相最大的原因。

從一個角度看，名家是一群耍弄語言的人。但換個角度看，為什麼他們如此熱衷於耍弄語言，製造各種「詭論」？我們就會看到戰國時期的特殊氛圍——一個人們愈來愈不知該相信什麼的錯亂困境。

我們應該從這個時代環境中來理解《莊子》。為什麼要特別強調現代考據學「莊早於老」的主張？就是為了將《莊子》和《老子》盡可能放回對的時代環境與脈絡下，去掌握他們思想確切的內容，這是歷史研究不能逃避的挑戰與責任。《莊子》處於戰國紛亂的核心環境中，在著作裡和那個時代的其他派別、其他思想有著很密切的互動。晚於《莊子》的《老子》就不一樣了，《老子》運用的是極權威、極抽象的語言來陳述道理，書中看不到太多其他思想的蹤影，從頭到尾自說自話。

03 《莊子》的對話雄辯風格

《莊子》採用的，是戰國中期流行的對話雄辯風格。明確地與《莊子》同時代的，是惠施。惠施是梁惠王身邊的一位權臣，也是名家的代表之一。

《莊子．徐無鬼》中有一段故事，說莊子在送葬的過程中經過惠施的墓，莊子大有感慨，就對旁邊的人說：「以前有一個人，在工作時不小心將白漆沾上鼻頭，怎麼洗都洗不掉。於是他就去找了名叫『石』的匠人來，『石』拿大斧一劈，斧頭精準地將白漆刮掉，沒有碰到皮膚，甚至沒有讓那人有一點點驚嚇。一位國君聽說了這件事，就把『石』找來，要『石』表演也將他鼻子上特地漆的白漆用斧頭削掉。『石』拒絕了，他對國君說：『我是曾經有那樣的本事，但不幸地，讓我發揮那種本事的對象已經死很久了。』」

真是深厚的感情啊！用斧頭削鼻頭的白漆，靠的不只是運斧的本領，還有對方的信任。沒有那樣的安穩信賴關係，光靠斧頭上的功夫是做不到這種事的。以此比擬，莊子表達了惠施對他的意義。那是值得信賴，並且可以互相刺激出最精采思辨的對手。這種對手比朋友更難得，更值得懷念。

《莊子》書中有很多莊子和惠施抬槓的記錄。前面提過〈秋水〉篇中的故事，莊子去見在梁國為相的惠施，惠施擔心自己的相位被奪而大搜莊子行蹤，莊子就用「鴟嚇鵷雛」來比喻惠施的擔憂和自己的心志。

這故事還有後續。莊子還是去見了梁惠王，但他穿得破破爛爛去的。封建禮法中，對不同場合的穿著有嚴格的規定，晉見國君尤其是莊重的場合，但莊子卻連像樣的鞋帶（絇）都沒有，隨便以麻繩綁著鞋就去了。梁惠王看了，皺著眉頭說：「何其蔽也！」怎麼會這麼破爛不像話呢？結果被莊子頂了回去：「一個人有權力卻不知善用，那才叫做『蔽』，穿著破爛和『蔽』有什麼關係？」很顯然地，這樣的一個人，國君不把他殺掉已是萬幸，怎麼可能用他？

莊子和惠施之間，還有最著名的「濠上之辯」。兩人在濠上往下看，看到水裡有魚，莊子就說：「這些魚游得多快樂啊！」惠施立刻頂他：「你又不是魚，怎麼會知道魚快樂不快樂！」莊子也頂回去：「那你不是我，又怎麼知道我知不知道魚快樂呢？」惠施又說：「我不是你，不知道你知不知道；同理可證，你不是魚，所以你不知道魚的感受。」

這一來一往，尤其是惠施的回應方式，就成了邏輯上而不是現實上的辯論了。惠施會成為莊子那麼重要的對手，正因為他嫻熟於當時名家的邏輯技法，從名家的角度不斷挑戰莊子，也就刺激了莊子想出更深刻、更巧妙的表達方式。

04 惠施十條：「無限」與「集合」概念

《莊子》全書最後一篇是〈天下〉篇，這篇絕對是晚出的文獻，其中將戰國流行的知識、思想做了一番有系統地整理。《莊子．天下》中也提到惠施，並且記錄了惠施學說最有名的十條。

這十條很簡略，很難光從字面理解其意思。加上秦漢以降，名家快速沒落，其思想內容大部分都被遺忘，這些文字內容就更像天書了。要等兩千年後，從西方傳來的邏輯論理系統，才得以幫助我們重建這些簡要文字可能的意義。雖然我們仍然無法徹底、仔細地解釋這十項論理的內容，不過概略地掌握其輪廓，已經對我們把名家擺回戰國思想地圖上大有幫助了。

《莊子．天下》裡列出的第一條是：「至大無外，謂之大一；至小無內，謂之小一。」這不難理解，數學裡有「無限大」和「無限小」。無限大的定義是沒有任何數比這個數更大，無限小則是沒有任何數比這個數更小。惠施將我們理解的無限大稱為「大一」，無限小稱為「小一」。

這就意味著這個時代的人開始思考「無限」了。這是個全新的觀念，沒有現成的名稱，所以要予以命名。「大一」、「小一」都有「一」，又顯示了戰國時代運用「一」、思考「一」的方式。回頭看《老子》書中也有很多談「一」的，我們一方面可以更加確認《老子》的思想不可能在春秋時期出現，另一方面也才能更準確地掌握《老子》所說的「一」的意思。

惠施主張的第二條：「無厚，不可積也，其大千里。」關於這條，可以借助《莊子》來了解。《莊子・養生主》中有「庖丁解牛」的故事，庖丁說他用同一把刀用了十九年，解了數千頭牛，但刀刃看起來卻像才剛磨過一樣。為什麼能如此，關鍵在於「彼節者有間，而刀刃者無厚；以無厚入有間，恢恢乎其於遊刃必有餘地矣。」這是則寓言，指的是在絕對的、理想的狀態下，薄薄的刀是一個平面，有面積而無體積；牛的骨節是有厚度的空間，以絕對的平面進入到有厚度的空間，不管那厚度多小，除以「零」得出來的都是無限大。沒有厚度的刀進入在概念中無限倍大的空間裡，當然是「游刃有餘」了。

「無厚不可積也，其大千里」，就是幾何學上定義的「面」，純粹的、理論性的面。幾何學上的定義，「點」只有位置，沒有大小。任何一條「線」都是由無限多個點所構成的，「線」只有長度，沒有寬度。以此類推，「面」只有大小，沒有厚度。一個「面」，在概念上可以無限地延伸，所以說「其大千里」。

惠施的第三個主張是：「天與地卑，山與澤平。」從前面兩個概念延伸下來，這也可以理解仍然和無限相關。差異牽涉到尺度，以不同的尺度衡量，會看出不同的差異；換個角度看，不同的尺度也就抹殺了差異。以肉眼的尺度，我們不可能察覺五奈米和十奈米的差別。在這個尺度中，五奈米和十奈米就是一樣的、沒有差別的。同理，不管天與地、山與澤，在我們常識尺度中看去有很大的差別，但如果將尺度一直擴大、一直擴大，大到一定的程度，天與地的差異相對變得像五奈米與十奈米之間那麼小，那麼天與地也就沒有差別了。

惠施說的第四件事是：「日方中方睨，物方生方死。」太陽一升起，立刻就落下；東西剛出生，立即就消亡。這不過就是將前面第三條的觀念，從空間上挪移到時間上來運用。「久」還是「暫」，也是相對的，看我們用什麼樣的尺度衡量。將時間的尺度放大到一定程度，一天相對就變成了瞬間；再繼續加大，總會到達任何東西的一生都是瞬間的地步。

第五條：「大同而與小同異，此之謂小同異；萬物畢同畢異，此之謂大同異。」這條說的是分類，可以用「集合」的概念來理解。

不同的分類有不同的集合，因應不同的分類標準而有大小不同的集合，有的集合比較大，有的比較小。但在集合中有兩種重要的區分，一種是「相對的」，一種是「絕對的」。相對的集合，像是男人和女人：男人和男人一樣，所以在同一個分類集合中；男人和女人不一樣，所以在不同的集合裡。惠施將之稱為「小同異」。相較於「小同異」，另有「大同異」，那就是絕對的集合。泯除了所有的「異」，將一切都包納進來的絕對大集合，是「大同」；相反地，泯除了所有的「同」，集合中只有一個成員，那就是「大異」。

這條碰觸到名家從「名」出發，和《莊子》會有的交錯。「名」其實就是分類，就是以不同的標準形成的集合。用不一樣的標準分類，就會產生不同的「名」；改變了分類標準，同時也就改變了「名」的意義。「名」豈有「常」？名怎麼可能固定不變？我們又何必為了人為、任意的名而煩惱？

和孔子的「正名」徹底相反，名家看到的是，依照一種「小同異」的標準，你是君他是臣；換作不一樣的標準，尤其是在「大同異」的標準下，哪裡還有君、臣？要嘛你們統統都是人，甚至都是萬物；要嘛你們全數都是個人、個體。那麼計較君、臣關係有意義嗎？又何必將自己局限在單一分類標準所產生的君、臣行為規範裡？

05 惠施十條：破除「名」的必然性

《莊子．天下》裡記錄惠施主張的第六件事是：「南方無窮而有窮。」其意可能在於指出「南方」這個詞語所包括的兩種不同意義。作為抽象的方位，南方是無窮的，那個方向永遠在，不管你走到哪裡，都有一個南方存在。但作為現實的地理指示，則有一個「最南方」的地點，到了那裡，你沒辦法再往南邊走了，在這個意義上，南方是「有窮」、有限的。

這牽涉到那個時代的地理知識。他們相信「天圓地方」，相信世界是有盡頭的。惠施要指出，雖然現實的南方是有盡頭的，但抽象的、方位觀念的南方卻不受現實限制。即便是站在世界最南端的那一點上，仍然存在著觀念上、方位上的南方。

第七條：「今日適越而昔來。」今天出發去南邊的「越」而昨天就到了。這是什麼意思？這是要凸顯我們用來指涉時間的詞語，都是相對的。今日、昨日，未來、過去……都是以現實當下來決定的，但現實當下的時間持續改變，於是所有這些詞語也就不可能有固定的意義。現在很快就成了過去，明天很快就成了今天，從現在看是明天的，到後天就成了昨天。從時間詞語的變動不居來看，今天去昨天到，毋寧是正常的，句子裡的「今天」和「昨天」本來就不具備確定不移的意義。

十條中字數最少卻也最難解的，是第八條：「連環可解也。」在缺乏其他更清楚的線索情況下，這五個字還真的無法強解，頂多只能從字面上猜測，這條應該是和幾何原理有關的。

第九條：「我知天下之中央，燕之北，越之南是也。」「燕」是當時一般人認識的最北的地方，「越」則是最南的。「天下之中央」在哪裡？在燕的北邊、越的南邊。有人以為這一條和前面第六條，證明了中國人在戰國時期已經知道地球是圓的——從燕一直往北，從越一直往南，終究會遇在一起。這樣的看法和文獻的性質不相符，畢竟惠施這十條的重點在於探討「名」，也就是探討內在邏輯與常識間的落差，而不在展現任何特殊的、具體的知識。

這條比較合理的解釋，還是要凸顯「名」的不確定性。看到「燕」的時候，我們自然認為指的是那個北方之國，看到「越」就覺得是那個南方之國。但其實燕和越都只是「名」，都是約定俗成的稱呼。不必然「燕」只能指北方那個國，同樣地，不必然北方那個國一定要叫做「燕」。一旦擺脫了對「燕」和「越」名稱的執著，讓兩個名字和確切的地方分離開來，那麼倒過來，燕在南、越在北，有什麼不行？天下的中央在燕之北、越之南，有什麼不對？

最後一條：「泛愛萬物，天地一體也。」這是從反省「名」而來的價值結論。孔子的「正名」帶來的價值觀是分別的，君和臣不一樣，父與子不一樣，彼此要按照這樣的名來對待。惠施破除了名的必然性，指出名不過是一時的、方便的、會不斷變化的，從這樣的觀點看，依照名來區別行事，很沒道理。

「名」是「小同異」，一個一個人為規定的分類，不同的人會依不同的標準而有不同分類，創造出種種的名，並因為沒有「常性」的名而爭執。要能止亂，最好就是揚棄所有這些「小同異」，訴諸於絕對的「大同異」。從極端的角度看，萬物都在同一個大集合中，又都是自身獨一無二的個體，天地、萬物都是一體，我們就用同樣的態度對待所有的一切。

06 理解「名家」，更能了解《莊子》

以惠施的名家主張為背景，我們更容易了解《莊子》。莊子不是名家，然而他的許多看法，尤其是他表達看法的方式，卻是在那個時代和如惠施這樣的名家長期相處、反覆辯論而形成的。

透過名家的立場，我們就知道《莊子》的「齊物」是什麼，又是怎麼來的。「齊物」的根本就是「大同異」，從「同」的角度看，萬物皆同，沒有道理要區別對待；而從「異」的角度看，萬物各有各的特性，全都不一樣。

《莊子．齊物論》中說：「天地，一指也；萬物，一馬也。」天地、萬物都是由道形成的，卻由人來命名給予稱呼，有了稱呼而變成那樣東西。馬為什麼是馬？因為我們稱牠為馬，被叫做馬，馬就成了馬。馬為什麼不是馬？當我們不那麼稱呼馬，馬就不再是馬了。

我們將天地命名為「指」，天地就變成「指」；將萬物命名為「馬」，萬物就變成「馬」。手指，不等於「手指」這個名稱；馬，不等於「馬」這個名稱。物可以被用不同名稱來稱呼，名稱和物是分離、不相等的。

命名是主觀、任意的，和物體本身並沒有必然關係，可以不斷改動。物體本身有其性質，有其道理（「物固有所然，物固有所可」），然而在命名與語言上，卻沒有必然的聯繫限制（「無物不然，無物不可」）。

用這種方式，莊子顯示了語言的不可靠，進一步澄清從語言而來的是非爭議是無謂且無妄的。「物固有所然，物固有所可。無物不然，無物不可。」這就是〈齊物論〉的根本。齊物，不是要把所有的東西都變得一樣、都看成一樣，而是要我們看出「無物不然，無物不可」的道理。我們概念中的「然不然」、「可不可」，往往不是來自「物固有所然，物固有所可」，而是我們自己從稱呼、從命名、從主觀規範執著而來的偏見。如此而有了分別，如此而有了「不齊」。

因而「齊物」就是看破分別偏見，看出從主觀的角度，其實要把什麼東西叫做什麼都可以。擺脫這種人為的分別偏見，還原「物固有所然，物固有所可」，於是每種東西都有它自己自然的道理，也就都平等了。蘋果有蘋果的本性，橘子有橘子的本性，尊重蘋果和橘子各自的本性，不去區別比較，蘋果和橘子當然就是「齊」，就是平等的。

07 道無所不在，不要阻止變化

《莊子．知北遊》：「東郭子問於莊子曰：『所謂道，惡乎在？』莊子曰：『無所不在。』」

東郭子問「道」，道究竟是什麼，哪裡可以找得到道？莊子的回答是：「道無所不在。」

東郭子當然還是不懂，請莊子至少說個可以找到道的地方。莊子就說：「在螻蟻。」在最小、最低階的蟲身上。東郭子很驚訝，以為道是很高、很了不起的東西，怎麼會在那麼卑下的地方呢？莊子就又說：「在稊稗。」在雜草，田中要被除掉的草裡面。然後又說：「在瓦甓。」在尿盆裡。東郭子抗議了：「怎麼愈說愈低下了？」莊子還沒完，乾脆就再說：「在屎尿。」東郭子這下沒有反應了，他一定覺得莊子在作弄他。

但莊子是認真的，他解釋：「你這樣問，就只能得到這樣的答案，愈低下反而愈有利於你了解。你之所以覺得我說得愈來愈卑下，那是因為你心中有固定的高下區別，這樣你就無從領悟道的無所不在。道沒有這種分別，若有任何東西可以沒有道，那就不再是道了。」

「道」不是東西，不是物體，而是萬事萬物共通的道理。既然是共通的，當然也就沒有一事一物可以沒有道，我們以為的高或下都在道之中。由道的共通性來看，哪有什麼高、下？以人的執念中以為的卑下物體為答案，才更能使人打破對道的誤會，理解「道無所不在」的真相。萬事萬物有其存在及變化的原理，這些原理就是道。

在這個看法上，莊子和惠施是一致的。某種意義上，「名」站在「道」的對立面，阻礙了我們認知「道」。「名」是人主觀任意的分類，例如將事物分別為高和下，並且誤以為這樣分類的「名」後面，就有相應的「實」。換句話說，誤以為在這個「名」下的事物，就會一直是那樣，不會改變，也就看不見更重要、更真實，真正主宰所有事物共同力量的一套變化的規律與道理。

莊子也參與了打破「名」的執念的時代潮流，然後在這樣的新觀念中，建立起自己的世界觀。這一點，他又比名家走得更遠，想得更廣、更深。名是不可靠的，名後面並沒有本質存在，看這個世界不能以分類本質的方式來看，不能看不變的本質。變化比不變更重要，或說變化才是根本，唯一不變的是變化的規則，除此之外，世界上沒有任何不變的現象或物體。

這不變的變化規律，就是「道」，因而我們需要了解的，不是那些虛假的、不真實的種種分類分別，而是統轄一切變化的道理。真正的智慧首要在分辨什麼是人為的，什麼是自然。

自然就是「自我本然」，依循著內在變化道理，沒有外在主觀任意的干擾，也沒有人為自欺的扭曲。〈齊物論〉中說：「夫吹萬不同，而使其自已也，咸其自取，怒者其誰邪！」每一種東西都有其自身的聲音、自身的性質，依照其個性、成分任其自然發展，沒有阻礙，沒有扭曲，也就沒有什麼好彼此怪罪的。萬事萬物都依其自我規律而存在而變化，就是最理想的狀態。

《莊子．秋水》說：「物之生也，若驟若馳，無動而不變，無時而不移。」萬物隨時都在變動，沒有什麼離開了時間、離開了變化的本質。想要將任何事物或現象、關係固定下來，取消其變化，都是違背道，違背自然的。

《莊子．寓言》說：「萬物皆種也，以不同形相禪，始卒若環，莫得其倫，是謂天均。天均者，天倪也。」沒有不變之物，任何時刻萬物所呈現的面貌，都只是假象，真正的物不可能靜止被我們領受、掌握，前一刻與後一刻隨時不同，一直在連環變化中，那我們怎麼能欺騙自己，以為眼前或想像的固定、靜止模樣，就是那物呢？

去掉了變化，就不真實，甚至就不是那物。莊子要我們拋棄這種靜態的、本質的世界觀，去體認變化，不要阻止變化，更不要想干預變化。

《莊子．馬蹄》說：「彼民有常性，織而衣，耕而食，是謂同德；一而不黨，命曰天放。故至德之世，其行填填，其視顛顛。」理想的人世就是不受外在的干預干擾，人民按照自己本身的「常性」而活著，沒人管，也毋需人管。

於是「山無蹊隧，澤無舟梁；萬物群生，連屬其鄉；禽獸成群，草木遂長。」人依照人的規律過活，物依照物的規律存在，彼此不相隸屬、不相干擾，人不破壞物，不役使物。「夫明白於天地之德者，此之謂大本大宗，與天和者也；所以均調天下，與人和者也。與人和者，謂之人樂；與天和者，謂之天樂。」都依照本性變化存在，人與人就沒有不和，人與外界萬物也不會有不和，前者就形成了「人和」、「人樂」，後者則是「天和」。關鍵就在「明白於天地之德」，明瞭自然運作的規律，依循而不破壞。

《莊子．在宥》說：「聞在宥天下，不聞治天下也。在之也者，恐天下之淫其性也；宥之也者，恐天下之遷其德也。天下不淫其性，不遷其德，有治天下者哉！」這是從概念上根本反對、推翻「治」。哪有「治天下」這回事呢？君王能做的，絕對不是治，不是以外力管理，而是「在宥天下」，包容、寬容、依隨、保護。「治」是用一套自以為是的、外在的道理和秩序加諸於天下，「在宥」卻是依照天下自身本有的現象與規律，維持其運作不改。

「在」的作用非但不是改，剛好相反，是去保護讓它不改，去抵擋會「淫其性」——擾動本性——的外在影響。「宥」則是小心不讓天下離開原有的「德」，以自己的本性為依歸。只要能「不淫其性」、「不遷其德」，這樣的天下哪裡需要「治」？

08 訴諸直覺、感受的「知之濠上」

莊子的妻子死了，惠施去看他，發現他大剌剌地坐著敲瓦盆唱歌。這樣的態度連惠施都看不下去了，就說：「好歹也跟你一起生活了那麼久，她幫你生的兒子也長大了，這樣一個人死了，你不哭也就罷了，為什麼還唱歌呢？」

莊子的回答是：「她剛死之時，我心中若有所失，覺得少了什麼。但認真尋問：少了什麼呢？她原本不存在，沒有形體，沒有任何蹤跡，偶然地有了這個人的『形』，有了這個生命，存在一陣子之後，此刻這生命又消失了。這就如同天地間春夏秋冬的持續變化，她現在不過就是回到了『道』的大房子裡，我哭什麼呢？哭不是反而才奇怪嗎？對於她這個生命來說，出生或死去都是自然，自然地從無生命中變化出生命來，又自然地從有生命變化為無生命。生是我們無法控制、無法干預的，那又為什麼要去干預死？」

將「生」與「死」如實看待，不添加自己的主觀分別情感，這就是莊子所強調的。而他凸顯這種態度的方式，是透過許多的故事和寓言。在這一點上，表達的形式與手法，他和名家就確切分道揚鑣了。

名家如惠施、公孫龍子等人，曾經風光一時，然而後來留下的著作和記錄卻很少，尤其他們的思想很快就被忽略、遺忘了。一部分原因就牽涉到他們運用語言、文字的方式。名家思想的根本是懷疑語言，要揭露語言中潛藏的種種迷思，打破由語言而來的執念。然而他們畢竟還是必須透過語言，來傳遞對語言的質疑與批判。這不是件容易的事。如何一方面挖這套語言的根底，另一方面運用這套語言來說明語言不該被信任呢？

因而名家留下來的，大部分都是「詭論」，似是而非或似非而是的片段論題，點破語言的運作迷障。莊子的巨大成就與貢獻，就在他徹底了解名家對語言的不信任，而他又比這些名家聰明得多，懂得如何讓這種討論不陷入在邏輯打轉的情況，和人生實存聯繫上。

讓我們回頭再看一次「濠上之辯」。莊子說：「魚好快樂啊！」惠施嗆他：「你不是魚，怎麼知道魚快樂？」莊子以子之矛攻子之盾：「你不是我，怎麼知道我不知道魚快樂？」惠施又說：「你認為我不是你，就不會知道你；同理可證，你不是魚，就不會知道魚。」

辯到這裡，莊子下一段話說出了兩個重點。他先說：「請循其本。」意思是我們別這樣繼續繞圈圈，這樣是繞不完的。回到什麼樣的本呢？回到惠施原來的問題，問的是：「怎麼知道魚快樂？」而不是「知不知道魚快樂？」你既然問我「怎麼知道」，就表示你認為我知道，所以問我如何、用什麼方法知道的。於是莊子回到這個問題上，然後給了直接的答案：「我知之濠上也。」「我知之濠上也」，就脫離了邏輯上的辯論，而訴諸於直覺、感受，也就和人的實際生活連接起來。在此當下，我站在濠上看著魚游來游去，我能實存地體會牠們的自在，就是這樣「知」的。對惠施之流的名家來說，「知」只有一種，由分析、推論而來的知；但莊子提醒：「知」不只如此，直覺、感受、體會也是知，而且是更根本、更有價值的知。

名家停留在這樣的邏輯層次上，只關心分析、推論的「知」，以玩弄、批判語言為其目的。但對莊子來說，藉由對「名」的檢討批判來洞視語言，是手段，是要讓我們離開語言所造成的阻礙，回到更真實的知覺、感受、體會。莊子有弔詭的一面，但他不停留在弔詭上，弔詭是他用來讓我們擺脫原有執念的方法，擺脫之後，更重要的是理解道、感受道，依照道而自在地活著。

09 跳過語言邏輯，讓存在先於本質

可以說，莊子將名家所開創的知識進行了「存在的轉化」。名家始終停留在語言、邏輯上，但「濠上之辯」標示得清清楚楚，莊子不停留在那裡。對他來說，那不是本，「請循其本」，就

是要拉回到生命、生活的實踐上。我們是為了自己而了解這些事，不是像名家那樣，是為了挑戰別人、戲弄別人、和別人辯論。

名家都是破，到處去戳語言的漏洞，拆解語言。但莊子從他們那裡往前走，一方面找出一種不信任語言、卻還能以語言來連結生命經驗的方式，那就是充滿寓言故事、上下縱橫的文字風格。另一方面，他讓我們看到拆解語言，跳過語言魔障，可以為自己看到更鮮明的存在事實。

在這個意義上，陳鼓應先生將莊子稱為「中國古代的存在主義者」。「存在先於本質」，借用名家的手法，莊子掃除掉種種本質上的規定，帶人往前到當存在就是存在、還沒有那麼多本質描述與規定的那種狀態。那應該就是近似於在濠上直覺地感受、分享「魚之樂」的經驗吧！

濠上之樂，無法以邏輯推翻，那不在邏輯思考或討論的範圍。但那又不是完全與邏輯無關。語言邏輯的作用應該是協助我們破除原先的分類壁障，認為人是人、魚是魚，兩種不同的「名」，就屬於兩種不同的分類。理解了「名」的不可靠、不可信，我們就有機會直覺地體認人和魚的共通之處，一種都屬於自然、源於自然的相關性，在這裡找到了感知「魚之樂」的理由。

莊子受到名家影響，也承襲了名家的問題。他找出一種策略，來應付既有語言受到名家質疑、破壞後的困境。他的策略是不直接用語言來說道理，而是說故事、說寓言。繞個圈，從不同方向，不是用肯定、直接的方式，換以否定、甚至是層層否定的方式，來表達自己的思想。

名家說「至大無外，至小無內」，莊子說的卻是大鵬鳥的故事。「北冥有魚，其名為鯤。化而為鳥，其名為鵬。」創造了一個巨大無朋的尺度，從那個尺度對照去看極小的尺度，產生了接近「無限」的觀念。這點，莊子要表達的，和惠施說「至大無外，至小無內」基本上是一樣的，但他讓讀者去「感受」而不是單純「知道」。還有，感受到無限本身不是目的，而是要讓人得以超脫有限的尺度分別，接受「齊物」的生命態度。

10 莊子是誰？人與書之謎

莊子到底是誰？他是怎樣的人？《莊子》這本書又是如何寫成的？這問題很難回答，因為我們能有的莊子資料，幾乎都來自《莊子》這本書。那是一份內在封閉的文獻，少有外來的對證。而且《莊子》這本書，擺明了不是讓人拿來當作歷史事實記錄用的。其中充滿虛構的故事與寓言，「莊子」經常也化身成為故事或寓言的角色，簡直無法區別出其中事實的部分。

還好，莊子不是孔子。孔子所說的話，和他這個人的遭遇、處境有著非常密切的關係，了解孔子是怎樣的人，大有助於我們掌握他話中的意思。拿掉了背後的人格與精神，孔子的話就變成了空話，其價值與力量就大打折扣。莊子不然，莊子的訊息是要每個人體悟自己的標準，尋找一種允許差異發展的自由。他是誰、他做過什麼事，就算不知道，相對無礙於我們接收他要傳遞的訊息。

莊子可能來自宋，但大部分時間居住在楚，當過「漆園吏」或其他一些小職位。《莊子》一書分為〈內篇〉、〈外篇〉、〈雜篇〉三大部分。《漢書．藝文志》中登錄的《莊子》篇章，共有五十二篇。從漢到晉，一般認定五十二篇的分布是：〈內篇〉七篇，〈外篇〉二十八篇，〈雜篇〉十四篇，再加明顯是後人附加上去的三篇「解說」和三篇字音解釋。晉代郭象重新校訂，只留下三十三篇：〈內篇〉七篇，〈外篇〉十五篇，〈雜篇〉十一篇，這個版本後來就一路流傳至今。《莊子》很早就分〈內篇〉、〈外篇〉、〈雜篇〉，顯示編輯者清楚意識到這些內容不是出於同樣一個作者的手筆，也顯示距莊子時代不遠，莊子思想就有了重大的分歧流衍。

郭象版將傳統版本中的〈內篇〉七篇全數保留，表示他認為這七篇最接近莊子的原始思想，很有可能是真正由莊周這位單一作者所撰寫的。〈外篇〉的風格和〈內篇〉沒有太大的差距，而且部分篇章或段落直接聯繫〈內篇〉的想法或論辯，不過〈外篇〉十五篇的內容比〈內篇〉來得蕪雜，中間有更多的故事與寓言，看來有可能仍然是莊周所撰，或是和他時代相近的弟子寫的。〈雜篇〉中有幾篇看來和〈外篇〉很像，另外有幾篇——如〈說劍〉——則明顯離開了莊子原來的思想脈絡，純粹只是淋漓發揮的寓言。另外還有〈天下〉篇，那一定是戰國後期、甚至漢初才完成的文本，以「道」的基本立場，對諸子家派做了精采的分析整理。

從〈內篇〉看，莊子應該和儒家有一定的關係，文中經常出現孔子，將所要表達的道理藉由孔子的口中說出。但是到了〈外篇〉、〈雜篇〉，孔子繼續出現，性質基本上卻變成嘲弄的對象了。由此可以看出，道家原先和王官學、和儒家有相近的淵源，後來才在態度、立場上分判得愈來愈清楚。

莊子和南方的文化，尤其是「隱士」的傳統，有一定的關係。〈內篇〉提到孔子時，並沒有明顯的敵意。顯然在莊子的時代，孔子仍然是個巨大的存在，是個知識與智慧的偶像，因而莊子會刻意將自己想說的話放進孔子之口。例如〈德充符〉中有很多「仲尼」的話：「仲尼曰：『死生存亡，窮達貧富，賢與不肖，毀譽、饑渴、寒暑，是事之變，命之行也。日夜相代乎前，而知不能規乎其始者也。故不足以滑和，不可入於靈府。』」這段話基本上沒有違背我們從《論語》中認識的孔子，只是用語不一樣，強調的重點不一樣。

「死生存亡，窮達貧富」不是個人能控制的，是屬於「天」、屬於「命」的，幹嘛擔憂在意呢？這和《論語》裡說的「富貴在天」、「仁者不憂」是相通的。只是《論語》裡不會有「滑和」、「靈府」這種詞語，還有，《論語》中不擔憂「命」的同時，孔子一定會強調要將精神與注意力放在自己能控制、能自我修養完成的部分。孔子否定「命」的重要，是為了建立「德」的自主修養，到了《莊子》中，負面的、否定的保留了下來，正面肯定的、強調的卻消失了。

孔子說「知其不可而為之」，莊子只取「知其不可」，揚棄了「而為之」。莊子強調的重點是，人活著要有「知其不可」的基本認知，自然有其變化道理，不是人可以否定、逃避、改變的。「知其不可」，也就能找到對的生活態度，那就是順應自然變化道理，去除掉人為的、主觀的偏見，放棄愚蠢的控制動機，隨著自然而動靜，隨著自然而生活。

另外，在〈外篇〉、〈雜篇〉裡出現許多以莊子為主角的故事，看起來不像是莊子寫的，應是出於莊子的弟子或追隨者。莊子門下的師生關係，肯定和孔門狀況大不相同，然而不幸的是，我們找不到這方面的明確記載。從文本看，莊子一門傳承中的最大特色，是保有清晰的文字風格與說故事的方式，使得《莊子》全書不只有哲學思辨上的價值，還有文學成就上的高度意義。

11 離開知識去體驗、去生活吧

從〈內篇〉、〈外篇〉到〈雜篇〉一路看下來，我們可以發現一種「莊學」內在發展的傾向。莊子運用故事和寓言，其中一個目的是要讓人離開知識性的理解，不要將他說的當作知識，離開抽象的道理，回到直覺上，回到體驗上。如果我們光是知道不能體驗，那知道再多都沒有用，甚至知道愈多就愈是阻礙我們離開知識去體驗、去生活。這是莊子哲學的重點。

然而，要教人體驗，比教人知識困難多了吧！一路下來，莊子哲學無可避免逐步地「知識化」，知識探討的成分愈來愈濃，相對存在體驗的部分就愈來愈稀薄了。莊子自身很可能是個很會說故事、很有魅力的老師，能夠讓人體會不在語言中的真意。然而一旦這個老師不在了，他的弟子不可能用同樣充滿魅力的方式轉傳老師的教誨，於是慢慢地，體驗就變成了知識，領悟就變成了教訓。

〈外篇〉、〈雜篇〉裡已經有知識化、系統化的趨勢了。一套可以用話語講明的智慧教訓隱約浮動著。這樣的發展再往前推，就推到《老子》式的風格了。《老子》有比喻，卻沒有寓言，簡要地整理出一句一句、一段一段結論，要求讀者遵循。這和莊子當然很不一樣。莊子反對所有能夠簡單歸納的結論，反對人不去體驗，直接接受教訓。莊子故意將「道」說得廣大放肆、汪洋浩蕩，就是不要讓人覺得「道」那麼容易可以用知識的方式來掌握。

而《老子》最特殊的成就，就是講一套清清楚楚的「道」的教訓，有弔詭卻沒有曖昧、模糊。莊子運用非語言、反語言的種種策略，叫人不要輕易相信語言；《老子》卻回到一種可以理解、可以背誦的語言風格，權威地宣說「似非而是」的真理。

都叫做「道家」，但從中國文明組構的關鍵時期，即春秋戰國時代，「莊」和「老」就有著基本差異。「老」是對道的運用，以道來操控人生；「莊」卻是反知識，更反人世間任何操控、算計形式的，追求的是一種體驗的安慰、體驗的豁達。

從此以降，如果是和政治、權力有關，放在運用的層次上，中國的道家就都是以「老道」或「黃老道家」為主。相對地，如果是在亂世，個人尋求安慰與解脫的情況，那麼流行的就會轉而為「莊道」或「老莊」了。

國家圖書館出版品預行編目（CIP）資料

不一樣的中國史. 2：從文字到思想,文明躍進的時代-周 / 楊照作. -- 初版. -- 臺北市：遠流, 2020.04
面；　公分.
ISBN 978-957-32-8748-3(平裝)

1.中國史

610　　109002989

不一樣的中國史 ②
從文字到思想，文明躍進的時代——周

作者 / 楊照

副總編輯 / 鄭祥琳
副主編 / 陳懿文
特約編輯 / 陳錦輝
封面、內頁設計 / 謝佳穎
排版 / 連紫吟、曹任華
行銷企劃 / 舒意雯
出版一部總編輯暨總監 / 王明雪

發行人 / 王榮文
出版發行 / 遠流出版事業股份有限公司
地址 / 104005 台北市中山北路一段11號13樓
電話 / (02)2571-0297 傳眞 / (02)2571-0197 郵撥 / 0189456-1
著作權顧問 / 蕭雄淋律師

2020年4月 1 日 初版一刷
2022年9月 30 日 初版六刷
定價 / 新臺幣380元 (缺頁或破損的書，請寄回更換)

ISBN 978-957-32-8748-3

遠流博識網
http://www.ylib.com
E-mail: ylib@ylib.com
遠流粉絲團 https://www.facebook.com/ylibfans